가르왈
히말라야
2

雪蓮道場 3

가르왈 히말라야 2
—인도 신화의 판테온

지은이 · 임현담
펴낸이 · 김인현
펴낸곳 · 도서출판 종이거울

2005년 4월 10일 1판 1쇄 인쇄
2005년 4월 15일 1판 1쇄 발행

편집진행 · 이상옥
디자인 · 안지미
영업 · 혜국 정필수
관리 · 혜관 박성근
인쇄 및 제본 · 동양인쇄(주)

등록 · 2002년 9월 23일 (제19-61호)
주소 · 경기도 안성시 죽산면 용설리 1178-1
전화 · 031-676-8700
팩시밀리 · 031-676-8704
E-mail cigw0923@hanmail.net

ⓒ 2005. 임현담

ISBN 89-90562-17-1 04980
　　　89-90562-11-2(세트)

· 책값은 뒤표지에 있습니다.
· 잘못된 책은 바꿔드립니다.
· 이 책의 내용 전부 또는 일부를 다른 곳에 사용하려면 반드시 저작권자와 종이거울 양측의 서면 동의를 받아야 합니다.

雪蓮道場 3

가르왈 히말라야 · 2

인도 신화의 판테온

임현담 글·사진

종이거울

아침 햇살에 이슬이 사라지듯

히말라야를 바라봄으로써 인간의 죄는

그렇게 사라진다.

와서 보라.

...을 발뒤꿈치로 숨을 쉬며, 보통사람은 목으로 숨을 쉰다
(眞人之息以踵 衆人之息以喉)는 이야기가 있다.
발뒤꿈치를 조심스럽게 대지에 밀착하며 히말라야 산길을 천천히 올라가 보면
무엇이 진언인지 대지가 스스럼없이 말해준다.

서문

미당 서정주 선생님의 시(詩) 〈자화상〉에서 '나를 키운 것은 8할이 바람이었다'는 대목을 최근 다시 읽었다. 고마웠다. 같은 책이라도 나이에 따라 밑줄 치는 자리가 다르듯이 얼마 전까지 아무런 감흥이 없었던 이 대목은 그날 제대로 걸려들었다.

패러디해서 사람들은 나를 키운 것은 어머니였네, 골목이었네, 산이었네, 더불어 이야기했는데, 하여튼 그날 새삼스럽게 오늘의 나를 일구어 낸 것은 무엇이었는가 생각할 시간이 주어졌다.

그런데 이제는 주저할 필요가 없었다. 아니 주저라는 단어가 용도폐기 될 정도로 즉각적인 답이 나왔다.

"나를 키워낸 것의 8할은 히말라야였고, 그 히말라야에서 또다시 8할은 가르왈 히말라야였다."

내부적으로 점검하거나, 몇 가지 의견 중에 추슬러서 이것이다. 결정짓기 전에 정답이 용수철처럼 덜컥 튀어나와 버렸다.

유쾌한 일이었다. 내 자신에게서 가끔 보이는 의견의 분할이나 우유부단한 머뭇거림 없이 단박에 한 가지로 모아졌다. 도리어 마음 안에서는 '8할이 뭐야, 9할 아냐?' 되묻는 질문까지 들렸다.

"그렇구나, 가르왈 히말라야였구나!"

질문 덕분에 답이 살아왔다. 8할에 관한 질문이 고마웠다.

30대 중반까지, 상벌(賞罰)이 즐비한 시간들, 채찍과 당근으로 장식된 길들을 지나오면서, 좌절했고 때로는 성취해서 기뻤다. 성공보다 유달리 실패가 많았으니 가슴 속에 차곡차곡 흉터를 남기며 살아왔다.

아무 생각 없이 우리 앞 세대가 만들어 놓은 틀 안에서 주형화(鑄型化)되며, 그 길에서 길들여지고, 모진 감정의 기복을 따라 웃고 울며 흘러왔다. 반항이나 도피는 울적한 순간에서의 상상뿐, 현실적으로는 약간의 반항과 한 번의 가출, 그외 아무것도 시도해 보지도 못하며 문득 서른 살 중반을 맞이했다.

어느 사이 내 삶이 더 이상 수동적일 필요가 없는 시간이 왔다. 도리어 이제는 내가 다른 사람들을 키우고 가르치며, 역시 상을 주어 독려하거나 혹은 체벌을 가해야 하는 나이에 이르렀다.

수동의 세상에서 능동으로 전환하는 시간, 좁은 길에서 넓은 지역으로 나가야 하는 이 시간대에 당혹감을 감출 수 없었다. 밤이면 무수한 질문들이 베갯머리로 찾아 몰려들었다.

"나는 누구인가?"

"나는 어디서 와서 어디로 가는가?"

답을 찾기 위해 처음으로 내 삶에 모질게 반항을 했다. 가장(家長) 역할이고 뭐고 다 내려놓고 배낭 하나 도반(道伴)삼아 인도(印度)로 나섰다.

그러나 첫번째 여행에서 아무런 답을 구할 수 없었다.

몇 달 만에 다시 찾아간 북인도의 강변도시 하리드와르에서의 아침.

갠지스 강변에 앉아 물안개와 함께 아침이 시작되는 모습을 보고 잠시 눈을 감았다가 뜬 순간, 내 쪽으로 다가서는 뼈마디가 그대로 보이는 노인 수행자를 보았다. 영감은 자신의 몸을 내던지듯 털썩 주저앉으며 가쁜 숨을 몰아쉬었다. 몸이 마치 구겨지는 것처럼 보였다.

잠시 후 호흡을 추스른 그와 내 시선이 얽혔다. 노인은 숄을 둘러쓰고 얼굴만 내놓은 내 모습에서 한기를 읽어낸 걸까.

"춥니?"

고개를 끄덕이자 천천히, 더듬거리며 이야기를 시작했다. 듣기 편한 영어는 아니었다. 목소리는 금방이라도 가래를 뱉어낼 듯 가슴에서부터 목까지 그르렁 그르렁거렸다.

"추운 것은 히말라야 때문이지. 이 차가운 강물은 천국 히말라야에서 녹아 내려와. 그곳은 매우 특별한 곳이라네."

그런데 신기한 일은 이야기를 진행하면서 노인 얼굴이 차차 환하게 빛나기 시작했던 점. 점차 행복해지고 평화로워지는 눈빛으로 강의 상류로 시선을 향하면서 말을 이었다.

"나는 이제 죽으러 히말라야로 갈 거야. 젊은이, 당신도 우리 천국으로 한 번 가보시게."

뼈마디가 훤히 보이는 가늘고 긴 팔. 그곳에 거죽 같은 살점이 간신히 붙은 노인의 팔은 차가운 깅물이 내려오는 북쪽을 가리키며 부들부들 떨었다.

히말라야는 그렇게 지월(指月)로 왔다. 정확히 이야기하자면 가르왈 히말라야가 그렇게 찾아왔다.

다음날 아침, 노인이 말한 대로 히말라야로 향하는 로컬 버스에 올랐다. 버스는 이틀 동안 북인도의 산길을 기어올라 바드리나트에 나를 떨어뜨려 놓았다. 이제 답보(踏步)에서 진일보(進一步)하는 길이 열리기 시작했다. 그로부터 4년 동안 해마다 이 가르왈 히말라야에서 한 철을 지냈다.

폭우로 끊어진 길을 이어가며 개미처럼 성지로 향해 올라서는 힌두 수행자들.

뼈를 깎는 추위를 단 한 장의 숄을 뒤집어 쓴 채 묵묵히 맞이하는 탁마 수행자들.

얼음이 둥둥 떠다니는 빙하 아래 시냇물에 들어가 두타고행을 거듭하는 요기들.

발가벗은 채 동굴에 앉아 만뜨라를 외우는 사두.

이 모든 모습의 배경화면이 되는 웅대한 하얀 산의 높이와 깊이.

신성한 아름다움은 제외하고라도 종교적인 분위기가 내 몸에 딱 맞는 옷이었다. 이 옷에 맞는 한 인간이 수동적 과거를 버리고 이 자리에서 능동적으로 새 옷으로 갈아입으며 태어나려 애썼다.

앞 세대가 공들여서 만들었던 내 주형(鑄型)은 슬며시 금이 가더니 조각조각 깨져나가기 시작했다. 그동안의 틀은 내 틀이 아니었고 그동안의 인생은 연습이었다. 나라고 이야기했던 흉터가 많았던 나는 히말라야에서 사망할 수밖에 없었으니 한 삶에서 두 번 살게 되어, 이제 가르왈 히말라야가 내 진정한 고향이 된 셈이었다.

되돌아와서는 힌두교 공부를 계속했다. 그때의 정신적 에너지의 폭풍을 잊을 수 있을까, 결코 그럴 수는 없을 것이다.

잠깐 사이에 이 거대한 힌두 폭풍 안으로 끌리듯이 말려들어갔다. 눈앞에는 천지창조, 신과 악마와의 한 치 양보도 없는 광대한 전쟁, 영웅들의 영적이고 불퇴전의 용기와 빈틈없는 계략. 히말라야를 중심으로 펼쳐지는 수행자들의 격렬하고 처참할 정도의 자학(自虐)스러운 각고의 고행 등등.

넌지시 열려진 창문으로 슬며시 바라보려 했던 세상이 순식간에 나를 빨아들였다. 고대로부터의 격랑이 사람을 얼마나 황홀케 하는지……. 더불어 뇌의 구조를 이루었던 기존의 틀은 무너지고, 새롭게 자리 잡고, 교통하고, 세계관이 흔들리며 그동안 축적된 모든 삶의 불안전한 골격들이 보수되어 차차 안정되었다.

힌두교의 방관자로서, 손님으로서 맛보기를 시도하려다가 걸려들었다. 선악(善惡)을 정확하게 가르는 흑백 필름의 세상에서 무진장(無盡藏) 다양한 총천연색의 세계로 뛰어들었다. 그것은 마치 끝없이 백색과 흑색으로 장식된 동토의 〈얼지 마, 죽지 마, 부활할 거야〉에서, 색색화사의 꽃들이 지천에서 다투어 피어나는 〈꽃 피고 새 우니 돌아갈 길을 잃었다〉는 봄날의 세상으로 진입한 기분이었다.

지금 되돌아 생각해도 가슴 뜨거운 나날이었다.

본래 이름이 손양(孫陽)이었던 백락(伯樂)은 주(周)나라 때 사람이다. 그가 명마라고 판정을 내리면 말 값이 열 배나 껑충 뛰어버리는 말 감정의 명인이었다. 이 덕분에 명마가 백락을 만나면 세상에 널리 알려진다는 의미로 백락일고(伯樂一顧)라는 말이 생겨났다. 그러나 아무리 명마 중의 명마인 천리마라도 백락을 만나지 못하면 아무런 소용이 없었다.

따라서 당(唐)의 한유(韓愈)는 『잡설(雜說)』에서 말했다.

세상에 백락이 있고 나서 천리마가 있게 마련이다. 천리마는 언제나 있지만 백락은 항상 있는 것이 아니다. 그러니까 비록 명마라도 백락의 눈에 띄지 않으면 하인의 손에 고삐가 잡혀 끝내는 천리마란 이름 한 번 듣지 못하고 보통 말들과 함께 마구간에서 죽고 만다.

(世有伯樂 然後有千里馬 千里馬常有 而伯樂不常有 故雖有名馬 只辱於奴隷人之手 死於槽之間)

어느 날 백락은 고갯길에서 수레에 소금을 잔뜩 싣고 힘들게 올라오는 말을 본다. 분명히 명마 중의 명마인 천리마인데 이미 늙어 있었다. 무릎은 꺾이고, 꼬리는 축 늘어졌다. 백락은 천리마가 무슨 사연이 있었기에 이 꼴인가, 탄식을 하는데, 천리마도 백락을 알아보았다는 듯이 '히힝' 서럽게 울었다. 명마로 태어나 천한 일을 했던 것이 서러웠던 것이다.

백락도 함께 울며 자신의 비단옷을 벗어 말에게 덮어 주었다. 천리마는 가쁜 호흡을 몰아치다가 다시 고개를 들어 크게 우니 그 소리가 하늘에 사무쳤다.

여기서 다시 기복염거(驥服鹽車)라는 말이 나오게 된다.

이 고사 성어는 당시 시대상으로 보자면 당연히 훌륭한 인재가 있다고 해도 현명한 임금이 없다면 재능을 발휘하지 못한다는 이야기다.

그러나, 가르왈 히말라야에서 돌아와 이 글을 읽었던 나는 다른 시각을 가지게 되었으니 바로 힌두교에서 이야기하는 우주의 편재하는 신성 — 브라흐만(梵)과 내 안에 존재하는 신성 — 아뜨만(我)이 서로 알아보고 일여(一如)가 되는 길로 받아들였다. 그렇지 못하다면, 내가 만일 신성을 모르고 나를 모른다면, 내 인생은 그야말로 돈 벌기 위해 허리가 굽도록 일하고, 명예를 따라가다가 무릎이 휘면서 늙어가다가, 결국 인생을 허비하고 크게 울다가 죽지 않을까, 생각이 들었다.

이러면 안 되지! 내가 내 주인이 되기 위해, 내 주인이 나를 알아보기 위해 공부를 시작하자, 하늘에만 있었던 신성(神聖)함이 이제 내려와 주변 자연 안에 펼쳐지더니, 이어 내 심연(深淵)의 심장까지 들어와 따스하게 안좌했다. 아뜨만이었다. 히말라야에 나를 안주시키며 일어난 일이었다.

이때부터 신비(神秘)라는 세계를 기웃거리며 이 대양(大洋)스럽고 우주(宇宙)스러운 스케일을 품은 종교와 본격적으로 교통하기 시작했다. 인간, 자연, 신 그리고 우주의 섭리를 긍정하며 순응하는 가르침과 함께 거듭 히말라야를 만나면서, 행복해라, 내 인생의 화·양·연·화(花樣年華)가 시작되었다.

가르왈 히말라야의 책을 준비하는 동안 머리 안에 정리되지 않은 생각들이 봇물 터지듯이 쏟아져 나왔다. 도리어 가부좌로 정좌해서 생각을 정리해야 할 정도였다.

부모가 나를 육체적으로 키웠다면 가르왈 히말라야가 정신적으로 나를 성장시켜 그동안 눈을 마주쳤던 계곡, 시냇물, 설산 봉우리, 수행자들, 그리고 눈부신 설봉들이 법문으로 각인되어 있었다. 이들이 서로 다투어 입을 열었다. 나를 키워낸 8할 중에서 일부를 꺼내는 즐거움은 이루 말할 수 없었다. 힌두 제신들은 나를 영매(靈媒) 삼아 자신들의 일부를 문자화해서 이렇게 글 안에 담겨지는 과정은 행복한 작업이었다.

그들이 글을 통해 전하고 싶은 이야기는, 이제 이미 지상의 사람이 아닐, 그토록 연약하고 가느다란 팔을 가진 하리드와르 수행자의 따스했던 충고. 달을 향했던 지월(指月).

바로 이 말.

"당신도 우리들의 천국에 한 번 가보시게."

슈밤 아스투 살바자가탐(모든 사람이 행복하기를).

임현담 林玄潭

차례

가르왈 히말라야 2

서문 — 9

가르왈은 무슨 말일까 — 19
순례—성스러운 야뜨라, 조시마트를 지나며 — 51
닐칸타는 가르왈의 여왕이 아니다 — 75
바드리나트에 다시 녹색물결이 일어나도록 — 101
바라만 보아도 죄가 사해지는 땅, 바드리나트 — 131
옛것을 흘러 보내는 아라카난다 — 159
사라스와티, 물·음악·경전이 한 자리에서 — 189
사탄은 없다, 히말라야 — 227
사방이 나의 수호신 — 257
존재가 우선인가, 윤리가 우선인가, 햄꾼드에서 — 293
존재의 아름다움을 보자, 꽃들의 계곡 — 321
자연은 우리의 모든 것, 난다데비 — 353
어머니 여신의 힘, 난다데비 — 381

후기 · 물수제비를 뜨고 나서 ——— 412

참고서적 ——— 424

가르왈 히말라야 1

서문 ——— 9

가르왈 히말라야의 일주문, 하리드와르 ——— 19

가르왈 히말라야의 분류, 그리고 그 분류를 넘어 ——— 51

야무나 계곡의 온천수 ——— 87

삶과 죽음은 하나라고 말하는 야무노뜨리 ——— 109

격세지감을 느끼는 강고뜨리 ——— 145

아바타는 인도에서 왔다 ——— 177

근원을 넘어선 자리, 타포반 ——— 201

쉬바의 상징이 우뚝한 고행의 땅 ——— 233

성자 샹카라와 함께 걷는 산길 ——— 265

히말라야에서는 음식다운 음식을 먹어야 한다 ——— 305

생명경시를 꾸짖는 체다리나트 ——— 329

보고 듣고 느끼는 히말라야 ——— 361

가르왈은 무슨 말일까

시간은 자비롭지 않다. 고독과도 같은 시간은 한 인간의 재산을 모으는 데, 부·자손의 번영·재산·물질의 풍요·왕국·명예·주권 등을 잡는 데 도움을 주나, 시간은 다시 그대에게 앙갚음을 하여 이러한 모든 것으로부터 떠나가게 만들고, 어느 누구도 피할 수 없는 종말을 향해 그대를 나아가게 만든다. 시간을 아껴 앞으로 전진하는 것이 지혜로운 일이다.

자이 케다르! 짜이 바바!
• • •

　이른 아침 사원 주변에 빙 둘러진 신상들에 참배했다. 신상들이 얼마나 오랜 사랑을 받았는지 각(角)은 모조리 사라지고 반질거렸다. 힌두들에게는 '만지지 마시오'라는 말 자체가 없다. 밥조차 손으로 만지락거리며 먹는 마당에 신상을 손으로 문지르고 머리와 이마를 대고 비비는 일은 차라리 필수 행동강령에 속한다. 촉감은 신성을 느끼는 중요한 감각 중에 하나다. 만지지 않으면 축복도 없다는 듯이.
　나 역시 여기에 감염된 지 오래라 신상에 이마를 대는 일은 무의식 수준에서 일어난다. 모르기는 해도 그 와중에 이마가 벌겋게 물들었으리라.
　뒤늦게 도착한 사람들이 신에게 자신의 방문을 알리기 위해 요란하게 타종하며 입장한다. 맑은 소리에 신이 쉽사리 소리 나는 자리를 둘러보리라.
　바람결을 따라 눈을 돌리다가 보니 사원 뒤편에 구름들이 묘하다. 거의 수직으로 일어난 설산이라 바람 불면 구름들이 밀려올라가야 되는데 수증기처럼 서서히 흩어지고 있다. 화로에 눈송이들이 떨어지듯이 하얀 설산이 마치 뜨거운 불판이나 되는 것처럼 구름들이 맥을 추지 못하고 다가서면서 차차 희박해졌다. 시야가 눈늑 열린다〔眼忽開〕.

서산스님은 '붉게 타오르는 화로 가운데 눈 한 점이 녹는 듯하다〔紅爐一點雪〕'는 임종게를 남기셨다. 설산 가까이 다가서는 구름 한 점은 설산에 순식간에 붙어 얼음이 되며 소멸한다. 천 가지 생각, 만 가지 갈등번뇌란 사실 붉은 화로에 한 점 눈송이〔千計萬思量 紅爐一點雪〕라 했던가. 숯이 불타는 시뻘건 화로와는 다르게 하얀 화로〔白爐〕 역시 영적이며 더불어 번뇌 또한 제압한다.

히말라야 역사는 5천만 년이란다. 가없는 나이를 가진 설산 주름들이 장엄하게 드러나 시간과 대면하는 기분이 든다. 얼마나 많은 사람들이 저 백색 일어섬과 마주했을까. 산을 향해 합장하고 서 있는 힌두들이 여럿 눈에 들어온다. 이런 모습에서는 그냥 선의(善意)만 솟아날 뿐, 다른 것들은 모조리 꼬리를 숨긴다. 즉, 자꾸 보면 볼수록 내가 아니라 선의 그 자체가 된다. 이 세계는 나를 교화시킨다.

사원을 중심으로 시계방향으로 아침 꼬라를 시작했다. 백색 히말라야가 조명처럼 환하게 길 밝힌다. 아직 입장하지 못한 힌두교도들이 길게 줄을 이어나가며 순서를 기다린다. 간격을 좁히기 위해 앞사람의 어깨에 손을 얹거나 거의 밀착하고 있는 모습들이 가슴 따습다.

세속에 집착하지 않음으로써 세상을 대하는 수행자들. 산수화조(山水花鳥)를 벗삼고 칠원고풍(漆園高風)을 따라 산다. 묶여 있는 끈을 끊고 초월을 이루기 위해 자연스럽게 깊은 산으로 깃든다.

사원 좌측에는 낯익은 많은 수행자들이 한자리에 모여 있다.

아침 인사를 던졌다.

"자이 케다르!"

그늘 역시 오른손을 들며 내게 답례했다.

"자이 케다르!, 짜이 바바!"

히말라야의 어느 곳에 이렇게 많은 수행자들이 모여들겠는가. 총 2천 500킬로미터의 히말라야 중에 가장 많은 사람들이 찾아오고 가장 많은 사원이 뿌리내린 곳은 오로지 가르왈 히말라야뿐이다. 산은 산대로 아름답고 종교적 소향 역시 깊을 대로 깊은 곳, 이곳 가르왈 히말라야.

사람마다 흔들리는 대상이 있어 어떤 여자는 군복이나 경찰 제복을 입은 사람에게 약하다. 영화〈뜨거운 것이 좋아〉에서 마릴린 먼로는 테너 색소폰 연주자에게 늘 쉽게 무너져 색소폰 연주자와 사랑에 빠지면서 악단 몇 개를 전전하는 모습으로 나온다. 그녀는 아팠던 상처를 잊고 또다시 새로운 색소폰 연주자에게 연정을 느낀다. 영화를 보며 그 이유는 무엇일까, 궁금했던 적이 있었다.

나는 오렌지색 샤프론과 회색 승복이 그 역할을 대신한다. 지난 삶과 무관하지 않아서인지 마음이 많이 당겨지며 약하게 흔들린다. 길을 가다가 서서 이들 뒷모습을 물끄러미 바라본 날이 어디 하루 이틀이었던가.

사원 외곽 기둥에 등을 기대고 있던 또 다른 수행자 하나가 반갑다는 듯이 인사한다.

"자이 케다르, 짜이 바바!"

그들이 나를 '짜이 바바' 라 부르는 건 불과 하루 사이 일이다.

어제 아침 비슷한 시간에 사원 주변을 산책하다가 얇은 담요를 뒤집어 쓰고 있던 수행자를 보았다. 아침 설산 추위에 부르르 몸을 떠는 중에 시선이 마주쳤다.

그와 함께 있는 주변 수행자 숫자를 세어 보았다.

한 사람, 두 사람, 세 사람, 네 사람……. 모두 얼추 서른 사람 정도.

사원 옆에 자리한 찻집 주인에게 차를 주문했다.

"산야신 한 사람에게 짜이 한 잔씩."

그것만으로도 부족해 보여 감자와 양파를 으깨 마살라(Masala)로 버무린 튀김 역시 주문했다. 한 조각 먹어보니 금방 튀겨냈는지 정말 살살 녹을 정도로 맛있었다.

1킬로그램에 100루삐. 역시 5킬로그램 주문.

주인은 웬 횡재냐 싶어 신났다. 신전 옆에서 장사하는 사람은 깊은 신앙심은 기본이라 주문이 떨어지자 오른손으로 가볍게 양 미간을 만지며 만뜨라를 외우고서야 버너 불을 키웠다.

이들 모두를 배불리 먹일 수는 없으나 한국에서 안주 하나 주문할 정도 금액이면 수행자 3, 40명에게 아침 추위를 쫓고 허기를 슬쩍 몰아내는 공양이 가능하다.

차를 받아든 수행자 중에 한 사람이 물었다.

"차이나? 재팬?"

중국과 일본, 두 나라가 아시아에서 강국임은 틀림없다.

"코리아, 닥친 코리아(한국, 남한)."

그는 뒤를 둘러보며 다른 수행자들에게 선언했다. 강조어법인가, 세 번 반복했다.

"코리아에서 신(神)이 왔다. 코리아에서 신(神)이 왔다. 코리아에서 신(神)이 왔다."

만뜨라를 입안에서 빠르게 굴리더니 나를 바라보며 다시 말을 이어나갔다.

"인도 사람들은 나와 같은 나라 사람이다. 그런데 그들은 우리에게 아무것도 주지 않는다. 좋지 않다. 우리에게 아침을 주는 건 데바[神(신)]다. 좋다."

그렇게 생각하면 맞다. 나에게 월급을 주는 사람은 신이고, 비록 내 돈으로 밥상을 차리지만 밥상 차리는 아내는 신이고, 기쁨을 주는 아이들은 신이고, 내게 무엇인가 주는 존재들은 모두 신이다.

그들 옆에 앉았다. 수행자들과 함께 앉아 있으면 마치 집에 돌아온 듯 마음이 편하다.

『멈춤』이라는 책에 스티븐 레츠샤펜이 저술한 『시간 변동』 중, 한 대목이 인용되어 있다.

『시간 변동』이란 책에서 스티븐 레츠샤펜은 '동반의 흐름(entrainment)' 이란 용어를 쓴 적이 있다. 이 말은 '다양한 리듬이 서로 보조를 맞추게 되는 무의식적인 과정'이란 뜻이다. 가령, 흔들리는 진동의 움직임이 서로 다른 진자를 나란히 놓게 되면 얼마 지나지 않아 두 진자의 운동이 같아진다는 것이다. 레츠샤펜은 "이 원칙은 원자입자의 운동이나 조류의 움직임, 그리고 인간에게도 똑같이 적용된다"고 하였다. 인간에게도 똑같이 적용된다? 정말 놀라운 생각이다. 사실 우리는 다른 사람의 리듬을 포착하여 따라가기도 하고, 실제로 우리 주변의 전체적인 리듬을 따라가기도 한다. 만일 주변의 리듬이 빠르다면 자동적으로 우리의 리듬도 빨라진다. 그것이 바로 '동반의 흐름'이다. 이 말은 '같은 기차에 타고 있는' 것과 같다

    수행자들과 있으면 그들의 리듬과 주파수가 일치된다. 동반의 흐름을 통해 나는 수행자들의 의식에 수렴된다. 전생에 한때 이들과 같은 색깔의 샤프론을 입고 수행자로 살았던가, 혹은 훗날 내생에서의 수행자로 삶의 파장이 미리 밀려오는 것일까. 그들과 함께 앉아 있으면 고향친구들 모임처럼 벽이 없어진다.
    가게 주인은 내게도 차 한 잔을 주었다. 내 것은 주문하지 않았다고 손사래로 거절하자 어깨를 으쓱하며 컵을 들이대는 모습이 많이 팔아주어 고맙다는 의미의 서비스다.
    갈 수 없는 곳이기에 더욱 절실했을까, 차를 마시는 수행자들을 보니 다시 바수키탈의 구루지가 생각났다. 품격 있으면서 은일한 모습을 가진 수행자. 브라흐만의 진의를 궁구하고 덕목을 가진 사람이기에 나를 응시하는 눈은 완전히 이 세상에 속해 있지도 않고 그렇다고 신의 세계에 속해 있지도 않

앉다.

그는 두 세상의 다리가 아니었을까. 이승과 저승, 삶과 죽음, 인간과 신이 한 자리에서 교통하니, 긍정도 아니고 부정도 아닌 세상의 다리. 이곳도 아니고 저곳도 아닌 네티, 네티 우주의 거주민.

그는 내게 모든 존재가 신이라 강조하며 말했다. 생각은 한 발 더 나갔다. 어디 기쁨을 주는 존재만이 신일까. 고통을 주는 사람 역시 신이다. 번뇌하고 고민하게 만들고 정체성을 확인시키며 단련시켜 주는 존재가 모두 신이다.

이렇게 모든 존재에게서 신을 찾는 일은 정통 힌두 교리에서 한 치도 어긋나지 않는다.

"우리에게 아침을 주는 건 신이다."

그렇다면 아침을 주지 않는 사람들도 모조리 신이다.

나는 내생이 있어 다시 태어난다면 수행자로 살기로 이미 서원했다. 그러나 한국스님으로 공부를 할지 힌두교의 탁발 방랑승이 될지 아직 결정하지는 못했다.

그대들에게 보시하는 일은 미래의 나에게 대접하는 일과 같다.

"그대들아, 내 다시 히말라야에 돌아오면, 이제 그대들 중에 한 사람이 추운 밤이 지나고 새벽이 오면 내게 따뜻한 차 한 잔 주려무나……."

이제 컵을 주인에게 되돌려주고 일어서 가는 내게, 누군가 '나마쓰떼, 짜이 바바!' 인사했다.

짜이 바바!

그들에게 짜이와 튀김을 대접한 일이 케다리나트 수행자 사이에서 내 이름이 되었다. 뒤돌아보았는데 모두가 싱글벙글 웃고 있어 누구 목소리인지 알 수 없었다.

나 역시 인사말을 놓고 내 길을 갔다.

"자이 케다르!"

이번에는 또 다른 쉰 목소리가 답했다.

"자이 케다르, 짜이 바바!"

뒤돌아보지 않고 오른손만 들어 작별인사를 대신했었다.

이른 아침, 수행자들이 내 새로운 이름을 불러가며 아침인사를 던진다. 그 기분이 나쁘지 않다.

"오늘도 데바[神(신)] 노릇 한 번 더할까?"

마음으로 궁리하는데 미래를 훤히 내다보는 듯한 가게 주인과 눈이 딱 마주친다.

한 삶에서 네 번 윤회한다
• • •

인도를 다니면서 깨달음들을 보았다. 그들이 얼마나 자유롭고 넉넉한지 부럽기까지 했다. 그러나 깨달음이 내 것은 아니었다. 내가 깨달음을 얻은 상태가 아니기 때문이다.

이런 풍경을 만나는 일은 오로지 단 한 번이라는 사실이 중요하다.
평생에 단 한 번이며 당연히 우주가 꽃피어난 이래 한 차례뿐이다.
어찌 지금, 이 자리-아디야아뜨라가 소중하지 않겠는가. 그렇다면 이어서 물어야 한다.
이런 눈사태가 벌어지는 단 한 차례의 풍경을 바라보고 있는 나는 누구인가?

신화에서 나라다는 무지라에게 말한다.

"마치 사막에서 갈증에 시달린 여행자가 우물을 발견하고 그 속을 바라보고 있는 것과 같다. 그는 그것이 물이라는 사실을 알고 있을지 모른다. 하지만 시간을 들여 자신의 몸을 물에 닿게 하지는 못했다. 그처럼 나는 열반을 분명히 보았다."

화택(火宅)의 사막을 건너와 깨달음〔물〕을 보았으나 아직 맛보지 못한 상태.

나는 언제 물을 마시고 적실 수 있을지 알지 못한다. 깨달음의 갈증.

이런 깨달음들은 모두 집을 나선 사람들이었고 이들이 걸어온 길은 낡은 길이었다. 말장난 같지만 구도(求道)는 구도(舊道)였다. 이미 깨달은 사람들은 모조리 이 길을 통해서 걸어왔고 이 길을 통해 떠나갔다. 그 낡은 길로 가야만 목표에 닿는 셈이지만, 이 낡은 길은 도리어 전혀 새로운 세상으로의 통로인 셈이다.

인도인들은 인생을 아쉬라마〔ashrama, 人生段階(인생단계)〕, 즉 네 단계로 나누어 그때마다 처해진 상황에 따라 성실히 의무를 다할 것을 전통적으로 가르쳐 왔다. 바로 오래된 길이었다.

브라마차르야〔Brahmacharya, 學生期(학생기)〕에는 순결과 복종을 바탕으로 금욕생활을 몸에 익히면서 배움에 힘쓰며, 부모와 스승 등, 윗사람을 공경한다.

그리하스타〔Grihastha, 家長期(가장기)〕에는 결혼하여 가장이 되고 가족들을 모든 면에서 책임지고 옳은 길로 이끌며, 물려받은 가업을 이어나가고, 자녀들을 결혼시키는 책임을 다하며, 신과 조상에게 성스러운 임무를 완성한다. 바나프라스타〔Vanaprastha, 林住期(임주기)〕에는 정신적인 성숙기로, 세상의 재산을 포기하고, 인적이 드문 숲으로 들어가 은둔자로서 수도생활을 한다. 금욕적으로 단순하게 살아가며 헌신과 요가를 통해 수행해 나간다.

마지막으로 산야사〔Sannyasa, 流行期(유행기)〕에서는 발길 닿는 대로 편력 방랑하는 탁발승의 세계로 진입한다. 금욕과 걸식으로 생활을 영위하며 이제는 환생의 세속적인 굴레를 벗어나기 위한 마지막 여정을 진행한다.

이 네 아쉬라마를 보면 힌두들의 유서 깊은 길이 새삼스럽게 느껴진다. 하나의 인생에서 네 가지의 삶을 사니, 기나긴 윤회의 길을 1/4로 줄이는 지혜가 엿보인다. 이들은 무한의 윤회에서 생을 단축하는 방법을 알고 있었다. 지난 단계의 체험과 사유를 바탕으로 한 삶에 이런 식으로 여러 번 환생하면서 사는 현명함이다.

이 중에서 내가 가장 끌리는 아쉬라마는 숲으로 나가는 임주기(林住期)와 탁발방랑하는 유행기(流行期)다.

숲에서 머물다가〔林住〕떠돌아다닌〔流行〕다니.

역마살이 유전자에 적당히 끼어든 사람들에게는 기막히게 부러운 일이 아닌가.

신화에서 비두라(Vidura)는 깊은 밤에 드리타라스트라(Dhritharashtra)를 찾아와서 말한다.

"시간은 자비롭지 않다. 고독과도 같은 시간은 한 인간의 재산을 모으는데, 부·자손의 번영·재산·물질의 풍요·왕국·명예·주권 등을 잡는 데 도움을 주나, 시간은 다시 그대에게 앙갚음을 하여 이러한 모든 것으로부터 떠나가게 만들고, 어느 누구도 피할 수 없는 종말을 향해 그대를 나아가게 만든다. 시간을 아껴 앞으로 전진하는 것이 지혜로운 일이다. 드리타라스트라여, 이제 당신은 늙었다……(중략) 육체란 소멸되고 마는 것이다. 당신의 무지와 당신이 현재 속해 있는 것으로부터 떠나라. 완전한 자유를 향해 나아가라."

이것이 힌두교에서 임주기 정신이다. 떠나는 일은 자유를 위한 걸음이다.

이들은 이제 숲으로 떠나 아뜨만에 대해 참구 정진한다.

"아뜨만은 자식보다 사랑스럽고, 부귀영화보다 사랑스럽고, 다른 모든 것보다 사랑스럽다. 아뜨만보다 사랑스러운 것이 있다면 그 사람은 '꼭 사랑해야 할 것을 잃었다'고 할 것이다."

다음날 아침, 방은 텅 비어 있었다. 두 사람 모두 아무런 흔적조차 남기지 않고 숲으로 떠났다. 이제는 되돌아올 수 없는 길을 간 것이다.

출가를 통해 힌두 수행이 시작되면 되돌아갈 수 없으며, 되돌아가서도 안 된다. 뒤돌아보기라도 한다면 돌이나 소금 기둥으로 변한다고 생각하듯 이 경전은 임전무퇴를 말하며 나약한 자들에게 준엄하게 경고한다.

"대도에 이르는 길은 지극히 험하여 끝까지 정진하는 자가 드물다. 그러나 일단 요가의 길에 발을 들여놓은 후, 계속 정진하기를 체념하고 되돌아오는 자야말로 대죄인이라 불러 마땅하다."

'하늘이 하는 일을 아는 이는 하늘같이 (자연 그대로) 살아간다〔知天之所爲者 天而生也〕'는 말은 히말라야에서는 흔히 그리고 쉽게 만나는 광경이다. 히말라야 사원 주변에서 기거하는 수행자들은 하늘의 뜻을 알기에 무위(無爲)의 삶을 살고 있다.

꽉 찬 사람은 방랑하지 않는다. 무엇인가 결핍되고 부족한 사람이 방랑하게 된다. 그동안 사회에서 신성결핍으로 살았으니 방랑을 통해 곧바로 구도(求道)로 이어간다.

인도에서 아쉬라마 임주기에 출가 수행자가 되려면 일반적인 삶과 유대를 끊어나가는 일이 최우선이다. 우선 안락한 생활을 청산하고, 불필요한 곳에 기울였던 산만한 주의력을 버린다. 헛된 시간의 낭비를 일으키는 것들과 결별하고 정신력을 해이하게 만드는 모든 요소를 제거해 나가니 짐을 철저하게 내려놓는 작업이다.

그것이 바로 성(聖)스러운 가출(家出), 즉 다른 언어를 쓰면 출가(出家)가 된다.

마아로 기득 찬 허깨비 같은 세상에서 벗어나 신성과 하나 되는 다른 세상. 한편으로는 이 땅에 묶여 자유롭게 떠나지 못하지만 이제는 집을 나와 모든 것〔全體(전체)〕과 함께 하나가 되는 황홀.

조셉 캠벨은 북부 캐나다 카리브의 원주민 샤먼인 이그쥬가르쥬크 이야기를 전했다.

"참 지혜라고 하는 것은 사람들에게서 아득히 떨어진 채 절대고독 속에 은거하는데, 이 참 지혜에는 오로지 고통을 통해서만 이를 수 있다. 버리는 것과 고통스러워하는 것만이 세상으로 통하는 마음의 문을 열게 할 수 있는데, 사람들은 이것을 모르고 있다."

이것은 바로 출가 행자의 생활과 일치한다. 가르왈 히말라야는 이런 사람들의 근원이며 고향이다.

케다리나트의 많은 수행자들은 구걸을 통해 그리고 탁발을 통해 허기를 해결해 나간다. 보시가 없으면 그들은 모두 굶어죽을 수밖에 없다. 아쉬라마 두 번째의 가장기의 사람들은 적극적으로 경제활동을 하며 더불어 이들에게 보시를 베풀어야 한다. 훗날 자신들의 눈이 침침해지고, 하얀 머리가 생겨나고, 손자가 태어나, 출가를 하게 되면 그들 역시 탁발에 의존해야 하지 않는가. 알고 보면 미래에 대한 스스로의 보시다.

내 생애에 그런 일이 일어나지 말라는 법이 있을까. 나는 아직은 이 두

세계에 양다리를 걸친 시민이라 삶에 만족하지 못한다. 오렌지 샤프론이나 회색 승복에 흔들리는 건 출가하지 못한 내 자신에게도 원인의 일부가 있는 셈이다.

수행자 사이를 걷는 일 자체로 내생 출가 서원에 한 발 다가서며 이승에서의 마음을 공고히 다지는 작업이 된다.

무엇을 가르왈이라 하나
●●●

이런 생각을 자주 한다.

"인도는 왜 인도라고 하나? 대한민국은 왜 대한민국일까?"

이런 질문이 체질이 되어 답을 알지 못하면 가슴에 돌이라도 얹은 듯 여간 갑갑한 것이 아니다. 가르왈이라고 예외는 아니다.

가르왈은 '가르'와 '왈'이 합쳐진 단어다. 즉 집〔家〕혹은 성(城)을 의미하는 가르(거르)와 주인(主人)을 의미하는 왈라가 합쳐졌다.

"왈라! 왈라!"

왈라는 지금도 흔히 사용하는 단어로 게스트하우스 혹은 식당에서 큰 소리로 외치면 주인이 튀어나온다.

가르왈이라는 이름의 기원을 알자면 잠시 인도 역사를 보아야 한다. 어쩌다가 히말라야 산지 이름이 이렇게 되었는지. 남의 나라 역사만큼 재미없는 것이 또 있을까. 거기다가 이집트, 인도, 중국 같은 큰 나라 역사는 골치

아플 정도로 복잡해서 그 나라 학생들이 배워야 할 역사책 분량이 측은할 따름이다. 가르왈의 어원은 역사에서 민족 구성을 읽다 보면 자연스러이 답이 나온다.

이 지역의 원주민은 검은 피부의 콜스(Kols)로 콜타스(Koltas), 돌스(Dols)라고도 부른다. 이들은 드라비다가 인도에 정착한 시기보다 일찍 가르왈 지역에 자리 잡은 것으로 추정하고 있다. 가르왈의 울창한 숲을 터전으로 삼아 사냥하며 서로 협동하며 살다가 차차 숲속 나무를 베어내고 집을 짓고 화전을 일구며 정착하기 시작했다.

초기에는 자연정령주의였다. 후에는 힌두의 영향을 받아 나그[蛇]와 비슈누의 화신인 반인반수의 나라싱하를 경배한다.

힌두교 세력의 영향을 받으며 목수, 청소부, 대장장이와 같은 하층 카스트를 할당받았다. 그러나 인도 독립 이후부터 최근에 이르기까지 정부기관의 공무원으로 대거 진출했고, 가르왈 인구의 25%를 차지한다.

가장 많은 민족은 38%의 라지푸트(Rajputs)로 하얀 피부의 아리안 족이다. 이들은 본래 중앙아시아의 여러 부족들의 후손으로 7세기경에는 북인도의 태반을 지배하고 있었다. 왕의 땅이라는 의미의 라자스탄을 중심으로 소왕국으로 나뉘어 각기 돌로 쌓은 성을 짓고 통치했으며 이들은 무사계급, 즉 크샤트리아였다. 라자스탄은 외세들이 인도 평원으로 내려서기 위한 통로로, 이 지역에 거주하던 라지푸트들은 상대편 군주의 성을 서로 빼앗고 빼앗기기를 거듭하면서 자웅을 겨루며 전쟁에 관한 발군의 실력을 비축해 왔다. 더불어 아름다운 문화도 함께 싹틔웠으니 차차 유럽의 기사도와 같은 규범도 만들어졌다. 즉, 부녀자에 대한 존경, 빈곤한 사람들의 구제, 항복한 적군에 대한 예의와 관용, 우아한 군사의식 등등.

내가 만일 역사학과 교수라면 개론(概論)에서 학생들에게 물을 것이다.

"역사를 한 줄로 줄이자면?"

여러 답 중에 '제행무상(諸行無常)'이라 적은 학생이 A학점을 받아간다. 균형이 있다면 비균형이 찾아오고, 평화가 유지된다면 폭력이 스며들고, 한 문화가 정착되면 또 다른 문화가 유입되기 마련이다. 천세(千歲)의 만국(萬國)은 모두 그렇게 변화했으니 이제 무지막지한 힘이 아라비아 반도로부터 밀려온다. 그토록 토닥거리면서도 영원히 잘 살 것 같은 라자스탄은 괴력의 무슬림을 저지하지 못하고 역부족으로 밀리기 시작했다. 라자스탄 성주들은 끝끝내 항전하여 목숨을 잃거나, 항복하여 목숨을 건지거나, 싸움을 포기하고 도주의 길을 선택해야 했다.

"도주한다면 어디로 가야 할까?"

사막을 어머니라고 부르는 무슬림들에게 평원지대는 사막만큼 강력한 힘을 발휘할 수 있는 지형이다. 그러니 답은 하나. 몽골군에게 유린당했던 고려가 해전을 겪어보지 못한 몽골의 약점을 이용하여 바다라는 자연물을 이용하여 섬으로 피난했듯이, 무슬림에게 산이라는 지형을 들이밀어야 했다. 계곡과 능선은 무슬림에게는 부비트랩이었다. 라자스탄에서 밀려난 일부 세력은 말조차 오르내리기 힘든 히말라야 안으로 피신했다.

현재 라지푸트는 가르왈에서 전문적인 농업을 경영하고 있다. 가르왈

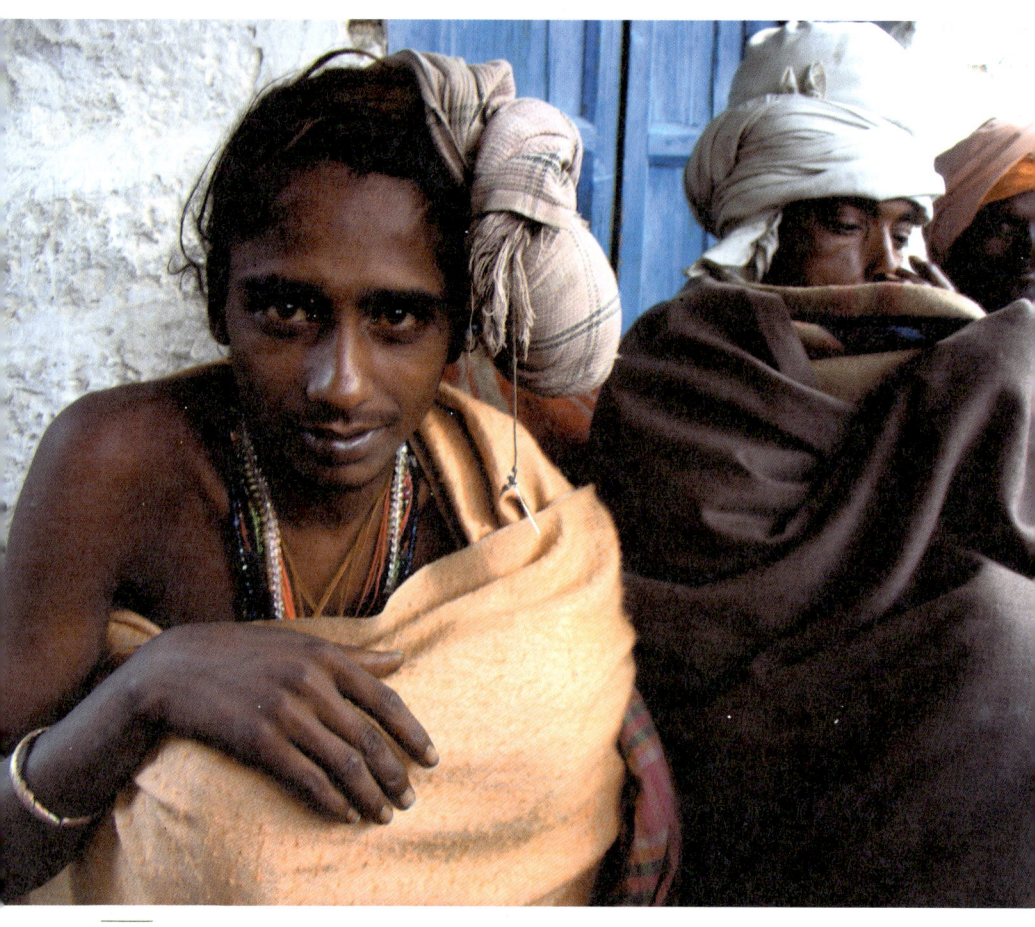

두타란 산스크리트어의 dhuta - 버리다, 씻다, 닦다의 음역(音譯)으로서 인간의 모든 집착, 번뇌를 버리고 심신을 수련하는 것을 말한다. 두타행은 힌두교에서 불교로 들어온 수행법으로 한국 불교에서는 세속을 등지고 깊은 산속 등에서 산다(在阿蘭若處), 늘 걸식을 한다(常行乞食) 등의 12두타행을 기준으로 삼았다. 히말라야에서는 미래의 어느 날, 내 자신의 모습일 수도 있는 이 원형을 만날 수 있다.

출신의 라지푸트는 상업, 공무원에 진출하고 있으며 본래의 용맹한 피를 숨길 수 없는지 군인, 특히 육군에 많이 포진하고 있다.

또 다른 가르왈의 주민은 정통 아리안 브라흐민(Brahmin)족이다. 가장 상위 카스트에 해당하며 제사를 담당하는 이들은 힌두교 성지인 가르왈에 종교적인 목적으로 방문하였다가 정착한 경우와 라지푸트 족과 함께 무슬림을 피해서 이주해 온 두 부류다. 이들은 흔히 이름에 자신들이 떠나온 지명을 덧붙이기도 한다. 가르왈 히말라야에서 비중이 제법 높아 23% 정도다.

그외 소수 부족들이 14% 정도 차지한다. 이들은 티베트와 이어지는 가르왈 히말라야의 북쪽에 거주하는 몽골로이드 계다. 티베트를 넘나들며 교역과 유목생활을 해왔다. 현재는 국경이 자유롭지 않아 농업, 목축과 낙농을 주로 한다. 우타르카시를 중심으로 자트(Jadhs), 자운사리바와르의 자운사리(Jaunsaries), 차몰리의 마차(Marchas) 그리고 바드리나트의 보티아(Bhotias)와 구자르(Gujars)가 있다.

이렇게 본디 터줏대감으로 살아오던 고산의 다양한 부족들과 외부로부터 유입된 민족이기에, 축제, 민속춤, 음악, 복식, 예술의 제반은 다양하기 마련이다.

가르왈이란 단어는 민족 구성을 알고 있으면 답이 나온다.

화전을 일구고 살던 원주민은 어느 날 갑자기 자신의 영토 안으로 들어오는 이방인과 다툴 수밖에. 그러나 비록 무슬림에게 밀리기는 했지만 창검으로 단련된 용맹한 전사들에게 무기랄 것도 없이 농기구로 마구잡이 달려들었으니 결과는 뻔했다. 원주민은 쉽게 제압을 당했고 자연스럽게 피지배층으로 전락했다. 그러나 라자스탄의 전통적인 예우에 따라 이들을 관대하게 대했고 전문농업을 보급했다.

이렇게 산으로 들어간 라자스탄 사람들은 자신의 버릇을 남 주지 못하고 여기저기 성을 쌓는다. 고대의 인도 서적 『푸라나』에 의하면 가르왈 지역의 옛 이름은 켄데르칸트다. 이들은 서로의 동태를 감시하기 위해 각각의 나라에 망루 혹은 성채를 세워 분할 통치한다. 총 52개의 성채가 있었던 것으로 알려졌다. 그러다가 1500년부터 1515년까지 아자이 팔(Ajai Pal)이라는 걸출한 왕은 이 지역을 모두 통일해 버리고 켄데르칸트라는 본래 이름을 버리고 스리나가르를 수도로 삼아 가르(망루, 성)를 정복했다는 의미로 가르왈이라 새롭게 명명했다.

1790년과 1815년 사이에 네팔의 고르카 왕조가 이 지역으로 침략을 반복한다. 이들은 돈을 상납하지 않으면 온 가족을 노예로 끌고 가 일인당 30~150루삐에 팔아치웠으니 3살에서 30세에 이르는 수천 명의 가르왈 사람들이 네팔에 끌려가 노예로 살아야 했다. 가르왈 사람들은 이들의 만행을 피해 집을 버리고 숲으로 달아나야 했다. 당시의 가르왈 왕은 영국의 힘을 빌려 고르카의 약탈을 막아야만 했고 그 대가로 데라둔은 영국인 수중에 들어가야 했다.

이런 모든 사건이 벌어지는 가운데 수행자들은 묵묵히 위대한 의미가 적셔진 산길을 올랐고, 신앙심으로 불타오르는 순례자들 역시 이 사이를 무심으로 만뜨라를 외우며 지나갔다.

　가르왈 히말라야는 고대로부터 여러 역사, 문화, 종교 그리고 인종들이 이어져 왔다. 험한 지형과 고립된 환경 덕분에 외부와 단절을 통해 한동안 자치를 이룰 수 있었다.

　성주(城主) 히말라야.

　그러나 이제 이곳의 성주들은 힌두교 제신들로 각 봉우리마다 신들의 이름이 찬연하게 빛나고 있다. 인간이었던 성주들에게서부터 신으로 권력이 이동되었으니 얼마나 다행인가. 어디서 바라보든 가르왈 히말라야는 힌두교도의 유일한 귀착점이다. 죽음을 초월하고, 영혼을 신성에 일치시키는 장엄한 외경의 공간이다. 자연현상과 식물세계를 하나의 흐름으로 삼아 종교적인 사고방식을 진행시킨 힌두 스승들 역시 모두 이 자리에 포진한다.

　피타고라스, 플라톤, 아리스토텔레스는 세상의 움직임을 관찰하면서, 아름답고, 질서가 있다고 생각했다. 낮이 가면 밤이 오고, 그리고는 다시 아침을 맞이하며, 저 가없는 하늘에서는 수없는 별자리들이 일정한 규칙에 따라 움직이고, 봄 여름 가을 겨울의 계절이 변함없이 순환하는 항상성(恒常性)을 보고는 감동했다. 그러나 이것은 비단 이들뿐이 아니다. 거슬러 올라가면 같은 시간대에 이미 종교적 뼈대를 굳건히 세우고 더구나 경전을 만들었으니 그 자리가 바로 가르왈 히말라야였다.

사라진다면 여기가 좋겠다
● ● ●

히말라야를 다니면서 떠나오기 힘들었던 장소 중에 하나가 케다리나트였다. 3주일 동안 집 생각은 추호도 일지 않아 주변을 그냥 어슬렁거리는 일이 그렇게 좋았다. 내가 나를 벗삼는〔吾友我居士(오우아거사)〕상태로 한가로움에 몸을 맡기며 자주 언덕 위에 앉아 주변을 내려다보았다. 때로는 슬그머니 나타났다가 또 그렇게 사라지는 하얀 케다리나트 돔을 바라보고 풀밭에 길게 누워 내가 누군가 더듬어 보곤 했다. 즐거운 날들이었다.

히말라야를 걷다 보니 죽고 싶은 자리, 은둔하고 싶은 장소들이 생겨났다. 판다바들이 세상에서 천상으로 사라지는 자리들은 바로 그런 장소들이었다. 그래서 나는 케다리나트에 머물면서 그동안 생각해 두었던 실종(失踪)에 관한 소설 하나 쓰고 싶었다. 아니면 훗날 이곳에 찾아와 소설을 완성하고 싶었다.

내용인즉.

히말라야로 떠난 사내 하나가 케다리나트에 도착한다. 그리고 죽으면 곧바로 천국에 든다는 절벽 주변에서 서성이다가 실수로 추락해 의식을 잃은 후, 다시 깨어나는 부분에서 이야기를 시작하려고 했다.

형(形) 색(色) 명(名) 성(聲)은 참된 뜻을 파악하는데 도움을 주지 못한다. 그러나 최근 사회에서는 이것들을 소위 정보라는 이름으로 소중한 가치로 치며, 이것을 통해 대상을 알아내기 위해 노력한다. 내면의 진실은 결코 이들을 통해서는 드러나지 않는다. 설산에서는 인위적인 척도를 버리고 자연이 주는 언어로 파악해야 한다. 그것은 신비주의자의 길이기도 하다.

이 망각의 세계에서 다시 태어난 사내, 자신이 누구인지, 부모는 있는지, 아내와 자식이 있기는 있는지, 과거가 모두 지워져 백지가 된 상태에서 케다리나트에서 수행자들 사이에서 살게 만들기로 했다. 겨울이면 스승을 따라 동굴로 들어가고 여름이면 사원 주변에서 거주하며 신에 대해 익혀 나간다.

그 사내는 다름 아닌 나였다. 과감하게 출가하여 산에서 살아가지 못하는 나로서는 대리인을 하나 내세워 절벽에서 밀어버려 머리가 깨어지며 뇌에 손상이 가 더 이상 말하지 못하도록 만들고, 더불어 자신의 과거를 말끔하게 지워 새 도화지에 새롭게 그림을 그려나가도록 했다. 망각과 시련이라는 연금술을 통해서 녹슬지 않고 빛나는 새로운 인간으로의 재탄생되는 과정을 그리려 했다.

그러다가 어느 날 흥신소 직원이 이 사내를 찾아오고, 직원은 감화되어 역시 모든 것을 버리고 바수키탈 근처에서 함께 기거하게 된다. 그러다가 몇 년 후 흥신소 직원 가족이 보낸 또 다른 사람이 케다리나트에 도착하는 것으로 소설을 마무리 짓고.

사실 돌아와서 이 소설의 뼈대를 반 이상 세워놓기도 했다. 후에 이것을 팔아 그럭저럭 수입이 되면 가족들에게 원고료를 던져주고 정말 사라진다는 야무진 꿈까지 품으면서.

내가 만들고자 한 소설의 주인공 이름은 산스크리트어로 오늘 이 자리라는 의미의 아디야아뜨라. 그리고 도반은 크리슈나라는 이름의 수행자로 잡았다.

크리슈나는 소설 속에서, 나에 다름 아닌 아디야아뜨라에게 쉬바에 관해 말했다.

"쉬바 신은 완벽하지. 그는 우주의 시간을 주관하고 있어. 말하자면 영원성을 가지고 있다는 말이지. 그 영원성 안에는 과거, 현재 그리고 미래의 일들이 모두 들어 있어. 이 모든 것을 보는 쉬바에게는 시간 따위는 필요하지 않아. 시간이란 인간과 저 소떼처럼 불안정하고 완벽하지 못한 존재에게만 있는 법이야. 생각해봐, 아디야아뜨라. 인간이란 너무나 적은 것만을 받아들일 수 있어. 영원을 받아들이기에는 턱이 없이 모자라지. 그러기에 수행을 하는 거야. 우리가 언젠가 쉬바와 합일하면 죽음이란 없고 영원의 바다에 들어가는 거지."

갸우뚱거리는 아디야아뜨라.

크리슈나는 거침없이 말을 이어나가고.

"시간이란 쉬바의 큰 덩어리야. 말하자면 떼어낼 수 없다는 거지. 하루를 다른 하루에서, 한 주일을 다른 한 주일에서, 한 달을 다른 한 달에서, 한 해를 다른 한 해에서 떼어낼 수는 없는 거야. 말하자면 미래로부터 과거를, 과거로부터 미래를 떼어내지는 못해. 서구의 생각은 오류야. 우리들은 시간을 사람이나 동물의 몸통처럼 생각하고 있어. 시간의 오른팔을 떼어내고, 왼편 다리를 떼어낼 수 있나?"

어렴풋이 이해가 간다는 듯이 아디야아뜨라는 시선을 하얀 히말라야에 두고 고개를 끄덕였다.

"시간이 언제 너를 향해 밀려온 적이 있어? 시간이 너로부터 벗어난 적

겨울이 되면 이 마을은 텅 비어버린다. 그리고 눈은 사람 키를 훌쩍 뛰어넘어 쌓이게 된다. 그 사이에 신상 안으로 신이 들어와 명상을 한다. 이제 다시금 신이 산정으로 빠져나간 조각상. 그러나 아직 그의 눈빛은 살아 있다.

이 있어? 있다면 너는 과거 미래가 구분될 수 있어. 시간이란 언제나 너에게 머물러 있어. 과거와 미래는 환상이야."

내 안의 크리슈나.

과거에 의존하여 현재가 있고 현재에 의존하여 미래가 생긴다. 과거는 미래에서 시선을 뗄 수가 없다. 이승에서의 삶의 형태는 우연히 생겨나거나 무조건이 아니라 과거에 의해서 결정된다. 생각, 말, 행위 모두가 결과를 일으키고 이것은 다시 다른 사건을 일으킨다. 그런데 사실 그것은 하나다.

나는 가끔 과거와 교통하고 미래에 암시를 주며 산다. 미래의 내가 과거의 나에게 말을 걸기도 한다.

"케다리나트에 다시 올 거야."

내 안의 나, 분리되지 않는 케다리나트에 있는 미래의 나로부터 메시지를 수신 받는다.

지금 이 자리, 아디야아뜨라, 소설이 아니라 현실의 히말라야는 마술이다. 하늘이 보이지 않음에도 빛이 비추면서 밝아졌다가 다시 어둑해졌다. 나는 이 별유천(別有天)의 신비로운 빛 속을 걸어 나간다. 사나운 사람은 부드럽게, 약한 자는 강하게, 세속적인 사람을 성스럽게 만드는 히말라야. 이런 조화의 주인공 쉬바의 거처 케다리나트.

사람들이 계속 사원 쪽으로 올라온다. 얼굴들이 사뭇 긴장한 것으로 보아 도착한 지 얼마 되지 않았다.

다시 환해지는 산을 바라본다. 푸른 하늘에 하얀 산이 기대어 있다. 눈은 히말라야에서는 피[血]며 살[肉]이다. 설산에 눈이 내리고, 빙하가 되고, 눈사태로 떨어져 나가고, 다시 그 위에 눈과 얼음이 덧칠하면서 만들어진 무늬로 산이 장엄되었다. 단순하게 산과 눈의 집약의 표상으로 보기에는 마음이 용서하지 않는다. 혹시 오늘만 그런 것은 아닐까, 의심하고 싶을 정도로 산이 예뻐진다. 화사하고 화려한 모습이 시선을 놓아주지 않으니 눈더미들을 잘 차려입었다고나 할까, 호화롭기까지 하다.

이번 방문이 이번 삶에서 절대로 마지막일 수는 없다. 이번 삶에서 오지 못한다면 내생에서라도 기어이 와서 저 하얀 설산 언덕을 넘어서리라.

순례 — 성스러운 야뜨라, 조시마트를 지나며

순례자는 신화와 경전에 기록된 사건들이 일어난 장소를 향해 스스로 방랑자가 된다. 특별하고 성스러운 곳으로 떠나게 되니 외적인 여행이자 동시에 신을 향한 경건한 내면세계가 병행된다. 지속적인 갈망을 통해 열광적이고 무의식적인 상태로 종교의 중심을 향해 나가면서, 영혼의 항해가 차차 완성에 접근한다.

자신을 모두 던지는 뿌자, 순례
• • •

어떤 한 장소를 향해 이끌리듯이 나가는 경우가 있다. 거친 강물과 험한 바위를 넘어, 용광로처럼 달구어진 계곡을 지나고, 툭 툭 낙석을 일으키는 절벽 끝에 간신히 걸쳐진 길을 따라 죽음을 마다하지 않고 전진하는 시간이 있다. 무엇을 대면하기 위해 험로에 접어드는 것일까.

일단 인연을 접어 가정이라는 장소에서 벗어나고, 일상이라고 이름 지워진 가사일과 생업에서 완전히 빠져 나와 전혀 새로운 삶의 형태에 진입하게 된다. 속박이 모두 내던져진 상태로 생존을 위해 최소한 단출한 것들만 몸에 지니고 여행자들을 위협하는 고대로부터의 길을 떠난다. 때로는 낭떠러지 끝에 안개가 사방을 가리고 불어난 강물이 위태롭게 길을 막는다.

이것이 순례다.

순례를 힌두교도들은 야뜨라(Yatra)라고 특별하게 부른다. 야뜨라는 신

당나라 귀족들은 의복에 향(香)을 넣어 향기가 배어나도록 했다. 사람도 이와 같아 자신이 겪는 일들이 경험에 스며들기에 이것을 훈습(薰習)으로 표현했다. 신을 오랫동안 따른 사람들에게서는 훈습의 결과로 신의 향기를 물씬 느낄 수 있다. 안의 것이 실해서 밖으로 나오는 것이다〔誠於中 形於外〕. 보아라, 이미 한소식을 접한 형형한 수행자의 모습.

이 고행한 장소, 위대한 성자가 깊은 명상에서 신을 만난 언덕, 혹은 오랜 고행으로 신이 나타나고 소원을 들어준 지점, 그외 신과 인간 사이에 어떤 특별한 사건과 계약이 일어난 의미 있고 성스러운 원천, 이런 지역을 찾아 나서는 일을 말한다.

순례자는 신화와 경전에 기록된 사건들이 일어난 장소를 향해 스스로 방랑자가 된다. 특별하고 성스러운 곳으로 떠나게 되니 외적인 여행이자 동시에 신을 향한 경건한 내면세계가 병행된다. 지속적인 갈망을 통해 열광적이고 무의식적인 상태로 종교의 중심을 향해 나가면서, 영혼의 항해가 차차 완성에 접근한다. 신과 분리되었던 세상에서 신과 하나가 되는 세상으로 거주지를 옮긴다.

가르왈 히말라야에 이르는 순례는 과거에는 목숨을 담보 삼아야 했다. 가을이면 이미 눈과 얼음이 버텨 서고 여름이면 폭우로 인한 산사태가 하루에도 몇 번씩 일어났다. 낙석, 천둥, 번개뿐이랴, 길을 가로막는 많은 장애가 고개를 하나 넘을 때마다 등장했다. 무엇보다 자신의 영혼을 담은 육신이라는 그릇이 열망을 뒤따라주지 못해 고산준령을 중도에 포기했던 일도 비일비재.

장구한 세월 속에 이렇게 이어 내려온 순례에서 결국 신을 찬미하다가 죽어간 사람들이 부지기수였으며, 도리어 이런 길 위에서 낡은 육신의 호흡을 멈추고자 지상에서의 마지막 순례 길에 오르는 노인들도 셀 수 없었다.

"그래, 죽기밖에 더 하겠어……."

죽지 않은 사람들은 죽음을 직면하며 체념하고 차차 죽음에 대한 일탈을 품은 채 순례를 이어가고.

"더구나 이곳에서 죽으면 신의 세상으로 간다는데……"

때에 이르면 이승에서의 미련을 쉽게 떨궈 죽음의 신을 맞이하고.

토마스 아 켐피스는 말한다.

고통스러운 지상의 삶에서 길을 잃지 않는 이들은 순례자들뿐이다. 지구가 얼어붙든 불에 탄든 그들을 인도하는 기도는 똑같다. 그들의 고통, 열정, 비애도 똑같다.

성스러운 지역, 성스러운 산을 향할 때는 어느 누구나 마음가짐을 새로이 한다. 그렇지 못하다면 아무리 성지라 해도 짐꾼 같은 의미 없는 육체노동자에 불과하지 않겠는가. 내적 그리고 외적인 면 중에 하나만 없어도 이미 순례가 아니기에 순례자라면 항상 이 두 가지를 염두에 두고 길을 진행한다. 순례의 진면목은 이런 상태에서 드러난다.

히말라야에 자리 잡은 사원들은 많은 시간을 들여 영육 간에 고행으로 찾아와야 하기에 누구에게나 개방되어 있다.

"힌두교만 입장할 수 있습니다."

이런 문구를 가르왈 히말라야에서는 찾아볼 수 없다. 각고의 노력을 기울여 깊은 산중까지 오는 사람은 힌두교이건 힌두교가 아니건 관대하게 문을 열어 신상을 대면토록 허락한다. 사실 그쯤 고행의 길을 왔다면 이미 힌두교인이 아닌가. 땀으로 범벅된 이마에는 이미 힌두교도를 상징하는 띠까

무늬가 만들어졌을 테니까.

고대로부터 히말라야 성지 중에 가장 힘든 순례를 요구하는 곳이 바드리나트였다. 난다데비, 강고뜨리, 야무노뜨리, 케다리나트에 비길 바가 아니었다. 수많은 힌두들이 이곳을 향해 순례를 떠나 다시는 돌아오지 못한 경우가 불과 몇 십 년 전까지는 부지기수였다고 전한다.

이런 고난은 바드리나트 순례에서는 일상이었으나 세월이 어디 그런가. 지방 정부는 거액의 예산을 들여 산으로 향하는 길을 잘 보수·관리하고 있다. 14년 전만 해도 버스의 네 바퀴 중 하나가 허공에 슬며시 뜨거나 아찔한 절벽 끝에 간신히 걸쳐지는 악로(惡路)를 타고 올랐는데 그런 길들은 모조리 폭을 넓혀 길다운 길 모습으로 변모했다. 위험을 목도하고 목숨을 걸며 차차 일탈에 접어드는 과정이 사라졌으니 마음가짐이라도 제대로 잡지 않으면 이색 체험 이외에 의미가 없어진다.

모진꼴 안 당하고 목적지까지 도착하게 해달라며 만뜨라를 외우는 행위는 어느덧 옛일, 이제는 이 길을 만들고 유지·보수하는 천민들에게 감사의 만뜨라가 돌아간다.

조시마트, 히말라야의 중간 기착지
• • •

바드리나트에 가기 위해서는 통상 힌두교에서 제법 의미가 큰 마을, 조시마트에서 시작해야 한다. 인도 어디서 출발하거나 일단 조시마트에서 하루 쉬고 이른 아침에 바드리나트로 향해 떠나는 일이 일정상 편하고 합리적이다.

조시마트는 눈부시게 발전했다. 대낮에도 전기가 들어온다. 힌디음악 가게에서 흘러나오는 음악소리가 시나가는 자동차 경적소리와 힘겨루기 한다. 내가 묵었던 게스트하우스는 이 마을 발전에 따라 위치조차 가늠할 수 없다.

자신의 천국으로 가보라는 늙은 힌두 수행자의 말을 따라 버스에 올랐던 14년 전.

이른 새벽에 출발한 버스는 어두운 저녁 무렵 언덕 막바지에 놓인 이곳 조시마트에 힘겹게 도착했다. 내 삶에서 히말라야 마을과 처음 만나는 순간이었으니 조시마트는 내 처녀지(處女地)인 셈이다. 버스 운전기사는 다음날 아침 6시30분에 출발한다는 말을 남기고 사라졌다. 승객들은 어둠 속으로 뿔뿔이 흩어졌다. 버스 천장에서 배낭을 내리고 그대로 걸터앉았다.

눈앞으로는 굴곡 심한 앞산의 스카이라인들만 시선에 들어올 뿐, 모조리 어둠이었다. 막막했다. 어디로 가나…….

그때 손전등을 들고 다가온 사람이 내게 물었다.

"룸?"

그가 안내한 방은 몇 촉 안 되는 빨간 등 하나가 벽에 붙어 애쓰고 있었다. 천장이 낮아 안으로 들어서면서 허리를 잔뜩 웅크려야 했고, 무엇보다 견디기 힘든 점은 방안 한편에 자리 잡은 변기와 잔뜩 뿌려놓은 횟가루였다. 침대 위 이불은 축축하고 어둠 속에서도 얼룩이 보일 정도였으니 이건 도저히 아니었다. 코를 주먹으로 막고 밖으로 나왔다.

"어느 구석진 곳에서 비박이라도 해야 하는 건 아닐까."

배낭을 메고 희미한 길을 따라 조금 높은 곳으로 걸어가자 다른 손전등이 길을 막으며 물었다.

"룸?"

반가웠다.

유리창은 여기저기 깨졌다 치더라도 문제될 것 없었다. 무엇보다 청량한 바람이 숭숭 들어와 좋았다. 천장은 높고 방은 깨끗했다. 그제야 석회냄새가 떨어져 나갔다.

"OK!"

문 밖에서 기다리던 주인에게 숙박하겠다는 의사를 밝히고 배낭을 내려놓았다. 순간 폭우가 쏟아지기 시작했다. 돌로 만든 천장에 빗물소리가 타탁거린다 싶더니 홈을 타고 흐르는 물줄기 소리가 거의 동시에 들렸다. 번쩍거리는 번개가 뒤따랐다. 간발의 차이였다. 비가 조금 일찍 내렸다면 석회냄새 그득한 어두운 골방에서 밤새 쥐벼룩들과 다투며 선잠을 자야 할지 모를 터였다. 옷을 갈아입고 숙박계를 쓰고 나자 비가 뚝 멈추었다.

기다렸다는 듯이 하늘에 나타나는 별늘이라니.

그제야 하루 일정을 무사히 마감하는 안도감이라니.

이제 그런 게스트하우스를 찾으려야 찾을 도리가 없어 격세(隔世)의 감정을 느끼지 않을 수 없다. 조시마트에서 국제전화는 물론 인터넷까지 가능할 정도로 변모했으니 조시마트가 세상 밖으로 나온 것일까, 아니면 세상 문명이 조시마트를 끌어냈을까. 유흥가 입구에서 어설프게 화장한 10대 소녀를 바라보는 듯한 느낌을 지울 수 없다.

조시마트는 르시케슈에서 255킬로미터 떨어진 해발 1천871미터의 삼거리 산마을이다. 지리산 천왕봉이 1천915미터이니 엇비슷한 고도를 가졌다.

티베트로 향하는 두 길, 즉 니티 계곡과 마나 계곡이 이곳 조시마트에서 시작한다. 당연히 길을 따르는 두 개의 강물, 즉 바드리나트 쪽에서 흘러오는 아라카난다(Alakananda) 강과 성산(聖山) 난다데비 쪽에서 흘러오는 다우리 강가(Dhauli Ganga)가 마을 아래 비슈누 프라약(Vishnuprayag)에서 하나 되어 하류로 흘러간다. 이 물을 이용한 수력발전소가 설립되었고 계속 증축중이라 게스트하우스에는 이제 전기온수기까지 놓여 있다. 전기는 마치 물처럼 각 가정에 무료로 공급된다.

13킬로미터 북쪽에는 난다데비를 바라보며 스키를 즐길 수 있는 아우리(Auli)가 있다. 아우리는 난다데비, 하티 파르밧, 고리 파르밧, 닐칸타, 마나 봉우리들을 볼 수 있는 뛰어난 뷰포인트로 알려져 있다. 조시마트의 자랑거리는 이곳을 중심으로 많은 트래킹 루트들이 준비되어 있다는 점이다 그러나 난다데비로 향하는 길은 14킬로미터 떨어진 따또빠니에서 더 이상 진행할 수 없다. 무분별하게 진행된 자연훼손과 환경파괴로 인해 뉴델리 인도 산악연맹(IMF)의 특별허가증이 없으면 진입이 금지된다. 그외 모든 지역은 아무런 허가 없이 여행이 가능하기에 한가한 사람이라면 이 일대에서 몇 달 동안 배낭 메고 행복하게 걸을 수 있으리라.

나라싱하, 두르가, 가네쉬, 수리야, 난다데비를 모시는 사원들이 자리하고, 바드리나트 사원은 겨울 시즌이면 문을 닫고 이 조시마트 지역으로 철수하기에 교세가 크다. 무엇보다 조시마트가 힌두교에서 중요한 의미를 갖는 이유는 역시 유방백세(流芳百世)의 샹카라 때문이다. 그는 이 지역의 한 동굴에서 깨달음을 얻은 것으로 전해진다.

어느 누가 깨달음을 얻었다든가, 혹은 오랫동안 수행한 자리는 영적인 파장으로 넘쳐난다. 이런 동굴과 토굴은 뒤따라 자리 잡은 수행자들에게 많은 도움을 준다.

마르빠 스승은 밀라래빠에게 큰 스승들이 정진했던 명상처를 일일이 알려주고 이런 이야기를 덧붙인다.

"그대가 이런 장소에서 열심히 명상하는 것이 스승을 기쁘게 하고 또한 어머니의 은혜에 보답하는 길이다. 이리하여 그대는 우주의 근원자에게 봉사하게 되는 것이다."

그런 곳이 있다면 다리품을 팔아 찾아나서야 한다. 의외로 가까운 곳이라 마을의 동쪽 언덕에 자리한 동굴까지는 숙소에서 3분도 채 걸리지 않는다. 동굴 안은 철망으로 샹카라가 명상하기 위해 앉았던 자리와 관람자들이 바라보는 공간을 나누어 놓았다. 이 자리에서 깨달음을 얻었음을 기념하기 위해 샹카라 성상을 만들어 모셨다.

"다만 몇 분이라도 명상을 해보시오."

사진을 찍지 말라는 말은 힌디어로, 명상을 권하는 문장은 힌디어와 영어로 쓰여 있다.

고요한 기운이 천몇백년 세월을 이기고 남아 있는 탓일까, 철모르는 아이까지 동굴 안에서 조용하다. 서늘한 기온이 마음공부 하기에는 그만이고.

한 위대한 각자(覺者)를 만들어 내기 위해 환경은 얼마나 큰 영향을 미치는가 생각하지 않을 노리가 없다. 깨달음 후에 저잣거리에 나오는 일은 문제가 아니로되 깨닫기 위해 저잣거리로 나선다는 일은 어불성설이다.

동굴에서 멀지 않은 자리에는 수령이 2천 년이 넘은 보리수나무가 위용을 자랑한다. 단 한 그루의 나무 그늘이 무려 수십 평에 이른다. 샹카라는 아침이면 동굴을 나와 명상처를 보리수나무 아래로 옮겼고, 해가 지면 다시 동굴로 돌아왔다고 한다. 그가 앉아 명상했던 자리에는 작은 사당이 세워져 있고, 예민한 사람에게는 선기(禪氣)가 느껴질 정도로 싸아하다. 땅에 오른손을 대고 그 손을 끌고 와 이마에 대어 기운을 가늠한다. 그가 외웠던 만뜨라가 무수한 잎사귀로 변한 건 아닐까, 잎사귀들의 떨림조차 범상치 않다.

보리수나무를 한 바퀴 돌고 나자 갑자기 먹구름에 천둥번개가 휘몰아친다. 사당 처마 밑으로 피한다. 히말라야 날씨는 늘 이런 식이다. 예고가 없다. 그런데 쏟아지던 비가 뚝 그치고 어느덧 시원한 바람이 분다. 갑자기 천둥번개를 동반하며 폭우가 내리고 언제 그랬냐는 듯이 말끔해지는 날씨 변화는 예나 지금이나 마찬가지라 옛 손님의 회상을 돕는다.

힌두에게는 수풍지화(水風地火)와 에테르, 다섯 요소 모두를 통한 정화가 가능하다. 당연히 강물에서 물로 하는 정화의식이 가장 흔하다. 옷 하나 걸치지 않고 바람 속에 서 있는 일은 물론, 먼지를 일으키며 지나가는 소떼 사이에 서서 대지의 요소를 몸으로 받아내고, 불을 뛰어넘거나 뜨거운 숯불

샹카라가 깨달음을 얻은 보리수나무 아래 모셔둔 작은 신상 아이콘. 그는 깨달음이라는 대자유를 얻기 전에는 온전함 삶을 통째로 포기하는 요가, 결가부좌라는 신체구속 방법을 사용했다. 신과 합일하기 위해 사용한 요가의 객관적인 필요성, 깨달음과의 필연적인 관련성을 통찰하는 일이 보리수나무 아래에서 할 일이다. 그런 이유로 요가를 거듭하는 힌두신의 모습을 담은 아이콘이 그 자리에 있다.

위를 걸어다니는 일, 모두가 정화의식이다.

"나의 주관(主觀)이 대상의 본질(本質)을 바꿀 수 있다."

얼마나 끔찍이 철학적이고, 종교적이며, 신비로운 이야기인가. 이것은 힌두교에서의 기본징신이며 불교 유식학의 핵심이기도 하다.

사람으로 치자면 한 아름다운 여자를 여신으로 보는 일부터 성적 노리개 대상으로 여기는 일까지 가능하고, 이에 따라 대상의 본질이 변한다. 더불어 보리수나무 한 그루가 조시마트 여기처럼 존경받는 신단수(神檀樹)가 되고, 불행하게도 어디선가는 마을 장터에 팔아먹을 수 있는 땔감으로 보이기도 한다.

비 그친 후 몰아치는 냉기 가득한 바람 속에 상의 단추 몇 개를 풀어 바람 제계를 한다. 사물의 모든 것, 존재하는 모든 행위와 현상에 신적 의미를 부여하고 그를 통한 정화 의미를 첨가한 힌두들은 놀랍다. 바람도 신으로 여기며 정화할 수 있는 반면, 담배 연기나 빼내는 환기기능으로 보는 사람까지, 자신 주관에 따라 대상의 값어치는 만변이다.

정화의식으로 치자면 산에 오르는 일, 입산(入山)이 최고가 아닐까. 수풍지화 그리고 에테르의 모든 부분에서의 정화가 부분적으로 혹은 전체적으로 가능하지 않은가. 더구나 가르왈 히말라야라는 곳으로의 산행인 경우 정화를 지나 야뜨라, 즉 순례의 의미와 일치하게 된다. 사실 순례란 의미 있고 묵직한 무게를 가진 단어다. 최근 우리 사회에서는 순례라는 단어가 남발되어 미각을 따라가는 맛집 순례, 별미 순례까지 나왔다. 미술·음악 순례는 그럭저럭 이해해줄 수 있으나 『감각의 순례자 카사노바』라는 책까지 있으니

고산 봉우리들이 겹쳐지고 들락이며 첩첩한 풍경을 이루는 조시마트. 마음을 거두어 닦지 못한다면 무문(無門)이라는 듯이 풍경이 산으로 벽을 세웠다. 이곳을 어찌 나가겠는가. 바로 이 자리에 유서 깊은 힌두교의 수행처가 해답을 요구하며 자리 잡고 있다.

순례라는 단어에게 미안하다.

다시 하늘이 번쩍거리며 비가 내린다. 낮은 곳을 찾아 흘러가는 낙숫물 소리가 듣기 좋다.

브리트라가 지고 인드라가 이겼다
• • •

인드라(Indra)는 처음부터 전쟁의 신은 아니었다. 오랫동안 폭풍의 신으로 간주되다가 후에 아리안 족이 들어와 기존 종교와 통합되면서 인드라는 전쟁신의 경향을 가지게 된다.

"영웅들이 자신의 가장 좋은 말을 타고 서로 싸우다가 포위되었을 때, 불러 도움을 구하는 존재가 바로 나이다. 아주 관대한 나 인드라는 전쟁터를 뒤흔든다. 나 인드라는 먼지를 일으키며 질주하고 그 어느 누구도 나의 힘을 막아내지 못한다. 이 모든 일을 내가 하였다. 어떤 신도 나를 막지는 못한다. 나는 무적이기 때문이다."

인드라는 카스트의 네 가지 계급 중에 두 번째인 크샤트리아 계급의 신격화다. 후에는 하늘의 신인 드야우스(Dyaus)를 대신하여 하늘 신〔天神(천신)〕 역을 떠맡았기에 우리나라와 중국에서는 의미를 반영한 제석천(帝釋天)이라는 이름으로 알려지게 된다.

인드라는 자신의 아버지를 밟아 가루로 만들었다. 이런 패륜아적 파렴치한 행위는 낡고 쇠약해지는 우주의 질서를 재편한다는 의미이며, 이런 과정에서는 (설혹 자신의 부모라 할지라도) 예외란 없음을 상징한다. 아래로는 자신의 늙은 부모를 추방하고 패권을 잡는 동물세계를 포함하여, 위로는 우주에서 별들의 일상세계 역시 진화하며 발전하는 존재들의 세대교체의 제식(祭式)인 셈이다.

인드라에게는 막강한 무기들이 있다. 그 중에 하나가 지상에 내리꽂히는 천둥번개로 바지람이라고 부른다. 불교에서는 금강저, 바즈라(Vajra)라고 하며, 티베트 불교 문화권에서는 도르제(Dorje)라는 이름을 갖는다.

악마들과 몇 번의 엎치락뒤치락 끝에 신변의 위험에 처한 신들은 푸루샤오타마(Purusaottama)의 충고에 따라 성자 다디치(Dhadichi)를 찾는다. 성자 다디치는 이미 나라야나, 즉 비슈누의 만뜨라로 인해 몸이 어떤 무기로도 부셔지지 않는 금강석(金剛石)처럼 단단해진 상태였다.

신들은 그에게 가서 무기로 사용할 수 있도록 육체를 제공해 달라고 조른다.

그러나 거절당하며 도리어 한 소리 듣는다.

"지구상의 모든 존재들에게 육체는 가장 친근하고 가깝지 않은가? 자비를 내세우면서 육체를 달라고 한다면, 어느 누가 선뜻 내주며 무기로 만들라 하겠는가? 과거에 그런 예가 단 한 번이라도 있었는가? 아무리 힘센 자가 와서 육체를 달라 해도 거절당하지 않겠는가?"

신들은 다시 간청한다.

"아량이 넓은 영혼의 소유자라면, 스스로의 육신을 내주어도 고통은 없을 겁니다. 남을 위해 자신의 것을 내놓지 않는 사람은 이기적으로 자기만을 소중히 여기는 사람입니다. 그들이라면 피조물을 위해 한 치의 주저함도 없이 제공할 것입니다. 남을 위해 베푸는 일은 고귀한 일이기에 거절할 수는 없다고 봅니다."

성자는 디르기는 디르디. 성지 디디치는 수긍한디.

"맞는 말이다. 육체란 오늘 아니면 다른 날 나를 떠난다. 다른 피조물은 물론 친구를 위해 바쳐야 할 것은 바로 다르마다. 그렇지 않다면 인생은 낭비가 아니겠는가."

다디치는 수긍했다. 결코 부서지지 않는 금강석 같은 몸을 남기고 자신의 아뜨만을 최고의 신 브라흐만과 합일시키며 떠나갔다. 천상의 대장장이에 해당하는 비스바카르마는 그의 뼈를 추려 강력한 무기를 만들어 인드라에게 넘겨주었다. 바로 천둥번개 바지람이다.

번쩍이는 천둥번개는 바로 인드라의 위용이자 상징이다.

천둥번개가 치면 인드라 생각이 난다. 힌두 신화 세계에 발을 들여놓은 이후, 번개 속에서 인드라를 잊은 적은 단 한 번도 없다. 번개는 한 성자가 피조물과 친구를 위한 보시(布施)가 아닌가.

이야기는 여기서 끝나지 않는다. 인드라는 바지람을 들고 악마 브리트라와 맞선다.

인드라는 삼지창으로 브리트라 팔 하나를 잘라버렸다. 브리트라는 몽둥이를 든 남은 팔로 인드라를 내리쳤다.

아뿔싸, 인드라는 충격으로 인해 소중한 바지람을 땅에 떨어뜨렸다.

그러자 브리트라가 외쳤다.

"인드라여! 무기를 다시 잡아들라! 그리고 다시 싸우자!"

브리트라는 이 싸움에서 너끈하게 이길 수 있었다. '우리 편 인드라 이겨라!' 가 아니라 선악의 구도에서 빠져 나와 무심으로 관전을 한다면 브리트라의 완벽한 승리가 눈앞에 명약관화하게 기다리고 있었다. 그런데 기회를 버렸다.

어떤 사람은 승리를 앞두고 이상한 행동을 한다. 만인이 보기에는 우측으로 가야 하는데 좌측으로 간다. 주식을 사고팔면서 막판에 엉뚱한 곳에 투자해서 모두 날리거나, 애써 모았던 재화를 패착으로 한 순간에 잃는 모습도 보았다. 이길 수 있는 게임을 한 순간에 날린다.

내 삶이라고 다르지 않다. 내가 고른 길들은 남들이 보기에 이상한 선택이었다. 30대 중반에 시작하여 지금 이 순간, 조시마트에서 비를 피하기까지 무수한 선택들이 있었고 내 의지에 따라서 혹은 내 의지와 관계없이 길들이 이어져 왔다.

"그렇게 하지 않겠습니다!"

단호하게 외치고 나왔던 삶에서 받아야 했던 결과들.

예상과는 달리 제대로 되지 않고 꼬인 것 안에는 모두 브리트라의 혼(魂)이 숨어 있다. 이것은 신이 펼치는 교묘한 환술(幻術), 신이 벌이는 리라〔遊戱(유희)〕의 망(網)이다. 브리트라는 대범한 모습을 보였으나 이것은 그를 패배로 몰아가기 위한 하나의 장치일 따름이다.

인드라는 크게 감동했다. 적으로부터 안정감, 건전함, 영웅다운 면모를 느꼈다. 인드라는 브리트라에게 축복했다. 바지람을 집어 들고 다시 싸움이 붙어 인드라는 브리트라의 남은 팔 하나마저 잘라냈다. 브리트라에게는 이제 팔이 모두 사라졌다. 그는 전혀 굴하지 않고 입으로 인드라와 인드라가 타고 있던 코끼리까지 꿀떡 삼켰다. 위장으로 내려가 소화되면 끝나버리는 그야말로 절체절명(絶體絶命)의 순간, 인드라는 문제의 천둥번개의 바지람으로 배를 가르고 튀어나오고, 이어 번쩍! 바지람으로 브리트라의 목을 쳤다.

브리트라는 목은 떨어져나가면서 아수라와 비슈누를 찬양했다. 덕분에 악마로서의 역할을 마치고 천상세계로 오르게 되었다.

전쟁터에서는 철저한 이분법으로 인드라와 인드라가 아닌 적으로 분류된다. 즉 적(敵)은 브리트라(Vritra), 인드라는 브리트라를 죽이는 자, 브리트라한(Vritrahan)으로 대비된다. 브리트라는 산스크리트어로 포위, 포획을 의미하니, 당시 농경사회를 반영하듯이 물을 가두고 가뭄을 조장하는 악마였다. 인드라는 브리트라를 깨부수고 정복함으로써 가두었던 물이 해방되어 가뭄이 사라지고, 구름을 거두어내 태양이 지상에 도착하도록 길을 열었다. 또 브리트라가 가두었던 소[牛]들이 모두 풀려나도록 한다.

인드라는 승리함으로써 행복했을까?

그렇지 못하다. 인드라는 카스트의 두 번째인 크샤트리아, 브리트라는 최고 카스트 브라흐민이었다. 인드라는 상위계급을 처단한 죄악감으로 비탄 속에서 카일라스 앞의 마나사로바(Manasarovar) 호수로 들어갔다. 이 자리에서 고행, 명상, 기도를 오랫동안 거듭하며 죗값을 차차 소멸시킨다.

신화를 알면 번개 하나에 친구를 위한 육신의 포기, 도저히 이해할 수 없는 판단, 즉 신의 유희, 더불어 빛의 속도로 응징, 참회 등등이 포함되어 있다.

"어쩌면 이렇게 신화를 잘 만들었을까!"

생각하다가 '실제가 아니라면 이렇게 쓸 수 없을 거야!' 생각을 고쳐먹은 일도 여러 번. 이제는 진위를 떠나 번개 한 번에 자동적으로 흘러가는 이야기다. 천둥번개는 내게 위협을 가하는 존재가 아니고 신의 유희 등등으로 대상의 본질이 바뀌었다. 지금껏 그래왔으니 치매에 들지 않는다면 천둥번개를 만나는 순간에는 늘 다디치, 인드라 그리고 브리트라를 한 번에 모시게 되리라.

구도자의 길
• • •

샹카라는 깨달음을 얻은 후 이 자리에 선원을 열게 된다. 선원은 그 명맥이 지금까지 내려왔다. 헤아릴 수 없는 많은 수행자들이 이곳을 거쳐 갔다. 이 선원은 보리수나무에서 멀지 않다. 외부인의 출입을 제한하기 위해 문을 작게 만들어 달아 놓았다.

가끔 행운이 온다. 보리수나무를 몇 번 오가다가 선원의 문이 빼곡하게 열려 있는 모습을 만난다. 들여다보니 하얀 머리의 노인 수행자 한 분이 앉아 계신다. 내 눈빛의 의미를 노인 수행자는 정확하게 읽었다.

"들어오라."

폐문정좌(閉門靜坐)라는 말이 있다. 문을 닫아걸고 자신을 돌보는 시간을 일컫는다. 우측의 두 쪽 작은 문은 샹카라가 만든 힌두교 선원의 입구로 늘 문이 닫혀 있다. 때에 이르면 수행자들은 이 문을 열고 나와 히말라야를 향해 만행을 떠난다. 그리하여 이때는 산을 마주보고 개문정좌(開門靜坐) 한다. 외부를 내부로 적극적으로 받아들여 마음을 풍성하게 한다.

감사의 표시로 앞에서 허리 꺾어 합장하고 노인을 지나쳐 간다. 수전증이 있어 손을 몹시 떠는데 입으로는 끊임없이 만뜨라를 반복하는 중이다.

완만한 경사를 품은 계단이 50여 미터 정도 산정으로 이어진다. 양쪽으로는 울창한 나무들이 자라나 있고 밑으로는 여러 가지 꽃들이 어지럽다. 계단 끝에는 널찍한 2층 건물 하나와 단층 건물 한 동이 단정하게 놓여 있다. 여러 마리 까마귀가 비 그친 지붕에서 한가한 시간을 보내고 있다.

건물들은 여러 개의 작은 방들로 나뉘어져 있다. 오렌지 샤프론을 입은 수행자는 결가부좌, 상체를 벗은 어떤 사람은 사자좌로 명상수행 중이다. 바쟌을 노래하는 키 큰 중년 수행자가 있는 반면 마우나[默言(묵언)]에 들었는지 기운이 무겁게 앉은 산야신도 보인다. 힌두교의 큰 스승들이 모조리 거쳐 간 서원이라 마음이 조심스럽다. 청정도량 아쉬람의 기운이 만만치 않은 수행승들의 선기와 함께 어우러지며 일대가 빛난다.

왠지 내 자리가 아니다. 내 동작으로 인해 그들의 주의력을 흩어놓는다면 그들이 깨달음에 도착하는 시간은 멀어지지 않겠는가. 호기심으로 인해 길을 지연시키는 일은 어쩐지 죄악이 아닌가. 비록 허락을 받고 들어왔으나 1천100년 이상의 유장한 역사를 지닌 힌두선원을 잠시 바라보고는 떠나는 일만으로 충분하다.

이들은 때가 되면 〈신들의 계곡〉이라 쓰인 입간판을 지나 바드리나트로 걸어 올라갈 것이다. 샹카라가 그러했듯이.

내려오는 길에 예쁜 꽃들 앞에 선다.

불교에서는 '없다'가 앞에 놓인다. 성주괴공(成住壞空), 영고성쇠(榮枯盛衰) 그리하여 제행무상(諸行無常)으로 쉽게 변화해 가는 마당에 변치 않는 실체가 있기는 있느냐는 이야기다.

반면에 힌두교에서는 '있다'가 대명제다. 상주불변하는 신성, 즉 브라흐만이 있고 브라흐만의 다른 이름인 아뜨만이 개개(個個)로 존재하기에 우리는 데바라야, 신의 거주지라는 가르침이다.

어느 것이라도 다 좋다. 난만한 꽃들을 보니 이 꽃은 스스로 아름답고 저 꽃 역시 그리도 아름다워 서로 어울린다. 있음도 없음도 그렇게 어울려 놓고 그늠이 없는 세계가 이쉬람 안에 펼쳐진다.

비 그친 하늘에 푸른 얼굴이 드러난다.

읊는다.

흰구름 걷히면 청산이고

흰구름 걷히면 맑은 하늘.

(白雲斷處 有靑山 白雲斷處 有晴天)

{ 닐칸타는 가르왈의 여왕이 아니다 }

생사의 궁금증에 온 정신이 몰입되어 있던 시간. 겨우 한두 평 아파트 넓이에 매달려 호주머니를 채우기 위해 열심히 달려오다가 잠시 멈춘 시간. 그 무렵에 홀연히 나타난 어떤 인물보다 위대해 보이던 자연경관 히말라야. 한두 평이라는 개념이 묵사발되어 버리는 히말라야 왕국의 백색 궁전.

내가 처음 만난 설산봉은 닐칸타
• • •

1990년, 몬순이 한창인 계절에 한 사내 이곳으로 흘러들어온다. 꼬박 이틀 간의 버스 여행에 지쳐 약간 후들거리는 몸으로 버스 천장에 올라서 자신의 배낭을 찾아 메고는 마을 쪽으로 걸어간다.

사내는 약간의 고소증과 배낭 무게 때문에 멈춰 서 자주 자세를 고치다가 좌측 계곡에서 무엇인가 희끗한 모습을 보고 고개를 돌렸다. 구름이었다. 계곡 사이에 하얀색과 회색이 적당히 범벅된 구름이 꽉 메워져 있었다. 그러나 분위기가 뭔가 달랐다. 어떤 막강한 힘을 가진 존재가 구름 솜옷을 뒤집어쓰고 계곡 바깥을 향해 서 있는 모습 같아 시선을 쉽게 떨어뜨려내지 못했다.

오십 미터나 갔을까. 거치적거리는 배낭 때문에 다시 멈춰 어깨를 좌우로 흔들며 고개를 돌리는 순간, 구름 사이에서 정상 부근을 슬쩍 드러낸 은백색 히말라야를 마주한다. 태어나서 처음 보는 장관이었다. 그가 지나온 삶에서 만났던 산들과는 크기와 높이가 달랐고 무엇보다 기색이 웅장했다.

휘잉했다. 버스는 이틀 동안 고도를 무려 2천800미터나 올려 해발 3천 120미터에 이르기까지 위태로운 산길을 계속 올라왔다. 사내는 이 현상이 처음 겪어보는 고소증만이 아니라는 사실을 깨닫는다. 잠시 배낭을 내려놓고 옆에 쪼그리고 앉는다.

"그래, 보고 가자."

장난꾸러기 아이가 하얀 물감으로 도화지를 엉망으로 만들어버리듯 구름이 곧바로 선경을 숨겨버렸다.

급할 게 없었다. 목적지에는 이미 도착했고 시간은 아직 한낮이었다. 하얀 산 모습을 다시 기다리는데 아니나 다를까, 더욱 멋진 모습으로 설산이 서서히 등장했다. 누군가 슬며시 커튼을 거두어가는 것처럼 보였다.

이 사내 다짜고짜 일어나더니 빛나는 하얀 덩어리를 향해 절을 올렸다. 해발 3천 미터가 넘는 곳이라 자꾸 어지러웠다. 운명적 만남 같은 것이라 생각했다. 알 수 없는 부름 같은 것이 산에서 흘러왔다. 흰 산이 도저히 무생물이라는 느낌이 들지 않았다. 뜨겁기도 하고 더불어 차가운 기운이 엉기며 코끝이 찌잉해서 절을 거둘 수 없었다.

히말라야는 그렇게 절부터 시작했다. 그래서인지 사내는 히말라야와는 여태껏 절로 시작하고 절로 이별하고 있다.

이 봉우리 이름이 해발 6천597미터 닐칸타(Nilkantha)였다. 닐칸타 뷰 레스토랑, 닐칸타 뷰 게스트하우스 간판을 통해 이 장한 산이 닐칸타라는 사실을 쉬이 알았다. 그리고 닐칸타의 별명이 '가르왈의 여신'이라는 사실은 시간이 아주 많이 흐른 후에야 알고, 그 글을 읽으면서 고개를 가로저으며 슬며시 웃게 되었다.

강고뜨리 산군이 계속 이어져온 동쪽 끝에 위치하고, 코앞에 솟아 있는 것처럼 보이지만 바드리나트에서 직선거리로 서쪽 8킬로미터에 떨어진 자리에 솟아오른 준엄한 봉우리. 마터호른을 닮은 이 산을 영국 등반가 F. 스마이드(Frank S. Smythe)는 세계에서 가장 아름다운 산 중의 하나로 뽑았다. 1961년 인도 산악인 꾸마르에 의해 등정되기 전까지 1937년부터 수많은 산악인들이 닐칸타를 정찰하면서 아름다움에 감탄해왔다.

신화 중에 신화
●●●

가장 다양한 신들이 등장하는 힌두 신화는 아므리따(amrita), 즉 불로불사주(不老不死酒)를 만드는 이야기로, 일명 '바다 휘젓기(Churning of the Ocean)'다.

성자 두르와사스는 어느 날 숲을 산책하다가 아름다운 아프사라스[妖精(요정)] 메나카를 만난다. 메나카는 마침 깔빠까 꽃으로 만들어진 화환을 들고 있었는데 향기가 얼마나 강하고 부드러운지 넓은 숲 전체에 골고루 퍼져 있을 정도였다. 두르와사스는 향기로운 화환을 자신에게 달라고 말했고 메나카는 기꺼이 그리고 공손하게 성자에게 바쳤다.

두르와사스는 화환을 두르고 천상세계로 향했다. 그의 시선에는 코끼리 아이라와따 위에 앉아 있는 인드라가 보였다. 두르와사스는 이 귀중하고 향기로운 화환이 자신보다는 인드라 신에게 더 적합하다고 생각하며 꽃을 바쳤다. 화환을 받은 인드라는 아무 생각 없이 코끼리 머리에 걸어주었다. 코끼리 아이라와따는 너무나 향기로운 나머지 향기를 더 가까이 맡기 위해 머리 위에 얹혀 있던 화환을 자신의 코에 걸었다.

일이 꼬일라 그랬을까, 벌들이 향기를 찾아와 윙윙거리는 바람에 화환이 걸린 코로 벌을 쫓다가 귀중한 화환이 땅에 그대로 팽개쳐지고 말았다.

두르와사스는 이 모습을 보고 화가 났다. 그렇지 않아도 두르와사스는 불같은 성격 탓에 성질을 잘 내고 특히 남에게 저주를 쉽게 내리기로 유명한 사람이었다.

되돌릴 수 없는 저주가 튀어나왔다.

"신들의 부귀영화는 끝났다. 신들에게도 늙음과 죽음이 찾아오리라!"

이 성질 급한 성자는 인드라가 자신을 무시해서 일어난 일로 오해하고 신들을 모두 싸잡아 저주 내리고야 말았다.

사태를 파악한 인드라는 황급하게 자신의 실책에 대해 사과하고 저주를 풀어달라고 간청했다. 그러나 성자들의 저주가 어디 쉽게 풀리는 건가.

인드라는 도리어 따끔한 말을 듣는다.

히말라야 고산족들은 다양한 부족으로 구성되어 있다. 그들의 신체적인 조건은 사뭇 다르다. 이들은 대부분은 농사와 목축이 생업이며 일부는 순례를 떠나온 사람들의 일을 도움으로써 생계를 유지한다.

"난 마음이 그리 곱지를 못하오. 남을 쉽게 용서하는 성미도 아니오. 다른 성자라면 혹시 모르겠소. 그러나 내가 두르와사스라는 사실을 잊지 마시오. 와시슈타나 고오타마 같은 성자들이 늘 아첨을 떨어서 당신들의 성정을 이리도 거만하게 만든 것 같구려!"

오해는 늘 문제다. 인드라는 오해를 불러일으킬 만한 행동을 했다. 소중한 물건을 받으면 자신이 극진히 챙겨야 함에도 불구하고 짧은 생각으로 코끼리에게 걸어주었다.

여기서 읽히는 신화의 핵심은 '오해를 불러일으킬 행동을 주의하자' 가 된다.

그러나 더 소중한 핵심은 '우리에게 가장 중요한 것은 무엇일까' 묻는 일이 되리라.

"내 자신이 받은 제일 중요한 선물은 무엇일까?"

"아뜨만? 생명? 다르마? 자식?"

그것이 무엇이건 성자에게 받은 아뜨만, 생명, 다르마, 자식이 지금 어디에 있는지, 어떻게 쓰이고 있는지 알아야 한다는 비유처럼 느껴진다.

나를 인드라로 가정해 보자.

"그렇다면 내가 받은 더 없이 향기로운 깔빠까 화환이라는 선물이 지금 어디서 무슨 모습을 하고 있는가?"

신의 목에 걸려 있는지, 내가 소중하게 아끼고 있는지, 코끼리 코에 걸렸는지, 혹은 땅에 내동댕이쳐 있지는 않는지.

성자 두르와사스 역시 마찬가지. 가만히 살펴보면 자신을 무시하려는 행동이 아니었음에도 저주를 내리고 만다. 이제 이렇게 무명(無明, avidya)에서 출발한 오해, 저주, 수습으로 이어지는 연기(緣起)의 과정을 보게 된다. 인간 삶에는 이런 구도가 매 시간 수없이 일어난다. 짧은 생각과 오해로 인해 자신의 그릇된 견해가 생기고, 생겨날 필요가 없는 과정들이 연이어 발생하니 바로 윤회를 일으키는 힘이다.

저주는 선포와 동시에 곧바로 발효(發效)되었다. 신들의 영예는 쇠락하고, 천상의 세계는 어둑어둑해지며 천상 식물들은 시들어갔다. 신들은 노병사(老病死)의 공포로 인해 어쩔 줄을 몰라 했다. 그들은 이제 어두워진 천상 세계에서 불의 신, 아그니를 선두에 세워 불을 피워 길을 밝히도록 하고 브라흐마를 찾아갔다.

브라흐마는 방법을 알려주었다. 그러나 일설에 의하면 인드라의 자만심과 거만함으로 야기된 일이기에 오랫동안 대꾸조차 하지 않고 침묵했다고 하며, 또 다른 일설은 브라흐마조차 해결방법을 찾지 못해 명상에 들어갔다고 한다.

눈을 뜬 브라흐마가 말했다.

"너희들은 비슈누를 찾아가 도움을 요청하라. 그는 우주의 질서를 유지하는 신으로 항상 그를 믿는 자들을 도와준다."

힌두 삼신인 브라흐마, 비슈누, 그리고 쉬바 중에서 직접적으로 사건을 해결하는 신은 비슈누와 쉬바이며, 브라흐마가 적극적으로 개입해서 사건을 푸는 경우는 드물다. 신화에서 비중이 낮은 신이나 성자들은 브라흐만을 찾아 해결을 부탁하지만 직접 해결해 주는 일은 거의 없다. 다만 브라흐마는 적절한 충고를 해주고 누구를 찾아가라고 알려준다. 집안에 일이 생기면 일단 자애로운 어머니와 상의하고 그 해결책을 듣는 일과 유사하다. 중대한 일의 결재는 아버지, 즉 비슈누와 쉬바만이 가능하다.

신들은 이제 비슈누에게 가서 도움을 구했다.

비슈누는 이렇게 말했다.

"신과 아수라〔惡魔(악마)〕들이 함께 온갖 종류의 약초를 구해다가 바다에 넣어라. 그리고 넓은 바다를 휘저어라. 그러면 거기에서 아므리타〔不死酒(불사주), Amrita〕가 생겨날 것이니, 그것을 얻으면(마시면) 늙음과 죽음이 사라지리라."

바다를 휘젓기 위해서는 산이 필요했다. 신들과 악마들은 가장 적당한 산을 찾아나서 만다라 산을 보게 되었다. 높다란 봉우리를 가진 산에는 덩굴나무를 비롯한 온갖 식물들이 빽빽하게 자라나 있었고 천상의 약초들이 풍성했다. 높이가 11요자나에 이르렀으며 땅 밑으로도 그만큼 뻗어 있을 정도로 크기 역시 적당했다.

신과 악마들은 봉우리를 빼려 했으나 힘이 모자라 다시 비슈누에게 도움을 청했고, 비슈누는 거대한 뱀인 아난타가 산을 뽑아줄 것이라고 했다. 아난타도 역부족, 결국 독수리 가루다까지 나서 산을 뽑아 바다로 옮겼다. 이제는 바다를 저을 산은 준비되었고, 산을 팽이처럼 감아 믹서기처럼 빙빙 돌릴 긴 끈이 필요했다. 이 역할은 바로 뱀의 왕 바수키(Vasuki)가 맡았다. 머리 부분은 신들이, 꼬리 부분은 악마들이 잡고 마치 줄다리기를 하는 것처럼 당기고 놓고를 반복하기 시작했다.

케다리나트에서 좌측 언덕을 넘어가서 만나게 되는 바수키 봉우리 이름은 이 바수키의 이름을 따온 것이다. 정상으로 이르는 능선이 바수키라는 거대한 뱀의 또아리 모습을 닮았기에 붙은 이름이다. 뱀은 세계의 신화 곳곳에 단골손님으로 등장한다. 달의 주기가 순환하듯 뱀은 허물로 새롭게 태어나며 때로는 자신의 꼬리를 물어 둥근 원(圓)을 그림으로써 영원한 에너지를 의미한다. 인도에서는 뱀에 대한 피해가 많아 뱀을 숭배했음이 신화의 등장인물로 반영되기도 한다.

그러나 산의 무게가 보통인가. 산이 바다 깊이 가라앉으려 하자 비슈누는 거북이로 아바타〔化身(화신)〕하여 바다 밑으로 들어가 산이 가라앉지 않도록 지탱했다.

제일 먼저 하라하라(Hara-Hara)라는 불순물이 흘러나왔다. 검은색을 띤 강력한 죽음의 독약, 깔라꾸타였다. 모두들 이 모습을 보고 질겁했다. 이것을 해결할 수 있는 존재는 오로지 쉬바. 그는 이 독을 마셔버렸다.

계속 바다를 휘저은 신들과 악마들 앞에 차례차례 새로운 피조물들이 나왔다.

아름다운 암소 수라비, 살아 있는 모든 생명체의 어머니가 되었다.

약간 취기가 도는 얼굴로 나타난 술의 여신 비루니.

수련을 들고 연꽃 위에 앉은 채 나타난 행운의 여신 락쉬미.

신들의 의사, 의학의 창시자가 된 단반타리(Dhan-vanthari) 등등.

단반타리 손에는 그토록 애타게 갈망했던 불사약이 담긴 항아리가 들려

쉬바의 푸른 목인 닐칸타.
세상의 독을 마셔버린 쉬바의 상징이 우뚝하니 장한 모습으로 일대를 굽어본다.
세상의 독(毒)이란 무엇인가. 산을 마주보며 독소들에 다름 아닌 내 안의 탐진치(貪瞋痴)를
진중히 되돌아보는 시간. 바로 면벽면산(面壁面山)의 시간으로
달마의 면벽과 다름이 없으리라[是達摩面壁時也].

있었다.

이 과정은 기존의 것들을 마구 섞어서 새로운 종을 하나씩 만드는 과정처럼 보인다. 물론 궁극에서는 불사약이지만 과정에서 여러 가지들이 차례로 등장한다.

유전자 공학에 관한 논문을 읽다가 이 힌두 신화를 기억한 날이 있었다. 바다와 산에 있는 모든 것을, 신과 악마가 협동해서, 박테리아 — 식물, 식물 — 식물, 식물 — 동물, 동물 — 동물 등 모든 종들을 한 자리에 넣어서 서로서로 뒤섞으며 여러 새로운 종을 탄생시키는 과정, 바로 생명공학처럼 보였다. 한편 원유로부터 분별 증류를 통해 휘발유, 경유 등등 다양한 종류를 뽑아내는 에너지 기술의 표현, 혹은 용광로에서 철광석을 얻어내는 과정과도 유사했다.

바다와 산만 있으면 무엇이든 창조할 수 있다.

신 혹은 악마 단독으로는 일을 이루어낼 수 없다. 협동해야 한다.

이런 신화는 인도 이외에서는 발견되지 않는 독특한 것이다.

신들이 성공했다면서 흥분해하는 틈을 타서 아수라들이 먼저 불사약을 차지해 버렸다. 뒤늦게 돌아가는 사태를 파악한 신들은 어쩔 줄 모르고 갈팡질팡하다가 역시 비슈누에게 해결책을 부탁했다.

비슈누는 바로 마야를 펼치는 주인공. 비슈누는 마야를 사용해서 악마들이 먼저 마시기 위해 서로 치고받도록 만든다. 불사약이 들어 있는 항아리는 더욱 힘센 악마에게 계속 낚아채가며 움직였다. 사람들이 귀중한 것을 놓고 서로 다투는 일이나 사촌이 밭을 사면 배 아픈 일은 이렇게 비슈누의 환술에 걸려들었기 때문이다.

그 사이 비슈누는 곱고 아름다운 모습의 모히니(Mohini)라는 천상의 여자로 변신하고 악마 무리들에게 다가섰다. 순간 모두들 모히니의 모습에 넋이 빠져버렸다. 그녀가 불사약을 골고루 차례차례 나누어 주겠다는 이야기에 그저 멍하니 바라볼 뿐 아무도 거절하지 못했다.

이제 신과 악마는 서로 마주보고 두 줄로 앉았다. 그녀는 우선 신들에게 먹이기 시작했다. 항아리가 신의 줄에서 천천히 이동했다. 그런데 신의 줄 마지막에 불사약을 빨리 마시고 싶은 라후(Rahu)라는 악마가 앉아 있었다. 그 역시 항아리를 들고 한 모금 마셨으나 신들에 의해 들통이 나고 비슈누는 자신의 최고 무기 수다르사나 차크라로 순식간에 목을 잘라버렸다. 불사약은 라후의 위장까지 내려가지 못했다.

이 사이에 분배는 모두 끝나고 악마들은 한 방울도 맛보지 못했다. 화가 머리끝까지 오른 악마들은 신들에게 달려들었으나 신들은 이미 불사가 된 후였다. 승리를 거둔 신들은 만다라 산을 잘 대우해준 뒤 창공과 하늘을 뒤흔들며 원래 있던 곳으로 되돌려 놓았다.

꿈부멜라 축제의 기원은 이 신화에서
• • •

이 신화에서 여러 가지가 파생되어 나온다. 우선 4년마다 벌어지는 목욕축제인 꿈부멜라 역시 이 신화에 기반을 둔다. 꿈부멜라는 샹카라가 수행자들을 주기적으로 불러서 토론회를 가진 것에서 출발했으며 샹카라는 신화를 차용했다.

신화는 기원(紀元)과 연결이 된다. 어떤 기원을 설명하고자 한다면 신화를 통해 이야기한다. 기원 신화를 이야기하는 제사장의 입을 통해 사람들은 오랜 시간을 뛰어넘으며 마치 그 시대의 신, 악마, 영웅들과 함께 하며 사건에 참여하고 있는 듯이 신성함에 잠겨 들어간다. 또한 제사장의 입을 통해 창조의 과정이 설명될 때, 시간이 시작하는 태초에서 신들의 창조 과정을 낱낱이 묵도한다.

신화에서 비슈누가 라후의 목을 치는 순간, 라후 손에 들려 있던 항아리가 지상으로 떨어진다. 그때 네 방울이 지상으로 흘렀다. 혹은 불사약을 마셨던 라후의 목이 떨어지며 날아가는 순간, 라후 목에서 위장으로 막 내려가려던 불사약이 지상으로 네 방울 떨어진다. 샹카라는 불사약을 강물과 연결시켰다. 바로 불사약이 떨어진 장소를 성지로 만들었다.

1. 갠지스 강의 하리드와르.
2. 시프라 강의 우자인.
3. 고다바리 강의 나시크.

쉬바가 들고 다니는 삼지창은 산(山)을 상징한다. 쉬바는 본래 산신으로 출발하여 인도 전역을 통치하는 막강한 신으로 자리 잡았다. 쉬바의 삼지창이 하늘을 향한 모습은 이 자리가 바로 쉬바의 성지임을 선포하는 것이다.

4. 갠지스 강, 야무나 강과 눈에 보이지 않지만 신화상의 사라스와티 강, 이렇게 세 강이 합류하는 알라하바드.

꿈부멜라는 네 곳에서 4년마다 번갈아가며 열린다. 축제의 절정에 달하는 시간이 되면 강물이 다시 불사약으로 되돌아가며 이 시간에 목욕을 하는 순례자들은 정화되고 신성해진다고 믿는다. 결국 이들은 천상의 세상에서 불사의 존재가 된다고 이야기한다. 이런 축제에는 인도 전역 각지에서 다양한 언어를 사용하는 다양한 부족들이 몰려온다. 함께 축제에 모여 교류하며 힌두교 깃발 아래 통합을 이룬다.

종교행사 중에 몰리는 인파 수는 어마어마해서 기네스북 기록을 계속 갈아치운다. 꿈부멜라는 무슬림들의 핫지와 마찬가지로 힌두교의 중요한 신앙행위다.

닐칸타 역시 이 신화에서
* * *

꿈부멜라에 이어 닐칸타 역시 이 불사약 신화의 산물이다.

닐칸타의 어원은 각각 니라(nila)와 칸타(kantha)다. 니라가 의미하는 것은 동사로서는 '물들다'·'물들게 하다'이며, 형용사의 경우 '푸른색'·'짙푸른 색,' 중성명사로는 '검은 소금'·'독'이다. 칸타는 동사로는 '슬퍼하다'·'괴로워하다'·'괴롭게 기억하다'이며, 남성명사로 '목'·'소리'·

'바로 이웃'을 의미한다.

바다를 열심히 젓는 와중에 검은색의 죽음의 독약, 깔라꾸타라는 불순물이 나왔고 신들은 모든 생명의 재난을 막을 수 있는 유일한 힘의 소유자, 쉬바에게 문제 해결을 부탁했다.

쉬바는 기꺼이 그 독을 마셨다. 그러나 독이 더 이상 내려가지 않도록 목에 보관했다. 그의 목은 독으로 인해 검푸르게 변했다. 그 후 쉬바라는 이름 대신 검푸른 목을 의미하는 닐칸타라는 이름이 함께 쓰이게 되었다.

신화 일부에서는 쉬바의 아내 파르바티가 뱃속으로 내려가지 않게 하기 위해 쉬바의 목을 졸랐고, 비슈누 역시 뱉어낼까 두려워 손으로 쉬바의 입을 막았다는 이야기가 첨가되어 있다. 이 사건 덕분에 파르바티는 검다는 의미의 또 다른 이름 깔리를 가지게 되었고, 비슈누는 검푸른 빛을 가진 자, 닐라와르나라는 이름을 갖는다. 모두 바다 휘젓기 신화에서 이름의 기원을 찾을 수 있다.

닐칸타는 이런 연유로 사랑이다. 독약이 있어 반드시 먹어야만 한다면 어미가 먹는다. 중생이 파멸에 이르지 않도록 할 수 있다면 자신의 목숨도 버리는 대승이다. 사실 쉬바는 그 독이 자신을 파멸시킬 수 있음을 알았지만 피하지 않았으니 대자대비(大慈大悲)가 아닌가.

그 상징이 바로 바드리나트에서 코앞에 보이는 닐칸타 봉우리다. 푸르게 빛나는 빙하를 쉬바의 목으로 여긴 현자가 준 이름이다. 높이 솟아 멀리까지 찾아온 순례자들의 존경어린 시선을 받는다.

불교의 「신묘장구대다라니(神妙章句大陀羅尼)」에 보면 니라칸타(닐칸타)라는 말이 여러 번 나온다. 오종불번(五種不飜)의 원칙 중에 '다라니처럼 비밀한 뜻을 가지는 것은 번역하지 않는다' 가 있으나 한글 해석으로는 목이 푸른 분, 즉 청경관음(青頸觀音)으로 해석된다.

말하자면 「신묘장구대다라니」는 쉬바가 불교에 습합되어 있는 셈으로 대승불교가 당시 힌두교의 영향과 무관하지 않음이다. 푸른 목의 쉬바, 독을 다스리고 머금는 보디삿뜨바 정신은 우리에게까지 내려와, 비록 그 뜻은 모르되 오늘도 적멸보궁 어디선가 다라니를 외우는 할머니들에게까지 이어져 있다.

설봉(雪峰)(822~903) 스님은 설봉산에서 1천500여 명의 수행자들을 가르친 선지식이다. 개인적으로 가슴에 두고 있는 선사·조사들은 대략 열 손가락 정도. 그 중에서 설봉선사가 포함되는데 히말라야를 좋아하다 보니 눈이 쌓인 봉우리 — 설봉이라는 이름에 시선이 오래 머물렀기 때문이다. 거기다가 '세 번 투자산에 가고 아홉 번 동산에 갔다〔三到投子 九至洞山〕'는 이야기가 나올 정도로 깨달음까지는 오랜 세월이 걸렸기에 이 어설프고 갈 길이 먼 사내, '오래 걸리더라도 나도 그렇게나마 가보자!' 설봉을 끔찍하게 흠모하게 되었다.

좋아하는 점을 하나 더 말하라면 설봉스님은 어디를 가든지 국자를 가지고 다녔다는 점이다. 말하자면 조리 기구를 가지고 다니면서 남을 위해 부엌일을 했다는 하심(下心)이 반하게 만드는 또 다른 조건이다. 젊은 날에 얻는 깨달음이라면 더할 나위 없이 좋지만 남을 위해 궂은 일을 하면서 결국 뒤늦게나마 깨달음을 얻었으니, 총명과는 거리가 먼 내 근기로 마냥 끌릴 수밖에.

선가어록들을 읽다가 설봉선사와 관계된 글들은 자연스럽게 여러 번 읽게 되고, 참구도 길게 한다.

『벽암록』의 22번째의 이야기는 설봉의 독사〔雪峰鼈鼻蛇〕.

설봉화상이 대중에게 설법하였다.

"남산에 맹독을 가진 독사〔鼈鼻蛇〕가 한 마리 있다. 그대들은 조심하도록 하라."

장경혜능이 말했다.

"오늘 이 법당 안에 큰〔大(대)〕사람이 있는데, 몸이 상하고 목숨을 잃었다."

어떤 스님이 이 말을 현사스님에게 전달하자, 현사는 말했다.

"혜능 사형이 아니면 이렇게 말할 수가 있을까? 그러나 나는 그렇게 말하지 않겠다."

어떤 스님이 질문했다.

"그러면 스님은 어떻게 말하겠습니까?"

현사스님이 말했다.

"남산이라고 말할 필요가 있는가?"

운문스님은 스승인 설봉화상 앞에 주장자를 던지면서 놀라는 시늉을 했다.

(擧. 雪峰示衆云, 南山有一條鼈鼻蛇, 汝等諸人, 切須好着. 長慶云, 今日堂中, 大有人喪身失命. 僧擧似玄沙. 玄沙云, 須是稜兄始得. 雖然如是, 我卽不恁. 僧云, 和尙作生. 玄沙云, 用南山作什. 雲門以杖, 向雪峰面前, 作勢.)

선가 어법 중에 동물들, 특히 호랑이, 개, 뱀, 지렁이 들은 본래면목을 상징한다. 엄격하게 이야기하면 다르지만 이해 편하게 힌두교 언어로 치자면 브라흐만이다.

설봉은 본래면목(本來面目), 브라흐만이 남산에 있다는 이야기를 한다. 미끼를 던진 셈이다.

본래면목(브라흐만)이 어디 저기 히말라야에만 있고 남산에만 있겠는가. 끝 무렵으로 가면 현사스님은 본래면목(브라흐만)에 관해 이야기하면서 그런 연유로 '그것이 남산에 있다고 이야기할 필요가 있냐?' 되묻게 된다.

설봉의 뛰어난 제자 운문은 주장자를 뱀 삼아 앞에 던지며 그것을 바라보며〔看脚下〕'어! 뱀(본래면목)이 여기 있네!' 무서워 놀라는 시늉을 낸다.

내 공부가 힌두교에서 출발하여 불교로 들어왔기 때문일까. 설봉스님의 독사 이야기를 만나다가 가슴 안에서 닐칸타 봉이 슬며시 솟아오르는 모습을 보게 되었다.

"세상의 불순물은 어떻게 처리되는가."

"악은?"

닐칸타를 보면 세상의 독을 모두 삼켜버린 존자의 모습을 연상시킨다. 햇볕에 따라 때로는 푸르게 보이는 청빙은 어김없이 중화된 독의 모습이다.

"독이란 반드시 외적인 것인가. 내 마음 안에 독은 없는가?"

사소한 일에 성내지 않고, 재물을 지나치게 탐하지 않으며, 남들의 칭찬이나 비난에 초연하고, 담담하게 흔들리지 않는 마음으로 세상을 바라보며

힘든 산길에 너, 나가 있을쏘냐. 무거운 짐을 내려놓고 여유롭게 담배 한 모금씩 서로 돌아가며 피운다. 히말라야 산길은 바쁘게 갈 이유가 없다. 함께 바위에 걸터앉아 허공으로 흔적 없이 사라지는 연기를 담담하게 바라본다. 또는 호주머니 안에 들은 사탕을 꺼내어 나눠 먹는다.

살아가는 모습. 바로 바깥〔外〕이 아닌 안〔內〕의 닐칸타의 상징이다. 쉬바는 탐진치의 세 성을 깨고 탐진치를 부수고 머금는다.

　어떤 독성에도 굴하지 않는 모습의 쉬바. 내가 유혹을 하나 이길 수 있음은 쉬바의 현현이며 내 마음에 탐진치를 행동으로 옮기지 않고 (독을) 가두는 일 역시 쉬바의 현현이다. 내 마음에도 유혹을 물리치고 가두어 버린 닐칸타가 있지 않겠는가.

　독사가 어디 남산에만 있겠는가.

　쉬바의 마음이 어디 바다를 휘젓는 곳에만 있겠는가.

　더 나가 어디 히말라야 닐칸타 봉에만 쉬바의 독이 있겠는가.

　설봉스님은 쉬바가 어디 있는지 내게 물은 것과 다르지 않았다. 아전인수가 심한 편이나 설봉선사의 독사 말씀은, 바드리나트의 닐칸타라는 하얀 봉우리와 독을 마신 푸른 목의 쉬바와 혼융이 되며 오랫동안 『벽암록』 읽기를 멈추게 만들었다. 그러면서 내 마음 안의 활성화되지 않은 독을 만나고, 쉬바도 뵙고……

　신화를 모르니 닐칸타를 가르왈 여신, 가르왈 여왕이라고 칭하게 된다.

　훗날 책에서 강력한 남성의 상징, 세상의 독을 마셔버리는 대장부의 행위를 상징하는 건장한 산을 유럽 사람들이 '여신'·'여왕'이라고 칭한 대목에서 고개를 가로저으며 '그게 아닌데요' 빙긋이 웃지 않을 수 있었을까. 닐칸타 신화를 조금이라도 알았다면 그렇게 부를 수는 없었으리라.

닐칸타, 첫 스승

　그 사내는 이제 히말라야 어디를 가든 처음 만났던 닐칸타를 잊지 않고 있다.

　노벨 생물학상을 받은 로렌츠는 각인(imprinting)이라는 이론을 널리 알렸다. 예를 들자면 회색다리 거위새끼가 처음 눈을 떴을 때 만나는 대상을 부모로 인지하는 현상이다. 사람이면 사람을 부모로 알고 졸졸 따라다닌다. 이것은 아무 때나 일어나는 것이 아니라 결정적인 시간대(critical time window)가 있어 그 시간이 지나면 부모로 간주하지 않는다. 또한 중요한 시간대에 부모가 지저귀는 소리를 듣지 못한 파랑새는 영원히 지저귀지 못한다.

　닐칸타는 나의 각인이다. 나의 각인은 때로는 나를 사로잡아 발전을 가로막기도 하지만 아직 히말라야에서 벗어나지 못한 중생, 소중한 시간대에 처음 본 닐칸타의 모습을 바탕화면으로 쓰고 있다.

　생사의 궁금증에 온 정신이 몰입되어 있던 시간. 겨우 한두 평 아파트 넓이에 매달려 호주머니를 채우기 위해 열심히 달려오다가 잠시 멈춘 시간. 그 무렵에 홀연히 나타난 어떤 인물보다 위대해 보이던 자연경관 히말라야. 한두 평이라는 개념이 묵사발되어 버리는 히말라야 왕국의 백색 궁전.

　그날 그 사내 참 오랫동안 닐칸타와 마주했다. 구름이 벗겨지면서 환하게 빛나던 봉우리. 산이 인생에서 참스승으로 각인되는 날이었다.

　저녁부터 날씨가 궂어지면서 며칠 동안 닐칸타 부근은 오로지 구름이었다. 그러나 모든 불을 끄고 누웠어도, 칠흑 같은 밤길을 지나도, 형승이 웅장하고 거룩하며 씩씩한 가르왈의 제왕은 마음 안에서 조금도 왜곡됨이 없이 꾸준히 환하게 보였다.

(바드리나트에 다시
녹색물결이 일어나도록)

신은 초상화 속 인물의 시선처럼 어디서나 우리를 바라본다. 우리의 시선이 그곳을 바라보기만 하면 되지만 그동안 단성몽중인(但惺夢中人)이라 초상화를 보지 못하고 마야의 다른 세상에 몰두했다.

바드리나트의 주인은 바뀌었다

쉬바의 푸른 목을 상징하는 닐칸타는 바드리나트 계곡을 늘 굽어본다. 이 일대는 닐칸타라는 이름이 증거하듯 쉬바 신의 거처였다. 그러나 언제부턴가 바드리나트는 쉬바가 아니라 비슈누에게 헌정된 성지로 주인이 바뀌었고 여기에는 조금 애교스러운 사연이 숨어 있다.

어느 날 비슈누가 자신의 고행을 완성하기 위해 적당한 자리를 찾아 나섰다가 이 계곡까지 들어왔다. 비슈누는 이 지역이야말로 자신이 고행하기에 더할 나위가 없는 명당이라는 사실을 알았다. 그런데 둘러보다가 쉬바의 집을 발견하고 낙담한다.

"이곳이 쉬바의 거처라니⋯⋯."

비슈누는 탄식하다가 도저히 포기할 수 없다고 생각했다. 쉬바와 그의 아내 파르바티를 속이지 않는다면 이 자리를 얻을 수 없음을 알고 수를 내기

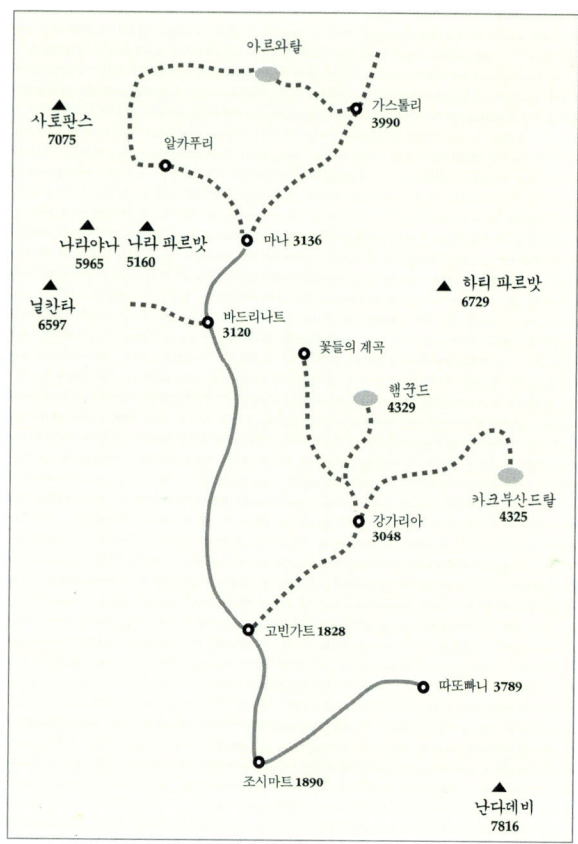

바드리나트 일대 지도

로 했다. 비슈누는 물에 흠뻑 젖은 어린아이 모습으로 바꾸고 쉬바 거처의 문을 두드렸다. 자신의 장기인 마야[幻(환)]를 펼친 것이다.

    마침 쉬바와 파르바티는 바로 앞에 있는 온천에 갈 예정이었다. 그런데 누군가 연약하게 문을 톡톡 두드리기에 밖을 내다본다. 그런데 홀딱 벗은 천사 같은 아이가 히말라야 추위 속에 바들바들 떨고 있는 것이 아닌가. 깜짝 놀란 파르바티는 아이를 재빠르게 안으로 데리고 들어와 자신의 옷으로 아이를 감싸고 무릎 위에 올려놓았다.

가만히 바라보니 예쁘기 그지없는 아이였다. 파르바티는 아이를 보며 무한한 연정, 애정 그리고 동정심이 솟아올랐다. 아무리 여신이지만 비슈누가 펼치는 환(幻)을 이겨낼 도리가 없었다.

쉬바가 파르바티에게 경고했다.

"아이를 안지 마시오. 돌보지도 마시오. 당신은 스스로 일을 꼬이게 만들 필요가 없다오. 세상에 태어난 존재는 시간은 다르지만 언젠가 모두 죽게 마련이오. 아이의 일은 아이의 부모가 잘 알아서 할 것이오. 자, 어서 나갑시다(나가서 부모도 찾고 우리는 계획대로 온천에서 목욕도 합시다)."

파르바티는 동의할 수 없었다. 아이를 밖으로 도로 내놓는다면 당장에 얼어 죽지 않겠는가.

마야에 흠뻑 젖어든 파르바티는 쉬바에게 말했다.

"당신은 동정심이라고는 조금도 없습니까? 보세요, 매우 연약한 아이가 아닙니까? 추위에 떠는 모습을 보세요. 당신은 이 세상에서 고난의 피난처가 아니던가요. 당신은 이 연약한 어린아이에게조차 피난처가 되지 못하나요?"

이야기를 마친 파르바티는 실망스러워 슬픔에 젖었다.

쉬바는 싱긋이 웃으며 말했다.

"이 아이는 이상한 구석이 있소. 당신이 애정을 기울이지만 결국 그에게 보여준 애정은 통째로 잃고 실망할 것이오. 아이는 모든 것을 움켜쥘 것이오. 나는 당신이 그렇게 되는 것을 원하지 않는다오."

마야라는 환술이 다른 존재도 아닌 쉬바에게 어찌 통하겠는가. 선수끼리 이미 모든 수가 읽혔다. 그러나 쉬바와 파르바티 사이의 일이란 어느 누구 하나가 강력하게 거절한다면 어쩔 수 없는 두 몸이자 하나인 관계였다. 비슈누는 당연히 그것을 이용하여 쉬바보다 연약한 파르바티를 공략한 것이다.

파르바티는 쏘아붙였다.

"무슨 일이 있어도 나는 이 아이를 보호할 거예요. (당신이 피난처의 역할을 하지 않으니) 내가 할 거예요!"

쉬바는 어느 누가 만류해도, 어떤 일이 생겨도 이 상황을 바꿀 수 없음을 알았다.

"당신의 주인은 당신이오. 당신이 어떤 일을 해서 일어나는 결과 역시 모두 당신의 책임이오. 당신은 아이 때문에 후회할 것이오."

파르바티는 이야기를 듣는 둥 마는 둥 아이를 꼭 껴안고 자신의 침실로 데리고 갔다. 천사처럼 아름다운 모습으로 잠든 아이를 살며시 눕혀 놓았다. 그리고 살금살금 발뒤꿈치로 걸어 나와 쉬바와 함께 흐뭇한 마음으로 온천 타프꾼드(Tapt Kund)로 향했다.

그들이 나가자마자 비슈누는 기다렸다는 듯이 본래의 모습으로 돌아와 안에서 문을 단단하게 걸어 잠갔다.

쉬바와 파르바티가 되돌아왔을 때는 문은 꿈쩍도 하지 않았다.

당황해서 어쩔 줄 모르는 파르바티에게 쉬바가 웃으면서 말했다.

"여신이여, 당신은 어린아이의 교묘한 눈을 보았소? 우리에게 그렇게 영악한 어린아이로 변장해서 찾아올 수 있는 존재는 우주 안에 비슈누밖에 없소. 그가 이 자리가 탐나서 벌인 일이고 이렇게 된 이상 (비슈누가 안에 차지하고 문을 잠가버린 이상) 우리는 어쩔 수 없소. 그가 잠근 문은 이 세상에서 어느 누구도 열지 못한다오. 우리는 이곳을 떠나야만 하오."

반성의 빛이 역력한 풀이 잔뜩 죽은 파르바티를 데리고 쉬바는 처소를 서쪽의 케다리나트로 가기로 했다. 쉬바와 파르바티가 완전히 떠난 것을 확인한 비슈누는 이제 바깥으로 나와 타파스를 시작했다.

사실 브라흐마, 비슈누, 쉬바가 다른 존재는 아니다. 그러나 사람들이 하는 일이란 '어느 누가 더 강한가?' '어느 누가 중생의 고통을 더 덜어주는가?' 자꾸 의인화하며 인간세상으로 끌어내려 비교한다. 이 이야기는 그런 와중에 쉬바의 성지를 비슈누의 성지로 만든 합리화처럼 느껴지기도 한다. 일부에서는 바드리나트에서 비슈누파와 쉬바파의 충돌에서 비슈누파의 득세로 읽어내기도 한다.

그러나 그런 역학구도에 별 관심이 없는 나로서는 신이 신을 상대로 벌이는 사기극이 그냥 재미있을 뿐이다. 속았다고 성내고, 밖에서 문을 쿵쿵 박차거나 신의 힘을 발휘하며 문짝을 두 동강이 내버리고, 이런 부정적 반응 없이 '그래, 내가 졌다!' '내 마누라 때문에 집을 잃었어' 그대로 두고 떠나는 담대함도 읽힌다.

기가 죽어 쉬바 뒤를 따라가는 파르바티의 늘어진 어깨, 가끔 아름다운 바드리나트 계곡을 뒤돌아보는 아쉬운 눈빛도 활동사진처럼 보여 꼼수를 피운 비슈누가 조금 얄밉기도 하다. 바드리나트에서 닐칸타 쪽을 바라다보면 이 자리를 두고 떠나는 여신 파르바티의 눈빛이 보이기도 한다.

더불어 내게는 이 신화의 덤도 있다. 쉬바가 내버리는 집. 비슈누가 빼앗는 집.

"도대체 집이란 무엇을 의미하는가?"

"단순히 집인가?"

히말라야 설산이 보이는 곳에 도착하면 이제 집〔家〕에 도착한 기분이 들고, 또 속세에서는 집에 집착하는, 말하자면 집을 마련하거나 평수를 늘리기 위해 사는 중생에게 '집의 의미는?' 이런 질문을 다시 던지게 된다.

"쉬바가 흔쾌히 버린 집은 무엇이냐?"

쉬바의 두 번째 부인 파르바티는 첫 번째 부인의 환생
● ● ●

쉬바의 두 번째 부인은 파르바티(Parvathi)이다. 파르바티라는 이름을 입안에서 몇 번 발음하다 보면, 상당히 낯익다. 특히 평소 조금이라도 히말라야 큰 산에 관심이 있었던 사람들에게는 낯익은 정도가 아니라 도리어 귀에 익숙하다.

근원을 따져보면 귀에 못 박히도록 들은 편잡 히말라야에 자리 잡은 세계 9위봉 낭가 파르밧(Nanga Parbat) 때문이다. 낭가 뒤에 따라오는 파르밧이라는 말이 여신(女神) 파르바티와 많이 닮아 있다. 많은 한국인들이 8천 미터 고봉에 열광하고 더불어 각종 매체에서 기사를 쏟아냈기에 어느새 파르밧, 파르바티는 생소한 느낌이 들지 않은 셈이다.

가르왈 히말라야에는 유달리 파르밧이라는 이름이 들어간 산들이 많다. 카메트 산군에 하티 파르밧(Hati Parbat), 6천708미터의 고리 파르밧(Ghori Parbat), 7천61미터의 닐기리 파르밧(Nilgiri Parbat), 7천242미터의 무크트 파르밧(Mukut Parbat), 그외 강고뜨리 산군에 6천721미터의 수다르산 파르밧(Sudarshan Parbat)이 있고, 멀지 않은 라훌 지역 역시 6천526미터의 시그리 파르밧(Shigri Parbat)이 있다.

파르밧은 힌디어로 산(山)을 의미한다. 파르밧이 붙은 이름이 있는 지역은 과거 한 시절 혹은 지금까지 힌두들의 세력이 미치는 자리다. 그런 이유로 뒤에 파르밧이 붙어 있지 않은 산 이름에도 파르밧을 붙여도 아무 상관이 없다.

파르바티의 아버지는 파르바타(Parvatha)로 산들의 왕인 히말라야, 즉 히마반(Himavan)으로 지상의 산신(山神) 중에 가장 큰 산신인 셈이다. 쉬바의 두 번째 부인 파르바티는 히말라야 산신(山神) 가문(家門)의 내림이다.

히마반은 딸 둘을 낳고 키웠는데 둘째 딸이 바로 산을 의미하는 파르바티이고, 언니인 큰딸은 강가(Ganga), 즉 갠지스 강이다. 강가는 히마반의 딸 혹은 히마반의 무릎을 흐른다는 의미로 히마바티(Himavati)라 부르기도 한다. 산을 의미하는 딸과 강을 의미하는 딸, 즉 산수(山水)를 모두 자식으로 거느렸으니 감탄사가 나도 모르게 나온다. 정말 좋은 자식을 거느렸다.

히말라야를 다니다가 요절한 사람이 있다. 젊은 날 일찌감치 히말라야에 발을 들여놓아 어느덧 그가 오른 6천, 7천, 8천 급의 봉우리가 여럿이었다. 그는 불행하게도 한 히말라야 원정에서 눈사태로 유명을 달리했다.

가장이었던 그가 사라지자 집안은 엉망이 되었다. 남들이 도와주는 것도 잠시, 결국 생활고에 빠져들지 않을 도리가 있겠는가. 마음 갑갑한 가족 중에 하나가 용하다는 무당을 찾아 나섰다.

"아이쿠, 큰 산에서 죽었네!"

죽었다는 말도 하기 전에 점괘가 나왔다고 한다.

히말라야를 오가는 사람이라면 끄떡거릴 수 있는 처방이 뒤따랐다.

"큰 산을 오가다가 큰 산신령이 데리고 가셨는데, 그렇게 작은 동산에 묻어두면 쓰것냐!"

시신을 수습해서 비행기로 모셔와 고향 양지바른 뒷산에 묻어 놓았었다. 이미 상황을 정확히 파악하고 있는 무당은 '큰 산 사람을 작은 동산에 가두어 두었으니' 집안 일이 안 풀린다고 했단다. 그는 다시 꺼내져서 화장되었고 재를 한반도에서 가장 높은 지리산(한라산은 뭍이라고 보기 어렵다)에 뿌려졌다. 결국 그 집안은 다시 잘 굴러가기 시작했다고 한다. 우리나라 무당은 큰 산의 기운을 쉬이 알아차렸을 수 있다.

히말라야 곳곳에서 신상을 만날 수 있다. 가슴에 두 손을 모으고 '나마쓰떼' 인사를 한다. 지나가는 사람 역시 같은 모습으로 두 손을 모으거나 이마를 낮추어 예를 차린다. 그 순간 가슴 안에서 상대와의 교통이 일어난다. 돌로 만든 신상에서 정중하게 손을 모으고 치성을 들여 본다. 역시 신과의 대화의 문이 스르르 열린다.

파르밧, 파르바타, 파르바티, 큰 산을 다닌 사람들은 자석 옆에 금속이 자연스럽게 자장을 품게 되듯이 알게 모르게 지상에서 가장 막강하고 큰 산신령의 기운이 스며들어 있을지도 모른다. 소위 설산파(雪山派)에게는 히마반, 파르바티의 영기가 자신도 모르게 자장을 띠게 되었으리라.

나 역시 죽어 이런 낮은 동산들에 묻히기보다는, 평소에 눈여겨 둔 장소를 찾아 두 발로 걸어 들어가 히말라야 대지에 등을 대고 육신을 벗는 일을 꿈꾸고 있다. 불가한 경우라면 차선책으로 화장해서 '뿌려라!' 유언을 남긴다. 저 다섯 봉우리 우뚝한 캉첸중가 봉우리 근처나, 무스탕 혹은 가르왈 히말라야 한 자리를 지목해 주면 덕분에 남은 가족, 죽은 양반 살아생전 그렇게 목매달았던 곳으로 히말라야 트래킹 한 번 진하게 해보지 않으랴.

쉬바의 첫번째 부인은 사티(Sati), 힌두 신이면 대부분 그러하듯이 또 다른 이름이 있으니 우마(Uma), 닥사프라자파티(Daksaprajapati)의 딸이라는 의미의 닥사야니 등등이 있다. 닥사프라자파티는 16명의 딸을 두었는데 사티는 막내딸이었다.

사티가 분신(焚身)한 일은 앞에서 이야기했다. 출가외인(出嫁外人)이 신의 사회에서도 적용되는 것은 아니었다. 여기에 또다시 인드라에게 꽃다발을 주었던 성질 잘 내고 저주 잘 내리는 두르와사스가 개입되어 있다.

두르와사스는 깊은 명상 끝에 아름답고 향기로운 화환을 얻게 되었다. 그는 이것을 목에 걸고 닥사 집으로 갔다. 닥사는 부러운 눈길로 화환을 물끄러미 바라보자 두르와사스는 주저없이 선물했다.

무릇 불로소득과 아무런 노력 없이 갑자기 던져지는 일확천금은 경계해야 할 터, 종종 불행의 씨앗이다. 거액의 로또복권에 당첨된 사람 사이에 일어나는 갈등들도 두르와사스의 작품이다. 그릇이 안 되는 사람에게 주는 선물은 선물이 아니라 이미 재앙이다.

"아, 괜찮습니다, 됐습니다."

거절이라도 해보았어야 되는데, 혹은 이 선물의 의미를 '뭐꼬' 참구했어야 하는데 닥사는 이게 웬 떡이냐, 받아서는 자신의 내실에 걸어두었다.

사티가 분신한 후에 쉬바는 화가 나서 처갓집을 쑥대밭으로 만들어 버린다. 그리고 사티의 남은 시신을 껴안고 주유하게 된다.

그리고 향기에 취해 자신의 아내와 관계를 하게 되었다. 두르와사스는 곧 죽어도 성자다. 자신이 준 화환이 신을 찬양하는데 사용되는 게 아니라 최음제 역할을 한 점을 단박에 파악했다.

화가 치솟았다. 더구나 저주를 잘 내리기로 이름을 날리는 두르와사스가 아니던가.

저주가 떨어졌다.

"너는 네 딸 중에 막내딸과 그 남편을 미워해야 하리라!"

이때부터 저주에 걸린 닥사는 막내딸 사티와 사위 쉬바를 미워했다고 한다. 다른 이야기로는 탁해진 화환을 보고 사티와 쉬바가 돌아가는 상황을 알아차리고 나무라자 이때부터 닥사의 미움이 시작되었다고도 한다.

모든 일은 아버지의 애욕에서 출발되었다. 이런 연유 끝에 사건은 꼬리를 물어 사티는 스스로 태양총에 에너지를 집중하여 타 버린다.

쉬바는 첫번째 부인 사티를 잃자 타다 남은 시신을 껴안고 세상을 유랑한다. 그러자 빨리 잊고 제자리로 돌아오기를 바라는 비슈누는 자신의 무기를 이용해서 몰래 슬쩍슬쩍 시체를 토막 낸다. 그것들은 인도 이곳저곳에 떨어져 이후에 성지로 남게 되었다. 쉬바는 시신이 모두 사라진 후 비슈누의 열망과는 달리 되돌아오기는커녕 북쪽으로 은둔해서 몸과 마음을 양 미간에 자리한 제3의 눈에 모으고, 그 눈을 닫고서는 깊은 명상에 들어간다.

이 사이에 악마들의 세력이 커지고 그 중에서 특히 거인 폭군인 타라카(Taraka)가 세상을 좌지우지한다. 예언에 의하면 쉬바의 아들만이 이를 처단할 수 있다고 했다.

돌아온 사티, 파르바티
• • •

쉬바의 첫번째 부인이 이승을 떠나고 적당한 세월이 흐른 후, 산신 히말라야는 자신의 아내 메누까가 임신한 사실을 알게 된다. 그들은 정성스럽게 태교를 하고 몸가짐을 바르게 하니 열 달이 지나자 어느 누구든지 한 눈에 반할 정도의 아름다운 딸이 태어났다. 신들의 관례에 따라 열흘이 지난 후에

르시와 예언자들을 불러 이름을 짓고 축복을 구했다.

그들의 예언은 이러했다.

"이 아이는 마하데비, 즉 쉬바의 아내가 될 것이다."

"모든 악마들을 꼼짝 못하게 할 것이다."

"14개의 성의 왕비로 살 것이다."

아버지 히말라야는 대만족하고 이들을 환대하고 정중히 배웅했다.

다시 몸을 받고 환생으로 돌아온 파르바티는 나이가 들자 이제 자신의 운명에 따라 쉬바와 결혼해서 아이를 낳아 세상을 바로 잡아보겠다고 결심한다. 세상은 쉬바가 사라지자 타라카 일족과 부하들로 인해 나날이 황폐화되었다. 그녀는 사방에 햇볕보다 뜨겁게 모닥불을 지펴놓고 발가벗은 채로, 모든 곡기를 끊어가며 홀로 타파스를 시작했다. 산신의 딸로 아름답고 우아한 몸매를 지녔던 파르바티는 흉악한 몰골로 바뀌어 나갔다. 머리카락은 부스스하고 탈색되어 갔고, 몸은 곧바로 뼈대가 드러났다.

그러던 어느 날 귀족 청년 하나가 지나가다가 그녀를 보았다. 그리고 '아름다운 몸을 왜 그렇게 스스로 망치는가!' 탄식했다.

쉬바와 그리고 사티가 죽어 환생한 파르바티의 만남은 신화마다 조금씩 다르다. 그러나 파르바티는 쉬바의 아내가 되기 위해 여러 가지 방법을 통해 열망했고, 종극에 쉬바가 받아들였다는 뼈대는 같다.

파르바티는 답한다.

"나는 지고의 존재인 쉬바를 만나기 위해 이러고 있소. 쉬바는 온고하면서 결코 흔들리지 않는 집중의 신이오. 나는 이런 고행을 통해서 (명상에

공자는 사람의 마음은 산천보다 험하고 하늘을 아는 일보다 어렵다[孔子曰 凡人心險於山川 難於知天]고 했다. 누가 그리도 험하게 살고 어렵게 살라 했던가. 마음을 알기에 지치거든 산천으로 나서 하늘을 본다. 도리어 쉬운 길이 산천을 지나 하늘까지 이어져 있다.

빠진) 쉬바의 균형을 깨뜨리려 하고 있다오."

귀족 청년은 딱하다는 듯이 말했다.

"쉬바? 쉬바는 파괴의 신이오. 쉬바가 좋아하는 것이라곤 고작 시체가 악취를 풍기는 무덤 안에서 명상하는 것이오. 그리고 쉬바의 옷은 뱀으로 만들어져 있다오. 거기다가 지독한 가난뱅이죠. 더구나 쉬바의 근원을 아는 사람이 없지 않소?"

파르바티는 귀족을 경멸하는 시선으로 바라보았다.

"여보시오, 그분은 당신과 같은 인간의 마음 저편에 계십니다. 가난뱅이라구요? 부(富)의 원천입니다. 무서운 불이지만 자비의 근원이기도 합니다. 뱀으로 옷을 만들었다고요? 뱀이건, 보석으로 수놓은 옷이건 입을 수 있다면 마음대로 벗을 수 있습니다. 또한 비실재의 창조자에게 근원이 무슨 소용이랍니까?"

파르바티 말에 감동한 귀족 청년은 이제 본색을 드러냈다. 쉬바였다.

파르바티라고 다르지 않아 이름을 여럿 가졌다. 이것은 마치 무지개는 하나이지만 그 색에 따라 어느 하나 같은 것이 없는 빨주노초파남보로 구성되어 있는 것과 같다고 보면 된다. 한 주제에 의한 다양한 스펙트럼, 즉 변주로 보아도 좋다.

파르바티는 따뜻한 성격의 빛나는 가우리(Gauri), 먹거리를 제공하는 안나푸르나(Annapruna), 소원을 들어주는 자비의 타라(Tara) 그리고 차갑고 냉혹한 성격의 깔리(Kali), 적을 공포로 몰아 응징하는 바이라비

(Bhairavi), 생식을 담당하는 안비카(Anvika), 접근하기 어려운 두르가(Durga) 등등으로 나뉘어진다. 흔히 이 모두를 삽타마트리카스(Sapta-matrikas) 즉 칠모신(七母神)이라 부른다.

히말라야 산길에서는 파르바티의 다른 이름을 딴 가우리꾼드〔가우리, 湖水(호수)〕를 많이 만나게 된다. 케다리나트로 향하는 배후 마을 이름 역시 가우리꾼드다.

그 사연인즉.

파르바티가 히마반의 딸로 태어날 준비를 하는 동안 브라흐마는 히마반의 아내 메누카에게 전령 니샤를 보내 태아를 검게 만들어 버린다. 아버지 설산처럼 지나치게 희고 눈부실 경우 악마 타라카의 눈에 쉽게 뜨일까 우려해서였다.

후에 파르바티가 성장하고 자신의 남편은 오로지 쉬바라 생각하고 아내 사티를 잃은 이후 꾸준히 명상중인 쉬바를 찾아갔다. 그런데 쉬바는 눈도 뜨지 않고 깊은 명상 중에 무의식적으로 이렇게 말했다고 한다.

"깔리…깔리……."

파르바티는 '검다, 검다'는 이 말을 자신의 피부를 흉보는 것으로 생각했다.

"이 색의 피부로는 다시 쉬바 곁에 돌아오지 않으련다."

기어이 쉬바와 혼인하기를 원하는 파르바티는 고행을 시작했다.

이에 태아 시절에 피부를 검게 만들어 놓은 장본인 브라흐마는, 때에 이르자 파르바티 앞에 나타나 말했다.

"이제 네 검은 피부는 사라지리라. 이제는 흰 연꽃[白蓮] 같은 피부를 가지게 되리라. 이제 사람들은 너를 가우리라 부를 것이다."

가우리란 희다[白]는 이야기다. 사랑하는 이를 향한 열망에 의해 고행 끝에 하얀 피부를 얻게 되었다는 신화다. 자신이 얻고자 하는 대상에서 나온 작은 이야기조차 무시하지 않고 전적으로 받아들였다는 미담이다. 설산 곳곳에서 자리 잡은 가우리꾼드라는 이름의 호수에는 오늘도 히말라야가 가우리(하얀) 그림자를 드리우며 파르바티가 히마반의 딸임을 증명하고, 더불어 쉬바의 아내가 되기 위해 헌신하며 고행한 이야기를 대신 전하고 있다. 이런 생각으로 바라보는 호수는 정말 아름답다.

안나푸르나 여신은 사부대중에게 먹을 것을 제공하는 여신이다. 오늘도 길에서 수행자에게 먹거리를 보시하는 일은 사실 안나푸르나의 보이지 않는 힘이 스며 있는 탓이다.

파르바티의 또 다른 이름 안나푸르나도 사연이 있다. 네팔 히말라야에 속하는 안나푸르나는 8천91미터로 세계 10위봉의 위용을 자랑한다.

안나푸르나(Annapruna)라는 말은 '음식물이 풍성하다'는 의미를 갖는다.

샹카라 이야기에 의하면 이렇다.

"그녀에게는 '먹을 수 있는 재료가 듬뿍한 음식물이 풍성하다(anna-pruna).' 그녀의 오른손에는 진귀한 보석으로 장식된 황금국자를 들고 왼손에는 풍성한 그릇을 들고 있는데 이 그릇으로부터 그녀는 우주 가운데 있는 그녀의 모든 어린 것들에게 '가장 좋은 음식물(Parama-anna)'인 달콤한 우유쌀죽을 나누어 준다."

안나푸르나 여신은 자신에 대해 이렇게 설명한다.

누구든 식물을 먹는 자는, 나로 말미암아 식물을 먹는 것이오.
누구든 자기 눈으로 앞을 보는 자나,
누구든 숨 쉬는 자는,
진실로 말하노니
누구든 말한 것을 듣는 자는
나로 말미암아 그리 하는 것이다.

안나푸르나는 풍성한 음식을 주는 파르바티의 모습을 말한다. 하얀 쌀밥 혹은 우유쌀죽을 준다고 믿고 있으며 하리드와르 중심가의 안나푸르나라는 음식점은 신화 내용을 간판에 그려놓아 눈길을 끈다.

수행자들의 발우를 채워주고, 멀리 유행을 떠난 순례자들의 밥그릇에 하얀 쌀밥을 담아주며, 험한 순례길에 무사히 식사를 마치도록 도와주는 일은 모두 안나푸르나 여신의 손길이다.

뿌자와 순례를 하라

이렇게 바드리나트를 점거한 비슈누는 이제 어떻게 되었을까. 오로지 세상을 위해 정진할 따름이었다. 데바르시 나라다는 유랑하다가 이 계곡에서 비슈누가 용맹정진하는 모습을 보았다.

나라다는 물었다.

"삼계(三界) 주인인 비슈누 신이시여, 당신은 무엇이 부족해서 고행을 하십니까?"

비슈누가 말했다.

"영혼이란 우주의 가장 기본적인 요소다. (나는 바로 우주의 영혼이기에) 나는 내 자신을 위해 고행을 한다. 또한 내가 고행을 하는 이유는 이 우주의 모든 존재들이 자신이 맡은 일에 몰두하게 하기 위해서다."

비슈누는 세상을 유지하는 힘이다. 세상이 유지되기 위해서는 각자가 맡은 일을 충실히 진행해야 하고, 그러기 위해서는 모든 영혼이 불만이 없어야 한다는 이야기가 된다. 이를 위해 고행하고 있음을 내비쳤다.

말을 듣고 감동한 나라다는 이 지역을 앞으로 두고두고 비슈누의 뜻을 기리는 성지로 삼기로 하고 비슈누의 성지로 선포했다. 나라다는 더불어 이곳을 자신이 머무는 주 거주지로 결정했다.

어느 날 나라다는 비슈누가 사라진 것을 발견했다. 그는 마치 어미를 잃은 송아지처럼 어쩔 줄을 몰라 계곡의 이곳저곳을 찾아보았다. 그러다가 서쪽에 있는 수메루산(Sumeru)까지 도달했다(메루라고도 부르며 쉬브링에서 3

길을 가다가 돌아보아야 한다. 굽이쳐 흐르는 길을 따라 오르다가 뒤돌아보면 하얀 봉우리들이 이쪽을 향하여 얼굴을 내미는 모습을 본다. 순간, 나는 내 존재를 잊어버리고 만다. 당신은 그것을 아는가[今者吾喪我 汝知之乎]?

킬로미터 옆에 떨어져 있다. 해발 고도는 6천450미터).

나라다는 목이 말랐고 무엇보다 힘에 겨웠다. 그러다가 작은 초막을 하나 보게 된다. 비틀거리며 다가서자 그 안에는 명상에 잠긴 수행자가 있었다.

가뜩이나 힘들고 지친 나라다는 퉁명스럽게 불렀다.

"어이, 이봐! 물 좀 가져다 주시오!"

이 말을 들은 수행자는 주먹으로 대지를 내리쳤다. 그러자 그의 거처는 여러 조각으로 깨져 나가면서 동시에 수행자 옆의 작은 물병에서부터 수많은 아프사라스(Apsaras)가 튀어나와 그를 에워싸기 시작했다. 아프사라스는 불사약을 만들기 위해 바다를 휘저을 때 나온 요정들로 이들은 천상을 더욱 매력적으로 만들기 위해 창조된 존재였다.

아프사라스 중에 하나가 다정하게 말했다.

"브라흐민이시여, 우선 목욕을 하십시오. 그러고 나서 먹을 것을 드리도록 하겠습니다."

그러나 나라다는 자신의 물통을 두고 왔다.

물통이 없어 쩔쩔매는 모습을 본 아프사라스가 다시 말했다.

"브라흐민이시여, 그러시다면 이 물병 안으로 들어가시지요."

발도 들어가기 어려운 물통에서 목욕하라고? 나라다는 어이없어 했다. 그러자 걱정하지 말라는 충고를 받게 되고, 이윽고 그는 그 작은 물통에 발을 들여놓는다. 이야기는 당연히 쑤욱 그리고 쉽게 온몸이 물병 안으로 빠져들어가게 되었다.

잠시 후 그는 병 심연에서 엄청나게 아름다운 도시를 만난다. 사방은 광휘로운 빛에 싸여 있었고 황금과 에메랄드로 만들어진 궁전이 더할 나위 없이 눈부셨다. 사이사이에 하늘까지 쭉 뻗은 건장한 나무들, 맑은 물이 퐁퐁 솟아오르는 샘들, 더불어 반짝이며 흘러가는 시냇물이 어우러진 풍경에 그는 벌어진 입을 닫을 수 없었다.

결국 이곳에서 비슈누를 찾았다. 비슈누는 온갖 고생 끝에 자신을 찾아온 나라다를 보며 흡족해했다.

그 대가로 질문을 허용 받은 나라다는 물었다.

"어찌하면 사람들이 당신과 하나가 될 수 있는지, 기도 방법을 알려주십시오."

이렇게까지 힘들게 찾아다니지 않아도 신을 뵙는 방법을 물은 셈이다.

비슈누는 브라흐민들이 어찌 기도해야 하는지 알려주었고, 브라흐민을 제외한 나머지 카스드들에게는 야뜨라[巡禮(순례)]의 길, 자신의 이름이 들어간 성소로의 순례가 그 방법이라 일렀다.

이야기가 끝나자 모든 것은 희미해지며 사라지기 시작했다. 궁전이 없어지고, 자신을 싸고 있던 아프사라스 역시 안개처럼 흩어지더니 결국 수행자 한 사람만 남았다. 나라다는 그가 바로 비슈누라는 사실을 알아차렸다.

이런 방법은 신 중에서 유일하게 비슈누가 쓰는 방법이다. 어떠한 환상의 세계에 상대를 넣어 가르침을 준다. 파르바티에게 사용했던 마야와는 달리, 인간들에게는 삶의 방법과 신의 경지에 이르는 길, 우주의 모습을 알려주기 위해 사용한다. 결국 우주를 유지하고 보호하기 위함이니 모성적(母性的) 측면의 마야가 된다. 경전에 보면 이런 모습을 만나면 주인공 이름이 누구라도 궁금해할 필요가 없으니, 당연지사 그리고 예외는 없다. 비슈누로 간주하면 된다.

"네가 보았던 그 모든 것은 역시 나의 모습이었다. 내 자신과 다르지 않다. 나는 기도하는 과정에서 너희에게 현현할 수 있다. 나는 기도를 듣는 존재이며 기도이다. 나는 세상의 소리를 듣는 자며 세상이다."

이 이야기는 신비주의자들에게는 황홀로 인도하는 문구다. 엑크하르트 역시 말했을 법한 이 문구는 모든 존재와 합일하며 법열을 느끼는 존재들에게는 살 속으로 콕콕 파고드는 대목이다.

수행자, 초막도 사라진 자리에서 나라다는 닷새에 걸쳐 비슈누를 찬미했다. 나라다는 비슈누가 알려준 대로 사제직인 브라흐민들이 비슈누에게 기도하는 방법을 정립했다. 이 방법은 현재까지 전해져 와 전통적으로 닷새 동안의 용맹정진을 하는 판차라트라(panchratra) 뿌자로 알려져 왔다.

이방인들에게는 브라흐민들이 비슈누에게 바치는 닷새간 제례의 소소한 방법까지 알아볼 이유가 적다. 다만 브라흐민을 제외한 계급에서 행(行)하라는 야뜨라, 즉 순례가 끌릴 따름이다.

스님 하나 판치생모(板齒生毛), 즉 이빨에 털이 나는 이유가 궁금했다. 그는 이제 이 화두를 해결하기 위해 스승을 찾아 나선다. 그 시절은 요즘처럼 차가 있거나 비행기가 있어 이른 아침에 문을 나서 오후 정도면 너끈히 도착할 수 있는 상황이 아니다. 중원을 가로질러 탁발을 거듭하며 길을 가야 한다. 온갖 험한 길을 가며 산길을 따라 시냇물을 거슬러 올라 스승이 있는 곳까지 이르러야 한다. 여기서 답을 구하지 못했다면 다시 머나먼 길이 기다린다.

이 시간동안 머릿속에는 이빨에 난 털이 계속 맴돈다. 목적한 절[寺]까지 순식간에 도달한다면 얻어낼 수 없는 의식의 의심이 걸음걸음 안에 점차 부풀어져서 시절인연 '할' 한 번에 가득 찬 풍선이 터지듯이 깨달음이 온다. 선지식의 길은 이렇게 순례와 연관이 있다.

천민의 순례 역시 마찬가지다. 생업을 접고 길을 나선다. 걷고 걷는 동안 집착을 여의고 신에 관한 열망으로 가슴이 가득 찬다. 몬순으로 부푼 시냇물을 건너면서 만뜨라를 외우고, 한 끼 식사를 앞두고 신에게 감사한다. 그의 마음 안에는 신을 행한 박티〔獻身(헌신)〕로 가득 차며 명정으로 들어간다.

그들은 어느 날, 물 속에 비치는 히말라야 모습, 바람 속에 섞인 새들의 노랫소리, 같은 목적으로 길을 가는 순례자들의 눈동자, 그 모든 곳에 영롱한 신의 웃음이 있음을 알아차린다. 말하자면 붓다가 연꽃을 들어 올린 것과 마하가섭이 웃는 것과 아무런 차이가 없는 것〔與世尊拈花 迦葉微笑 等無差別〕과 같다. 브라흐민을 제외한 카스트에서는 그 모두가 바로 비슈누의 상승법어다. 그리하여 사원에 입장을 허락하는 종소리에 펑펑 운다.

신은 초상화 속 인물의 시선처럼 어디서나 우리를 바라본다. 우리의 시선이 그곳을 바라보기만 하면 되지만 그동안 단성몽중인(但惺夢中人)이라 초상화를 보지 못하고 마야의 다른 세상에 몰두했다.

천민에게는 성지로 향하는 동안의 고행이 필요하다(나는 천민이라 얼마나 다행인지 모른다). 밀라래빠의 스승 마르빠는 참혹할 정도로 밀라래빠를 가차 없이 격렬하게 고생시킨다. 흑마술을 통한 살인 등, 그동안 켜켜이 쌓인 밀라래빠의 까르마 — 업장을 녹이기 위해 엄청난 고행을 명령했다. 고행을 통해 영혼을 정화시키기 위한 의도였다.

현세의 삶이 고통스럽다 서러워하는 일보다 고통을 전적으로 받아들이는 일이 값는 일이다. 큰 고(苦)는 큰 빚을 갚는 일이고, 어쩌다 만나는 우연한 고(苦)는 도리어 고맙다, 빨리 빚을 갚아주는 도우미다. 심지어는 자신의 삶이 그렇게 힘들면서 남의 고통까지 껴안는 이웃도 많다.

옴 살바만가람.

히말라야를 걷는 동안 고통이 없기를 바라지 않는다. '옴 치람'이라는 만뜨라는 접어둔다. 격렬한 고통과 고행은 형제지간으로 숙업의 때를 벗겨주기에 고통 없이 만사가 순조롭게 진행되는 산행이 도리어 두렵다.

비슈누는 그런 의미로 브라흐민을 제외한 천민들에게 야뜨라, 순례를 요구했다.

바드리나트라는 이름
• • •

한편 이런 와중에 비슈누의 아름다운 아내 락쉬미는 거처에 돌아왔다. 그런데 비슈누가 없는 것이 아닌가. 여신은 '도대체 어디로 간 거야!' 성질을 돋운 채 남편을 찾아 돌아다니다가 케다르칸트(Kedar Khand), 즉 이 계곡에서 비슈누를 찾아냈다.

그런데, 웬걸. 뒤에서 가만히 바라보자 남편은 목이 잠길 정도의 폭우가 퍼붓고 모든 것을 말라 비틀게 만드는 태양이 내리쬐어도 꿈쩍하지 않는 게 아닌가. 가만히 서 있을 수조차 없는 심한 바람은 물론 그외 자신이라면 도저히 참기 어려운 수많은 불편함을 감수하며 묵묵히 극심한 고행을 거듭하고 있지 않은가.

락쉬미는 남편을 보며 가슴에서 한없는 연민이 솟아올랐다. 세상을 위해 애쓰는 모습에 자비가 샘처럼 뿜어 나왔다. 그녀는 가만히 있을 수 없어 남편 뒤에 다가가 자신의 몸을 바드리(Badri), 즉 바리나무(Bari tree)로 바꾸었다.

바리의 정식학명은 Prosopis cineraria(Prosopis spicigera)로 신단수 역할을 맡고 있으며 많은 수행자들이 이 나무 아래에서 결가부좌를 튼다.

락쉬미는 바드리로 변해 비바람, 태양 그리고 빗줄기를 막아주며 비슈누가 고행이 끝날 때까지 등 뒤에서 보호했다. 그런 연유로 이 순간부터 이 계곡의 이름은 케다르칸트에서 정식으로 바드리나트가 되었다. 바드리나트라는 이름 안에는 한 신이 인간을 위한 고행과 그 고행을 보호하려는 내조가 함께 숨어 있는 셈이다.

바드리나트. 바드리나트. 입 안에서 바드리나트를 굴리면 만뜨라가 스스럼없이 솟아오른다.

"옴 나모 바가바테 바수데바야."

현재 이 지역에 바드리 나무는 전혀 없다. 그러나 고대 문헌에는 이 지역을 바드리반(Badrivan)으로 표기하고 있으며, 판다바의 다섯 형제가 간드마단(Gandhmadan) 산으로 향하던 중 이 지역에서 기둥처럼 둥근 줄기를 가진 바드리 나무의 서늘한 그늘 밑에서 쉬었다는 이야기가 남아 있다. 더불어 최근 신화와 실존하는 지역을 꾸준히 일치시키려는 학자들에 의해 이 지역 지층에서 바드리 나무 열매가 대량 발견되었다는 사실로 미루어 보아, 과거 한때는 신화의 기록처럼 푸른 바드리 나무들이 숲을 이루고 있었으리라.

그 많던 바드리가 현세에 단 한 그루도 없다는 사실은 메타포로 해석이 가능하다. 우리는 다시 신의 도움이 필요한 시대를 맞이했다는 점이다. 우주의 존재들이 자신의 일을 잘 수행하지 못함으로써 야기되는 많은 분란. 자신의 다르마를 잃고 헛됨을 추구하는 말법의 시대.

　　브라흐민은 닷새의 뿌자를 오천 번, 오만 번 반복하고, 천민은 하염없는 야뜨라를 진행시켜, 잠자는 비슈누가 다시 현세를 위해 타파스를 하도록 깨워야 하는 것은 아닐까. 바드리나트에 다시 녹색의 바드리 나무들이 피어나도록.

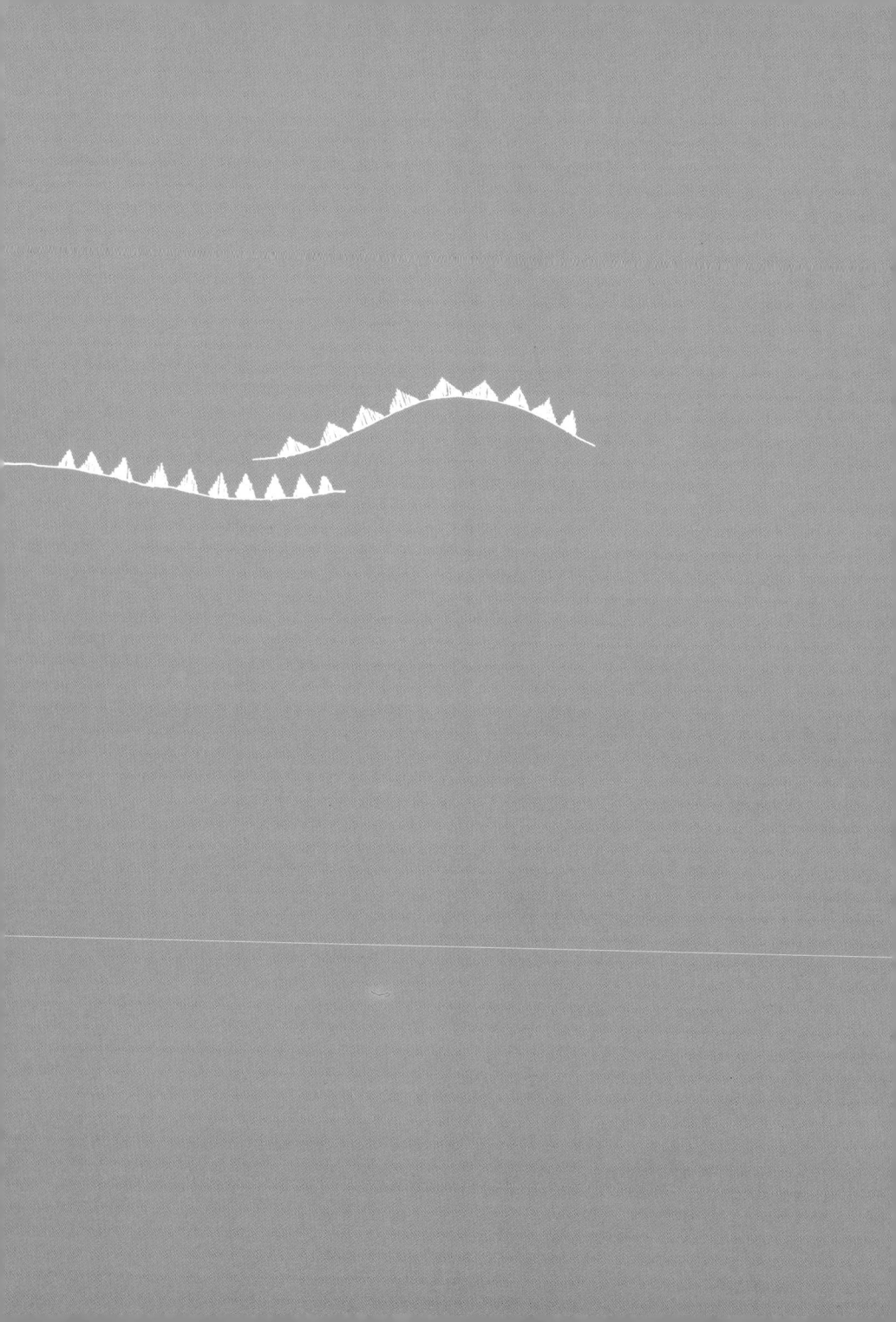

{ 바라만 보아도 죄가 사해지는 땅, 바드리나트 }

그러므로 용감함 구도자는 아내, 자식, 그리고 재산에 대한 집착을 포기하고, 모든 행위를 포기해야 하며, 생사윤회의 속박에서 벗어나 해탈을 추구해야 한다.

바드리나트 사원 역시 샹카라의 작품
● ● ●

해발 6천597미터의 닐칸타는 바드리나트를 향하여 이렇게 움직인다. 우선 북동쪽에 2킬로미터 떨어진 비슈누의 이명(異名)을 가진 5천965미터의 나라얀 파르밧(Narayan Parbat)과 능선으로 이어지고, 그리고 다시 같은 거리 정도의 5천160미터의 나라다 파르밧(Narada Parbat)으로 연결된 후, 이제 해발 3천120미터의 바드리나트를 향하여 급한 절벽을 이루며 곤두박질친다.

8킬로미터 사이에 고도를 무려 3천400미터 정도 내리는 셈이다. 곤두박질 끝, 해발 고도 3천120미터 자리에 이르러 평지와 만나는 무렵에 바드리나트 사원이 자리 잡고 있다. 사원 앞으로는 아라크난다(Alaknanda) 강이 흐르고 우측으로는 강이라 말하기에는 조금 빈약한 르시 천이 반 폭포 수준으로 쏟아진다. 쉽게 이야기하자면 산기운이 그대로 흘러오다가 물을 만나 건

너지 못하고 응축된 자리에 사원이 자리 잡고 앉은 셈이다.

사원을 바라보는데 한자 선생님이 갑자기 등장하셨다. 한자 선생님은 칠판에 글씨를 처음 쓰시는 순간에는 분필을 잡은 손을 어김없이 허공에서 슬쩍 떠셨다. 일단 분필이 칠판에 닿는 순간부터는 주저함 없이 획이 시원스럽게 그어졌으나 시초는 수전증처럼 부들부들 흔들렸다. 분명히 알코올로 인해 뇌세포가 적당히 파괴되어 회로가 늦어진 탓이었다. 선생님이 백묵을 들고 칠판을 향해 돌아서시는 순간 나는 늘 조마조마했다. 분필이 칠판 앞에서 멈추어 있는 동안 한없이 긴 시간이 흘렀다.

"저러다가 30초, 1분 동안 혹은 기어이 쓰지 못하시는 게 아닌가."

다행히 학기 내내 그런 일은 끝내 일어나지 않았다. 그때 배운 고사성어 중에 명불허전(名不虛傳)이 있었다. 그렇게 술을 드시는 분이 스스로 명불허전이라고 말씀하셔서 뜻을 모두 배운 후에는 재미있었던 기억이 남아 있다. 쉬는 시간에 친구들끼리 나도 너도 명불허전이 되리라 이야기했던 추억.

바드리나트 사원, 명불허전, 명성에 걸맞다. 이 사원 역시 기원 8세기의 걸출한 힌두 수행자 샹카라와 깊게 관련 있다. 인도 전역에 많은 사원을 건립한 그가 특히 비중을 둔 곳은 드와르카, 푸리, 라메스와람 그리고 가장 북쪽 사원 바드리나트다.

샹카라라는 이름은 인도 사람들에게는 거의 절대적이며 가르왈 히말라

널칸타 산기운이 흘러내려오는 자리에 유서 깊은 바드리나트 사원이 있다. 골격은 티베트 사원의 모습을 갖추고 있어, 한때 왕성했던 티베트 불교의 세력이 힌두교에 의해 흡수된 것으로 추리된다. 벽면을 화려한 외양으로 치장하여 힌두교의 온갖 다채로운 제신들을 바라보는 느낌이다.

야에서는 극대화된다. 내게 이상했던 일은 샹카라라는 이름을 처음 들었을 때 마치 오래 전부터 이미 명성을 듣고 알고 지낸 사람이라는 느낌을 받았다. 샹카라가 내 먼 친척이라 해도 놀라지 않았으리라. 비단 이번 삶이 아니라 지난 삶 언젠가 그의 이야기를 들었던 탓일까.

사원은 티베트 양식과 힌두교 양식이 결합되어 있다. 사원의 기본 골격은 사방형(四方形)으로 티베트 곰파―라캉〔寺院(사원)〕의 전형적인 외모다. 내부에 들어가면 회랑을 따라 움직이는 동선이 티베트 사원 그대로 빼닮았다.

어떻게 해서 이런 일이 생겼을까?

본래 이 지역은 티베트 문화권이었다. 조시마트에서 명상하고 고행하며 깨달음을 얻은 샹카라는 히말라야 계곡 사이를 뚫고 북쪽으로 이어지는 길을 보았으리라. 더불어 그 길이 성산 카일라스로 향하는 지름길이라는 사실 역시 순례자들과 티베트 대상(隊商)으로부터 들었고, 당연히 티베트로 향하는 상인들에 묻어 발을 들여놓았으리라.

샹카라가 처음 본 것은 쉬바의 거처가 아니라 티베트 불교 사원이었다. 이곳을 중심으로 남쪽으로 조시마트까지 사람 목숨을 위협하는 험난한 길을 오가야 하고, 반대로 북쪽 티베트를 향하는 길은 마나를 지나 사라스와티 강을 따라 올라야 하는 대상들에게도 벅찬 악로(惡路)였다. 티베트를 오가는 대상들은 조시마트와 티베트 사이 중간 지점의 널찍한 고원 위에 무사안녕을 위해 사원을 건립했으리라. 그러나 티베트 영향권이지만 눈이 오고 길이 끊어지면 변방에 해당하는 이 지역에 사원 세력은 약했을 것이다.

힌두교와 불교, 양쪽 종교 모두 서로 만나면 토론을 통해 시각에 따른 미묘한 차이의 교리를 논하고, 이에 상대에게 지게 되면 복종하는 전통이 있었다. 불교에서도 붓다 생존 당시, 소위 외도들의 귀의가 경전에 많이 나타나며, 붓다 제자 중에 이런 과정을 거쳐 자신의 파(派)를 모두 끌고 집단으로 귀의하는 이야기 역시 쉽게 발견된다. 멋지게 말하자면 '논객(論客)을 논(論)으로 논파(論破)' 하는 것이다.

이 전통은 아직도 힌두교 안에 살아 있고, 불교라고 다르지 않다. 티베트 불교 스님들이 손뼉을 때려가며 경전을 논하는 것이나, 무차선회, 우리 불교에서 선문답 법거량 역시 깊이 들여다보면 이 범주다.

샹카라는 이런 토론의 달인이었다.

그 중에 재미있는 이야기를 하나 소개하자면,

샹카라는 토론을 통해 자신의 불이원론을 알리며 유랑했다. 당시 파고가 높은 불교에 억눌린 힌두교의 중흥을 위한 시도였다. 그는 가는 곳마다 토론을 통해 자신의 교리를 심었다. 그러다가 베다에 정통한 브라흐민 만다나(Mandana)가 살고 있는 북인도 마히스마티(Mahishmati)에 이른다.

샹카라는 베다로 중무장된 만다나와의 토론에서 승리를 거둔다.

그런데 만다나는 귀의를 미루고 한 가지 제안을 한다.

"만일 그대가 내 아내까지 패배시키지 못한다면, 나의 패배도 인정할 수 없다오."

뭔 해괴한 논리인가. 그러나 자신감 넘치는 샹카라가 거절하겠는가. 그는 그의 아내와 마주하고 만만치 않은 그녀의 논리를 조목조목 격파해 나갔다. 그러나 샹카라는 복병을 만났으니 까마(Kama), 즉 성애론(性愛論)에 관해서였다.

샹카라는 물러나지 않고 자신에게 한 달의 시간을 달라고 이야기했다. 그리고는 근저 동굴로 들어갔다. 제자들에게 자신의 육신을 돌보아달라고 부탁하고 곧바로 육신을 벗었다. 그리고 막 숨을 거둔 아마루까(Amaruka) 왕의 몸 안으로 들어갔다.

왕국 사람들 눈에는 죽었던 왕이 다시 살아났다!

샹카라는 백 명의 라니〔王妃(왕비)〕들과 함께 쾌락을 즐겼다. 한 달이 지났다. 동굴에 결가부좌를 튼 스승의 육신은 깨어나지 않았다.

제자 중에 몇 명이 음유시인의 모습으로 궁전으로 찾아가 아마루까, 즉 샹카라 앞에서 노래를 불렀다.

가령 그 중 하나를 예를 들면 이렇다.

"형상이 있건 없건, 경전이 노래하는 네티, 네티(이것이 아니고 저것 역시 아니며)를 주의 깊게 참구합니다. 그리하여 형상(있건 없건)을 물리치게 되면 (눈에 보이는 것들을 제거하면) 남게 되는 아뜨만. 그것이 현자가 얻는 진리입니다. 당신이 바로 그것입니다."

불교로 이야기하자면 당신은 이미 본각(本覺)이라는 이야기.

제자들은 이런 류의 노래를 계속 불러나갔다.

성애에 푹 젖어 있던 샹카라가 깨어났다.

제자가 네티, 네티를 논한 것을 보면 과정은 이런 식이었으리라.

"나는 누구인가?"

"나는 왕국의 왕이다."

"네티(아니오), 왕국의 왕은 지상에 너뿐이 아니다."

"나는 아마루까로 백 명의 여자를 거느렸다."

"네티(아니오), 아마루까라는 이름은 다른 사람도 가질 수 있고, 백 명의 여자를 거느리는 일 역시 마찬가지오."

"그렇다면 나는 누구인가? ― 이뭐꼬(是甚麼)?"

결국 네티, 네티로 속성을 제거해 나가다가 샹카라는 아뜨만이 현현하는 근처에서 본연의 자신을 발견했으리라.

『마조록』에 이런 이야기가 있다.

홍주(洪州) 태안사(太安寺)의 주지는 경과 논을 강론하는 강주(座主)였는데 오직 스님(마조)을 비방하기만 하였다.

하룻밤은 삼경(三更)에 귀신사자〔鬼使〕가 와서 문을 두드리니, 주지가 물었다.

"누구시오?"

"귀신세계의 사자인데 주지를 데리러 왔다."

"내가 이제 예순일곱인데 40년 동안 경론을 강하여 대중들에게 공부하게 하였으나 말다툼만 일삼고 수행은 미처 하지 못했으니, 하룻밤 하루 낮만 말미를 주어 수행케 해주시오."

옥신각신 끝에 사자가 말했다.

"그렇다면 하루쯤 수행하도록 놓아주겠소. 우리들이 돌아가서 왕에게 사뢰

이덕무의 「청언소품(淸言小品)」에는 '내가 잠깐이라도 얽매임이 없다고 한다면 잠깐 동안 신선이요, 반나절 동안 그러하다면 반나절 동안 신선'이라는 이야기가 나온다. 히말라야는 발을 들여놓는 순간부터 내내 신선이다. 이 자리에서는 평생에 단 한 번도 신선이 되어보지 못한 사람을 애도하게 된다.

어 허락해 주시면 내일 다시 오겠고, 만일 허락하지 않으시면 잠시 뒤에 다시 오겠소."

사자들이 물러간 뒤에 주지가 이 일을 생각했다.

'귀신사자는 허락했으나 나는 하룻 동안 어떤 수행을 해야 하는가.'

아무 대책도 없었다. 날이 밝기를 기다릴 겨를도 없이 개원사(開元寺)로 달려가서 문을 두드리니, 문지기가 말했다.

"누구시오?"

"태안사 주지인데 스님께 문안을 드리러 왔소."

문지기가 문을 열어주니, 주지는 곧 스님(마조)께 가서 앞의 일을 자세히 말씀드리고 온몸을 땅에 던져 절을 한 뒤에 말했다.

"죽음이 닥쳐왔는데 어찌해야 되겠습니까? 바라옵건대 스님께서 저의 남은 목숨을 자비로써 구제해 주십시오."

스님께서는 그를 곁에 서 있게 하였다. 날이 새자 귀신사자는 태안사로 가서 주지를 찾았으나 찾지 못하고 다시 개원사로 와서 주지를 찾았으나 찾지 못했다.

이때, 스님과 주지는 사자를 보았으나 사자는 스님과 주지를 보지 못했다.

어떻게 저승사자가 찾지 못했을까.

『오등회원』『전등록』에 나오는 다른 글을 보게 되면 조금 쉽게 감이 다가선다.

당나라 때 어느 선사가 절 땅을 부쳐 먹는 사람을 살피러 가려고 마음먹었다. 이튿날 갔더니 그 사람이 음식을 푸짐하게 내어 대접을 하는 것이다.

그 스님이 물었다.

"내가 올 줄 어떻게 알았느냐?"

그 사람의 대답은 이러했다.

"토지신(土地神)이 알려주었습니다."

선사는 그동안 자기의 공부가 잘못되었다고 탄식했다.

마조의 이야기보다 이 이야기가 조금 쉽다. 하늘이 알고 땅이 알고 내가 알고 당신이 안다는 뜻[天知神知我知子]은 더 이상 이런 자리에서 통하지 않는다.

모든 코드는 네티, 네티 끝에 만나는 무심(無心)이다. 그 자리에서는 귀신도 어찌하지 못한다. 아뜨만을 곰곰하게 생각하다 보면 무심과 크게 다르지 않다. 브라흐만과 그대로 상통하는 아뜨만을 찾게 되면 그 어디 귀신이 이 투명한 유리병과 같은 존재를 찾아내겠는가.

이런 글을 읽고 이런 생각을 추리하는 경우에는 모든 일을 멈추어야 한다. 그리고 내가 누구인지 네티, 네티로 더듬어 보는 일, 혹은 이뭐꼬[是甚麽]로 바라보는 일이 더 급하다. 이런 일을 한 번 할 때마다 네티라고 말할 수 있는 대답이 늘어나면 점차 아뜨만에 접근하고 있는 셈이다. 샹카라의 이야기를 더듬다 보면 그가 마치 '이뭐꼬'를 화두로 내려준 스승처럼 느껴지기도 하지 않는가.

신도들이 빠져 나가면서 신상들은 열광에서 무심을 회복한다. '뿌리로 돌아가는 것을 고요함이라 하고, 고요함 이란 그 생명을 회복시킴이라고 한다[歸根曰靜 靜曰復命].' 이 말은 우리가 근원을 찾아가는 행위 안의 숨겨진 의미를 반영한다. 욕심이 있으면 고요함에 이르지 못하여 무심이야말로 투명한 근원에 도달하는 지름길이다. 조용한 시간의 사원 방문은 필요한 일이다. 이런 시간의 신상은 진정한 의미를 회복한다.

상카라는 음유시인들에게 그만하고 돌아가라고 말한다. 이제 성애에 대한 공부는 충분했다. 이제 쾌락을 삶에서 물리치고 아마루까의 몸에서 빠져 나와 동굴로 되돌아왔다.

백 명의 여자와 충분한 경험을 쌓은 샹카라. 라마[聖(성)]는 물론 까마[俗(속)]까지 모두 섭렵했다. 곧바로 만다나의 부인과 토론하여 패배시킨 후 지역에서 영향력 있는 베다에 능통한 두 사람을 불이론 창시자인 자신의 제자로 삼는다.

이 이야기는 '지식의 원천은 감각적 경험에 있다' 고 주장하는 경험론자들이 매우 좋아할 만한 예다. 성을 겪지 않고 그대 어찌 성을 논하겠는가.

내가 몸담고 있는 의사 사회에서는 결혼하지 않은 소아과 의사가 과연 진정한 마음으로 아이들을 접할 수 있는가, 묻는 이야기가 있다. 아이를 낳고 키우는 가운데 경험을 바탕으로 삼아 모든 아이들이 자신의 아이처럼 보여야 진정한 의사의 자격을 인정할 수 있다는 이야기다. 물론 이런 과정을 겪지 않고 보살행을 베푸는 사람들은 경험론자 어깨의 힘을 빼버리는 상근기에 해당하는 사람이다.

이 이야기에서 경험론보다 보다 중요한 의미로는 토론을 통하여 상대편의 논리를 무력화시키는 과정이다. 바드리나트 티베트 사원에 스님이 있다 해도 달변의 샹카라를 이겨내지는 못했을 것이다. 특히 샹카라는 불교도들과 맹렬한 토론을 통해 상대를 궤멸시켰다. 불교의 변방에 해당한 바드리나트에 불교 주지가 있었다 해도 샹카라의 논리에 추풍낙엽이었으리라.

한편 남의 육신을 빌어 입고 남의 행세를 했다는 가정은 유쾌하다. 나는 누구인가 묻기 시작함으로써 왕국의 왕이라는 생각을 하지만 그것은 곧바로 자신이 빌려 입은 옷임을 알았으리라.

"왜 빌려 입었을까?"

목적이 있었다. 비유를 풀면 사람이 윤회하는 길에 육신을 걸치고 가족을 이루고 살고 있는 이유는 무엇인가?

이 육신을 빌려 입은 목적은?

묻지 않으면, 깨닫지 않으면 토론장에서 도망가 버린 허수아비 혹은 가승(假僧)에 불과하다. 목적을 잃고 세속의 쾌락에 묻혀 휩쓸려 살다 간다.

힌두교와 불교, 둘은 다르지 않다

불교 사원을 힌두교 사원으로 접수하고 힌두교도들이 대를 이어가며 참배하면서 사원의 내용물은 힌두 양식으로 바뀌어 나가고 외양 역시 힌두 사원을 조금씩 닮아가기 시작했다. 쉽게 말하자면 티베트 사원을 힌두교가 점령한 것과 마찬가지다. 그러나 같은 뿌리에서 나온 다른 가지, 힌두교와 불교의 다툼으로 읽히지는 않는다. 특히 샹카라의 비베카추다마니〔分別頂寶(분별정보), Vivekachudamani〕를 읽다 보면 힌두교와 불교 사이의 집안 경계가 희미해진다.

"인간의 몸을 받기는 실로 아주 어렵다. 설사 인간의 몸을 받았다 하더라도 브라흐민이 되기는 매우 어렵다. 설사 브라흐민이 된다 해도, 『베다』를 찬송하는 『베다』다르마적의 길을 걷기는 더욱 어렵다."

"해탈을 얻기 위해서는 이 세간의 쾌락에 대한 그 욕망부터 영웅적으로 포기해야 하고, 그런 다음 평안의 화신인 완전한 스승을 찾아야 하며, 자신의 마음을 집중하여 스승이 가르쳐준 것에 대해 부단히 명상해야 한다. (중략) 그러므로 용감함 구도자는 아내, 자식, 그리고 재산에 대한 집착을 포기하고, 모든 행위를 포기해야 하며, 생사윤회의 속박에서 벗어나 해탈을 추구해야 한다."

여기서 브라흐민을 수행자, 해탈을 깨달음 등등, 불교적 용어로 바꾸면 그야말로 붓다, 조사, 그리고 선사의 말씀과 한 치의 차이라도 찾을 수 있는가, 모두 우리 집안 이야기다.

사원의 주인이 티베트 불교 곰빠(Gompa)에서 힌두교 사원 만디르(Mandir)로 바뀐 것이 대수가 아니다.

이런 사연을 알게 되면 사원을 바라보며 묻게 된다.

"저 사원의 주인은 불교?"

"네티."

"힌두교?"

"네티."

네티, 네티로 형상을 거두어내면 종교의 이름을 뛰어넘는 비이원론적 찬란한 진리의 사원이 있다. 모두가 주인이고, 우리 모두 거리낌없이 참배할 수 있는 성전이다.

사원 안에는 화려하게 금수(錦繡)를 걸친 약 1미터 가량의 검은 돌이 신상으로 모셔지고 있다. 이 신상은 어느 누구도 만져서는 안 되는 거룩한 것으로 오로지 라왈이라고 부르는 이 사원 최고 승려만이 손을 댈 수 있다. 라왈은 전통적으로 남인도 케라라 주 남부드리(Nambudri) 출신의 브라흐민으로 이 사원을 세운(접수한) 개산조 샹카라와 같은 고향에서 선출된다.

힌두 사원에는 판다스라고 부르는 브라흐민 성직자들이 있다. 이들은 신도들의 앞날을 축복하고, 부정을 피하도록 제례를 담당한다. 그리고 돈이

나 공물로 그 대가를 받는다. 바드리나트에 있는 판다스는 바드리나트의 아랫동네인 데브프라약(Devprayag) 출신들이다.

사원의 가장 높은 사람은 사원을 세운 샹카라와 같은 고향인 남인도 출신. 사원을 유지하는 사람들은 이 지역 출신. 이판사판, 즉 수행을 담당하는 정신적 사제 이판(理判)은 샹카라와 동향(同鄉) 브라흐민. 재물을 담당하고 살림을 떠맡는 사판(事判)은 사원 주변 동네의 브라흐민. 이것은 여러 의미로 상징적이다.

신상 앞에는 영원히 꺼지지 않을 것이라는 기름 램프가 조용히 주변을 밝히고 있다. 신상의 우측에는 나르(Nar)와 나라야나(Narayana), 좌측에는 꾸베르(Kuber)와 나라다(Narada)가 신장으로 모셔지고 있다. 사원은 낮 12시~오후 3시 사이를 제외하고 아침 6시부터 오후 6시까지 순례자를 위해 열려 있다. 사원은 바드리나트 일대의 눈이 녹기 시작하는 5월 초, 사원의 승려와 점성술사들이 모여 택일한 길일에 문을 연다. 많은 사람들이 이때 벌어지는 화례(火禮)를 보려고 몰려든다.

그리고 눈이 많이 오는 11월경 바드리나트 사원은 철수한다. 이때 사원을 밝힌 램프불은 바드리나트 북쪽 마나 마을의 마라파가(家)의 결혼하지 않은 소녀가 특별하게 직조(織造)한 촐리[毛織(모직)]로 정성스럽게 포장하여 보호한다. 그리고 다음 해, 사원이 다시 문을 여는 날, 이 포장은 제거되고 겨울 내내 램프 불을 지켜주었던 모직천은 조그맣게 조각내서 순례자들에게 나누어준다. 이 천 조각은 육신의 죄를 사해준다고 믿어지며 마하푸라사드(maha-prashad)라 부른다.

겨울에도 보호되고 있는 이 불은 전설에 의하면 사원이 건립된 이후 단 한 번도 꺼지지 않았다고 한다. 그러나 무슬림이 인도 델리에 왕국을 세웠을 때, 영국인 총독이 인도에 부임했던 날, 아무런 이유 없이 불길이 거의 꺼질 듯이 사그라졌다는 전설 같은 뒷이야기를 가지고 있다.

겨울에는 고빈가트에서 4킬로미터 떨어진 판다케시와르에서 임시사원이 임무를 수행한다. 판다케시와르는 판다바의 왕이었던 판두가 건립한 사원으로 2개의 건물이 있어 하나는 요가바드리 나라얀을 위한 것이고 다른 하나는 바수데바를 위한 사원이다. 후자의 사원에서 이 임무를 맡는다.

사원 앞의 온천은 아그니 작품
・・・

사원에서 바깥으로 나와 우측 계단을 통해 내려오면 신전에 가지고 들어가는 공물을 파는 가게들이 즐비하다. 공물이 세트로 판매되며 이것은 사원의 사제들에게 축복을 받은 후 함께 귀가한다. 사원에 들어갔다 나온 푸라사드(Prasad), 즉 축복의 성물은 함께 순례를 떠나지 못한 가족 친지 혹은 친구 주변 사람들에게 나누어주어 성지의 신성을 함께 나누게 된다.

밑으로는 온천탕이 있다. 온천의 뜨거운 물은 관을 통해 샤워장 외벽의 용두(龍頭)를 통해 쏟아져 나온다.

사람들은 나라다꾼드(Narada Kund)라고 부르는 얼음같이 차가운 물 속에 몸을 담근 후에 이어 타프꾼드(Tapt Kund)라는 이 뜨거운 온천 안으로 들어간다. 사원에 들어가 신상에 경배하기 전에 목욕하는 일이 관례로 되어 있다.

『푸라나』는 말한다.

"그 어떻게 더러워진 금덩이라도 불에 의해 정화가 될 수 있다. 그러하듯이 이 온천에 몸을 담그면 그 사람의 죄악도 순수로 바꿀 수 있다."

『스칸드 푸라나(Skandh Purana)』에 의하면 타프꾼드는 불의 신 아그니와 관련 있다.

성자 브리구(Brighu)가 젊은 시절에 있었던 이야기다. 브리구는 '화염(火焰)에서 생겨난 존재' 라는 의미로, 어느 날 악마의 약혼녀를 보고 한 번에 사랑에 빠졌다. 그녀 역시 브리구에게 호감을 가졌기에 둘은 결혼하기에 이른다.

어느 날 악마는 오랜 외출 끝에 돌아와 아그니의 거처를 방문해서 사라진 약혼녀의 거처를 묻는다. 아그니는 아무 생각 없이 그들이 사는 곳을 알려주었다.

다른 책에 의하면 악마는 약혼을 했으니 이제 결혼하겠다고 이야기하자 상대가 누구인지 모르는 아그니가 무심코 '그러라' 가볍게 대꾸했다고 한다. 결과는 마찬가지. 악마는 그녀를 수월하게 찾아내 막무가내로 결혼한다.

아쉬람을 비웠다가 돌아온 브리구는 아내가 사라진 것을 보고 아그니에게 묻게 된다. 브리구는 아그니의 이야기를 듣고 아내가 강제로 납치된 것을 알았다. 더구나 아그니가 거처를 알려준 셈이 아닌가.

바라만 보아도 죄가 사해지는 땅에 사람들이 도착했다. 그들은 감격에 겨워 신을 찬양한다.
멀고도 험한 길. 찾아오는 동안 겪은 고행은 이미 까르마를 적당히 소실시켰을 터이니
사원을 참배하고 만뜨라를 외우면서 남은 죄를 정화한다.
감격을 못 이긴 사람들 양손을 치켜들고 신의 노래를 부른다.

불같이 성질이 일어난 브리구는 화를 참지 못하고 그만 저주를 내렸다.

"아무 거나 처먹고 살아라!"

아그니는 난처함에 빠졌다. 그는 이 저주를 어떻게 풀어야 할지 고민에 빠졌다. 그러다가 비야사(Vyasa)를 비롯한 성지들의 모임에 찾아가 자초지종을 이야기하고 물었다.

"성자들이시여, 아무 거나 처먹으라는 이 저주는 어찌하면 풀리오리까?"

비야사는 말했다.

"아그니여, 걱정하지 말고 비슈누의 땅 바드리카쉬람(바드리나트)으로 가시오. 당신의 죄는 그 땅을 단지 바라보는 일만으로도 정화가 될 것이오. 그곳에 가서 당분간 살면서 모든 죗값을 제거하시오."

바드리나트 일대는 이렇게 아그니까지 동참하는 온통 신화의 꽃밭이다. 또한 이 이야기는 바드리나트의 중요성을 이야기한다.

바라보기만 해도 정화가 되는 곳, 바라보는 일만으로 자신의 저주가 풀리는 땅, 바라보기만 해도 모든 악업이 소멸되는 장소.

두 발로 서서 바라보기만 해도 악업에 의한 까르마가 풀린다니, 신화를 그대로 믿는 힌두교도들이 그토록 험한 길에 올라서는 이유다. 비슈누는 천민들에게 순례를 권유했고 한 번 바라보면 숙업을 풀어주는 자리까지 만들어주었다. 신화 안의 이야기들은 바드리나트 순례를 열망하도록 만든다.

이런 이야기를 알고 가슴에 품으며 바드리나트를 찾는 경우와 아무런 신화의 배경을 모르고 가는 경우는 다르다. 사실 아그니가 비야사의 이야기를 듣지 않고 바드리나트에 들어섰다면 아그니의 저주는 풀렸을까? 플래시

보(Placebo) 효과, 피그말리온(Pygmalion) 효과는 문제를 해결하는데 도움이 된다. 더구나 신화를 알고 있다면 바드리나트의 모든 풍경을 신중하게 그리고 찬찬히 뜯어보게 된다. 때로는 까르마가 풀리면서 울컥 눈물이 터져 나오기도 한다. 모르는 자들에게는 구원의 손끝이 피해간다.

불의 신 아그니는 바드리나트에 들어와 신에게 예배하기 전에 목욕을 하게 되니 그 물은 당연히 뜨거운 온천이 된다. 그리고 아그니가 떠난 후에도 열기는 식지 않고 남아 있어 죄를 정화시키려는 사람들을 기꺼이 맞이한다. 이것이 바로 바드리나트 사원 아래의 타프꾼드다.

타프꾼드 옆으로는 찬물이 채워진 나라다꾼드(Narada Kund)가 있다. 이곳은 아라카난다 강의 수위에 따라 가끔 입욕이 제한되고 있다.

전승에 의하면 샹카라는 바드리나트에 제자와 함께 입성하여 타프꾼드에서 목욕재계한 후 기존의 사원을 둘러본다. 그런데 사원 안에는 변변한 신상 하나 없었다. 아주 오래 전부터 사원 안에 있었다는 네 개의 팔을 가진 비슈누 상은 흔적조차 발견되지 않고 대신 바위 덩어리 하나가 모셔져 있었다.

샹카라 일행이 도착했다는 소식을 들은 사제가 찾아왔다.

샹카라는 예를 갖춘 후에 물었다.

"사제시여! 왜 비슈누 신상이 없나요?"

사제가 말했다.

"위대한 성자시여, 그것은 중국인 도적들의 횡포 때문입니다. 원래 신상들을 아래 작은 연못 속에 숨겨 놓았습니다. 그런데 어찌된 영문인지 다시 찾으려 해도 통 찾을 수가 없군요."

여기가 어디고 시절이 언제인데 중국인가. 약간 각색된 냄새가 난다. 그 당시라면 티베트 왕조의 세력이 뻗치는 지역이다. 이 지역은 힌두교와 티베트 불교의 공통분모의 접합점이기에 사실이라면 익명 높은 티베트 산적들의 소행일 가능성이 높다. 더불어 힌두 신상은 없고 불상이 놓여 있었을 가능성을 배제할 수 없다.

사원의 내부·외부를 살펴보고 지정학적인 위치로 역사적·총체적 시각으로 파악한다면 아래 힌두들의 이야기는 다소 신화적이다. 아주 오래 전부터 이 계곡이 티베트 불교가 아니라 자신들의 성지임을 확고히 밝히려는 의도가 보인다. 일부 기록에 의하면 바드리나트 계곡에는 불교 사원이 건립된 역사는 없이 오로지 힌두 사원만으로 출발했음을 이야기하기도 한다.

사제는 이어서 말한다.

"대신 비슈누 신을 닮은 바위를 하나 모셔놓고 예배하고 치성을 올리고 있었습니다."

얼마 후, 샹카라, 그의 제자, 그리고 순례객들은 신상을 숨겼다는 문제의 연못 주변에 모였다. 샹카라는 연못 안으로 들어가려고 했다.

그러자 사제가 충고했다.

"들어가지 마세요. 이 못은 아라카난다 강과 연결되어 있습니다. 자칫 하다가는 강바닥으로 끌려들어갑니다. 많은 사람들이 이리로 들어간 후 사라졌습니다. 제발 도로 나오세요."

그러나 샹카라가 누구인가. 육신도 마음대로 벗을 수 있는 호방한 기질

목적이 없으면서 지극히 합목적인 것을 우리는 무위이불위(無爲而不爲)라고 말한다. 자연은 목적 없이 스스로 그러하지만 더 이상 합목적일 수 없는 상태다. 인간의 정신도 이에 맞추는 일이 중장년부터 필요하다. 손쉬운 방법은 자연만이 꽉 차있는 이런 오지로 가능한 오랫동안 들어가는 일이다.

의 성인이 아닌가. 그는 도리어 주저없이 밑으로 들어갔다. 잠시 후 모습을 나타냈을 때 그의 어깨 위에는 네 개의 손을 가진 비슈누 상이 얹혀 있었다.

물 밖으로 꺼내놓고 보니 오른손의 손가락들이 모두 손상된 비슈누 상이었다. 아라카난다 상바닥에 사라앉았다가 다시 못으로 역류히기를 반복하면서 일어난 일이었다. 샹카라는 다시 못에 들어가 다른 신상을 꺼내왔는데 신기하게도 똑같은 곳이 손상되어 있었다. 그는 세 번째로 뛰어들었다. 그런데 똑같은 부위가 손상된 신상이 발견되는 것이 아닌가.

샹카라는 탄식했다.

"혹시 이것은 정녕 신의 뜻이 아닐까?"

때맞추어 신이 현현했다.

"샹카라여, 고민하지 마라. 칼리유가(Kali yuga)에는 오직 이 깨진 신상만이 숭배를 받으리라."

힌두의 우주론에 따르면 우주는 생성되고 커가는 성겁(成劫)과 노화하다가 괴멸되는 괴겁(壞劫)이 반복된다. 성겁의 시대는 다시 넷으로 나뉘는데 크리타 유가(172만 8000년), 트레타 유가(129만 6000년), 드바파라 유가(86만 4000년), 칼리 유가(43만 2000년)로 이어진다. 칼리 유가는 말하자면 말세(末世)로 우리가 살고 있는 현세다. 말세에는 이 신상이 유일한 숭배를 받으리라는 예언이었다.

샹카라는 신성한 마음을 품고 신상을 다시 어깨에 걸치고 밖으로 나왔다. 그 순간 사방이 환하게 밝아지며 상서로운 기운이 일대에 뻗어 나갔다.

샹카라는 장엄한 의식을 통해 이 신상을 사원 안으로 정식으로 모시게 된다. 이때 자신을 도와 이 제례를 치를 브라흐민을 지목하게 되는데 바로 자신과 같은 고향인 남부드리(Nambudri) 출신의 브라흐민이었다(이 순간부터 사원의 제일 중요한 사제는 이 지역 출신이 된다).

바드리나트 사원 주변을 산책하면 이렇게 저렇게 얽힌 곡절로 인해, 기막힌 위치에 자리 잡은 사원, 티베트 불교와 힌두교의 세대 교체, 한 젊은 수행자 샹카라, 불의 신 아그니에 의한 온천, 못에서 건져낸 검은 돌, 이미 접어든 말세 등등이 계속 말을 걸어온다. 모두 표의적 상징을 가지고 있는 탓에 온전히 이해하기 위해서는 잠들어 있는 상상력을 깨워야 이야기가 잘 들린다.

사원에서 돌아오다가 대담한 백색고택(白色古宅) 닐칸타를 보게 되면 이 모든 것을 가슴에 푹 담고 닐칸타 꼬라—탑돌이 하고 싶은 생각 간절해진다.

바라보기만 해도 죄가 사해지는 땅.

악업이 끊어지는 계곡.

그러나 그것으로 충분치 않으니 꼬라를 통해 완벽하게 공, 브라흐만의 상태로 녹아들고 싶은 간곡한 심정이 든다.

(옛것을 흘러 보내는 아라카난다)

법맥을 거슬러 오르면 자연에서 경전을 만들어 냈다. 바꾸어 이야기하자면 '자연은 경전'이고 '자연은 성경'이었다. 스승들은 인간은 자연의 일부(一部)가 아니라, 자연은 우리의 전부(全部)라 생각했다.

강물이 소리 내는 이유는
• • •

어젯밤 꿈에 한 여자를 보았다. 코끼리를 타고 앉아 '선생님, 안녕하세요' 내게 인사했다.

히말라야 다니기 시작하면서 한 오년쯤 지나자 꿈의 소재(素材)들이 달라지기 시작했다. 눈 덮인 산은 당연하고, 변발을 튼 발가벗은 수행자들, 가없는 지평선을 가진 테라이와 우리나라에서는 볼 수 없는 열대우림까지 나타났다. 평소 백일하에서조차 생각지도 못하는 코끼리가 꿈에 등장하더니 남체 바자르 뒷산에서 만난 공작새 한 쌍을 보기도 했다.

신기했던 일은 히말라야를 가지 못해 끙끙거리던 내가 공작새를 보고 며칠 지나지 않아 모든 일이 술술 풀리기 시작해서 출발을 서두르게 된 점이다. 가끔 베개 위에 머리를 얹으면서, '오늘 밤은 기어이 공작새 꿈을……' 기대하는 이유도 그래서다.

꿈속의 주인공은 간암으로 죽은 여자였다. 여의도 성모병원에 근무할 무렵, 겨우 이십대였던 그녀는 CT 검사에서 간 속에 주먹만한 크기의 덩어리가 발견되었다. 모친이 간염보균자였는데 백신을 주사하지 못한 탓에 아이에게 전염이 되었고, 결국은 너무 이른 나이에 암까지 진행되었다. 그녀의 오빠 역시 간암으로 죽은 지 얼마 되지 않았기에 정말 모두 안타까워했다. 결과를 들은 그녀의 어머니는 얼굴에 두 손을 가리고 소리죽어 울었다. 순식간에 손이 다 젖을 정도였다.

그때가 언제냐, 끔찍하게 오래 전인데…….

그동안 잊고 있었는데 꿈에 문득 나타났다. 그녀가 바드리나트를 찾아온 내게 할 이야기가 있었던 모양이었다. 그녀의 혼이 지금 인도계(印度界)에 머무르고 있는지 몰라 얼른 머리맡에 두었던 염주를 잡고 만뜨라를 외웠다.

"옴 마하무드라 마니 파드마 즈바라 프라바툴리아 훔"

바드리나트 사원을 중심으로 북쪽으로 신성한 계곡이 열려 있다. 현지인들이 데바우미라고 부르는 신들의 계곡으로 중앙으로는 아라카난다 강이 흐른다. 아라카난다 강은 티베트 사람들이 캉리라고 부르는 이 지역에서 가장 높은 해발 7천756미터 카메트(Kamet) 산군에서 발원한다. 주변에는 많은 빙하와 봉우리들이 자리 잡고 있다.

아라카난다 강을 따라 마나로 올라가는 길에 하얀 꽃들이 무리지어 피어났다. 북쪽에서 불어오는 바람이 꽃들의 머리를 툭 툭 건드리며 지나갔다.

힌두식으로 이야기하자면 바람의 신 바이유가 활짝 피어난 대지의 딸들을 부드럽게 쓰다듬었다고나 할까.

꽃가지 하나를 꺾어 배낭에 꽂아놓고 간암으로 죽은 맑았던 여자아이를 추모했다. '선생님, 저, 검사 결과가 어때요?' 물어 나를 머뭇거리고 당황케 만들었던 그녀가 이제는 나와 함께 바드리나트 북쪽, 신들의 계곡 안으로 걸어 들어간다.

아라카난다 강가는 나라 파르밧, 나라야나 파르밧 앞을 지나간다. 힌두들은 이 강물이 흐르는 소리가 하르, 하르(Har, Har)로 들린다고 한다. 지상의 어느 강도 이 같은 소리를 내지는 못하고 오로지 아라카난다만이 내는 소리라는 주장이다.

강가 절벽 위에 서서 귀 기울인다.

"하르, 하르."

비슷하다. 그러다가 점차 분명해진다. 유속이 빠르기에 하상에 놓인 자갈들이 마구 구르고 부딪히면서 내는 소리가 아닐까.

"하르, 하르, 하르."

하르(Har)라는 말은 비슈누의 이름 중에 하나인 하리(Hari)를 딴 것이다. 이곳이 비슈누 성지이기에 강물조차 신을 찬양한다는 이야기인데 숨겨진 사연이 없을 리 없다.

악마 하나가 심한 고행 끝에 브라흐마에게 불사(不死)를 요구한다. 그러나 불사란 허락할 수 없으니 죽기는 죽어야 한다는 대답을 받는다. 악마는 반드시 죽어야 한다면 몸은 사람이지만 머리는 말〔馬〕인 존재에게 죽겠다고 했다. 그건 지금까지 살아오면서 그렇게 생긴 녀석을 보지 못했고, 세상 어디에도 없다는 신념 때문이었다.

히락이 떨이지지미지 악미는 지신의 본성을 드러내 개차반으로 세상을 들쑤시고 다녔다. 이제 녀석은 신들이 해결해야 할 지독한 골칫거리로 등장했다.

브라흐마는 문제를 해결하기 위해 비슈누를 서둘러 찾아가 상의했다. 비슈누는 자신이 알아서 하겠노라 말하고 브라흐마를 안심시킨 후 돌려보냈다.

그로부터 얼마 지나지 않은 어느 날, 비슈누는 자신의 아내들, 즉 락쉬미(Laxmi), 프리트비(Prithvi), 강가데비(Gangadevi) 그리고 툴시(Tulsi)와 함께 이 지역 널찍한 바위에서 쉬고 있었다. 강가, 즉 갠지스는 강고뜨리에서 시작하지만 이 지역에서도 그녀와 관계된 신화가 이렇게 중첩되어 있다. 특히 비슈누 파에서는 비슈누의 발 아래를 흐르는 강가가 하늘로 올라가 은하수 형태로 흐르다가, 그것이 쉬바의 머리카락 안에 내려앉아 힘을 조절한 후, 지상으로 낙하한다고 말한다. 비슈누가 원조라는 주장이겠다.

락쉬미는 이 중에서 자신이 제일 사랑을 받는 정실(正室), 즉 적실(嫡室)로의 자부심을 가지고 있었다. 그런데 그날따라 비슈누는 그녀의 자존심을 깨버리는 행동을 하는 게 아닌가. 자신에게 시선 한 번 주지 않고 나머지 여신들을 바라보며 싱긋이 웃고, 급기야 서로 고개를 끄덕이며 미소를 나누더니 마치 의미가 담긴 듯한 눈빛까지 주고받는 게 아닌가!

락쉬미는 화가 머리끝까지 치솟았다. 따돌림을 당한다고 생각한 여신은 자신의 침착함을 잃고 비슈누에게 비아냥거렸다.

"웃는 모습이 꼭 말[馬] 같군요!"

자, 이쯤 되면 얼굴은 말, 몸은 사람 모습이니 비슈누가 악마를 죽인다는 암시이며 미리 깔린 복선이 된다. 억지로 짜 맞추는 기분이 들지만 흥미는 여전하다. 질투는 여신에게도 피해가지 않는다. 이것이 도리어 해결책으로 쓰였다.

보통 질투라고 하면 시기심과는 달리 삼각관계 혹은 사각관계 등, 여러 사람 사이에서 일어나는 감정이다. 사랑받는 존재로서 '자신감이 없음'을 표현하는 심리적 방식이다.

반면에 시기심은 두 사람 혹은 두 집단 사이에서 일어난다. 상대가 자신보다 돈이 많거나, 예술적 재능이 뛰어나거나, 미모가 출중하거나, 이런 상태에서 일어나 결국 비방을 퍼붓게 된다.

부자를 사회의 적으로 보고 살인을 서슴지 않는 요즘 세태나, 남보다 밤잠을 잃어가며 노력해서 얻은 연구결과를 잘 알지도 못하면서 생명(生命) 운운하면서 폄하하고, 어느 자리까지 오르기 위해 고통과 노력을 감수한 경영자들을 매도하면서 어떤 대립관계를 유지하는 일은 모두 한꺼풀 벗겨놓고 보면 시기심의 발로다.

시기심의 가장 큰 문제는 그 상대를 사람으로 보지 않으며 하나의 사물로 낮추는 일이다. 모든 존재에 일일이 소중한 생명을 부여하고, 아뜨만이라는 개념을 종교로 가지고 있는 힌두교에서는 죄악이 아닌가. 더구나 카스트 제도

까지 있는 마당에 계급 사이에 이런 극단적인 시기심이 없는 곳이 인도다.

내가 누구를 미워한다면, 내 마음에서 일어나는 질투인지, 시기심인지, 아니면 다른 종류인지 우선 파악하고 대처를 해야 옳다. 락쉬미의 감정변화는 내게는 바로 이런 추리를 위한 도화선이다.

여신은 점점 자제력을 잃더니 급기야 저주를 퍼붓는다. 이것은 시기심이 아니라 질투심에 의한 것이다.

"머리통이 꽉, 말대가리가 돼라! 그리고 너, 강가데비는 나를 보고 비웃었니? 그래, 너는 땅바닥을 기어가는 물에서 살아라! 그리고 투시, 너는 가시덤불이나 되어버려!"

락쉬미는 자신의 입에서 튀어나온 저주를 곧바로 후회했다. 그러나 이미 엎질러진 물, 비슈누의 머리는 말대가리로 변해갔다.

강가는 몸이 스르르 사라지며 강물의 형태로 흐르기 시작했다.

강가는 말했다.

"비슈누시여, 저는 이제 강물의 모습으로 변해갑니다. 어찌하면 앞으로 당신의 발에 경배를 올릴 수 있을까요?"

힌두의 인사방법 중에 상대의 발에 이마를 대거나, 상대의 발을 오른손으로 만지는 인사법이 있다. 존경을 의미하는 행위다. 그런데 이제 그런 행위를 더 이상 할 수 없는 처지가 되지 않았는가.

하누만을 추종하는 세력은 생각보다 넓게 퍼져 있다. 자신이 구걸 받는 그릇에 자신이 모시는 신의 그림을 모셨다. 가장 강한 신보다는 가장 가까이에서 신속하게 기원을 받아들여주는 신이 대중들에게 친근할 수밖에 없다. 다양성의 세계, 힌두교의 덕목이다.

비슈누가 말했다.

"그대 강가여, 너는 항상 내 마음과 함께 있으리라. 그리고 내가 나라 그리고 나라야나 형태로 모습을 바꾸면 너는 늘 나에게 경배할 수 있으리."

아라카난다 강 진행방향의 우측이 바로 나라 파르밧, 나라야나 파르밧이다. 나라 · 나라야나는 비슈누의 아바타 이름으로 그야말로 강물은 발밑을 흐르며 발을 어루만지는 형상이다. 강가는 이런 사연으로 인해 저렇게 흐르면서 하르, 하르 비슈누를 찬양하게 된다.

우주가 끝나 산이 무너지고, 강물이 사라지는 날까지 당신의 발을 어루만지며 찬양하겠다는 강물. 그 강물을 보고, 강물이 흘러가는 소리를 듣고, 강물의 냄새를 맡으면서 신화를 만나니 가슴에서 울려오는 질문이 있다.

"나는 무엇에게 지극한 사랑과 존경을 바쳐야 하나?"

이제는 답변이 바다로 향해 흘러가는 강물처럼 거침없다.

내 아뜨만, 브라흐만, 불성 그리고 순야타〔空(공)〕.

저주가 풀리기 전에 말 머리 형상의 비슈누는 브라흐마의 부탁대로 말썽꾸러기 악마를 응징했고, 락쉬미는 악마가 제거됨으로써 덕분에 자신의 저주에 대한 미안함을 덜었으며, 그 저주를 내리리라 예상했던 비슈누에게 경의를 표했다.

무엇보다 저주의 가장 큰 수혜자는 락쉬미 자신으로 비슈누의 사랑을 단독으로 받게 된다. 경전은 부(富)의 여신 락쉬미의 일상적인 모습을 이제는 이렇게 묘사한다.

"사랑스러운 자태와 우아한 모습으로 모든 의무감에서 완전히 벗어나 그곳에서 살고 있다. 그녀는 평범한 하녀처럼 이곳저곳을 왔다갔다 하며, 손에 들고 있는 연꽃으로 그곳을 깨끗이 청소한다. 그녀는 그곳에 연꽃 향기를 더함으로써 그녀의 의무를 다하고 있다. 그녀는 투라시 나뭇잎을 신께 올리며 경배하고 있다. 그녀는 참배객과 조화를 이루며 지내는 것 외에는 대부분의 시간을 신에게 경배하고 명상하며 지낸다."

락쉬미는 다른 이름인 마하데비에서부터 실리마하제비(實利摩訶提毘), 마하실리(摩訶實利) 등으로 음역되고, 불교에서는 길상천녀(吉祥天女) 또는 공덕천(功德天)으로 습합되어 있다.

강물에 다시 관심을 기울인다. 때로는 넓은 폭으로 때로는 좁은 폭으로 거칠었다가 부드럽게 완급을 조정하며 흘러가는 강물은 여전히 신을 영창(詠唱)하는 만뜨라를 읊고 있다.

"하르, 하르, 하르……."

신의 이름을 가진 산을 올려다보며
● ● ●

강의 우안(右岸)에 장벽처럼 솟아오른 검은 빛의 나라 파르밧과 나라야나 파르밧. 너무나 급한 각을 이루고 있어 겨울에서 봄에 이르는 기간 동안은 눈사태가 빈발하는 것으로 알려져 있다. 사원은 눈사태로 몇 차례 피해를 보고 중창한 역사가 있기에 사원 쪽으로 눈사태가 쏠리는 일을 막기 위해 돌로 쌓은 벽들이 이곳저곳에 구축되어 있다.

　나라, 나라야나는 비슈누 화신으로 태어나 바드리나트에서 타파스를 했다. 얼마나 열심히 했는지 그야말로 신들의 시기를 받았다. 신 중에서 인드라가 제일 심해 타파스를 방해하기 위해 고행의 고비쯤에 이르렀을 무렵, 미인계, 마지막 시험의 단골 등장손님, 즉 색정이 넘치는 교태로운 아름디운 요정들을 뽑아 사랑의 신 까마데비를 함께 보내 유혹했다.

　나라야나는 그들을 모두 싱긋이 비웃었다. 나라야나는 비슈누의 화신답게 환술을 펼쳐 자신의 허벅지에서 살을 베어내더니 우주에서 가장 아름다운 소녀 우르바시(Urvasi)를 만들어냈다. 그리고는 그들에게 선물했다. 요정들, 그리고 까마데비는 우르바시의 아름다움에 놀라며 상대적으로 추한 자신들 모습에 실망하고 부끄러움을 느끼지 않을 도리가 없었다. 선물 받은 우르바시를 데리고 도망치듯이 인드라 곁으로 되돌아왔다. 인드라는 우르바시의 아름다움에 그만 자존심이 박살나고야 말았다.

　이런 신화를 알고 있는 인도 사람에게 당연히 우르바시라는 이름이 선호된다. 아주 오래 전 바라나시 갠지스 강가에서 만나 사진을 찍어주었던 여자 대학생이 있었다. 그녀는 제법 또박거리는 영어로 내 수첩에 자신의 주소를 적었다.

　훗날 신화 공부를 대충해서 신들의 이름이 친척 이름처럼 익숙해지고, 경전도 나름대로 읽어 숨은 그림을 찾게 되어 급기야는 가슴 안에서 힌두 제 신들이 신전을 짓고 살기 시작할 무렵, 옛 여행수첩을 들척이다가 우르바시라는 이름을 발견했다. 바로 신화 속의 이름이었다. 이름의 의미를 알자 나도 모르게 슬며시 웃게 되었다.

어디 그런 여자 대학생뿐이랴. 영화배우에도 우르바시가 있다. 그러나 그 외모라면 인드라의 자존심은 더욱 커져, 비슈누, 그까짓 거, 더욱 방자해졌으리라.

유혹을 물리치며 정진한 자리에 이렇게 산 이름이 붙여졌다.
마음 안에서 일어나는 질문.
"산에 저렇게 신의 이름이 주어진다면 어떤 결과가 올까?"
그동안 가르왈 히말라야에서 힌두 신들의 이름과 상징을 무수히 보고 들었다. 강고뜨리 산군이라는 커다란 산괴 안에 바드리나트 산군이 포함된다. 강고뜨리 산군의 우측 날개, 즉 동쪽 연장선의 끝부분이 바드리나트 산군이다.

바드리나트의 닐칸타 봉우리부터 서쪽으로 능선을 계속 이어 나간다면 6천193미터의 만다니 파르밧, 6천450미터의 수메루, 6천940미터의 케다리나트돔 그리고 6천904미터의 탈레이사가르로 연결된다. 그 능선은 탈레이사가르에서 둘로 나뉘는데 우측 동쪽으로 휘어가면 곧바로 쉬브링이다.

결국 바드리나트 닐칸타에서 쉬브링으로 이어지는 이 능선은 산봉우리 이름이 의미하듯이 바로 쉬바의 요람이자 놀이터다. 바드리나트에서 비슈누에게 거처를 빼앗긴 후 케다리나트로 옮겨 갔다는 신화와 이 능선이 결국 쉬바의 상징 쉬브링으로 이어진다는 이야기는 가르왈 히말라야에 그려진 쉬바 선(線)이며 쉬바의 동선을 보여주는 것과 같다.

니리와 니리아나의 두 봉우리가 형제처럼 친밀하게 어깨를 마주하고 서 있다.
봉우리 아래로는 아리카난다가 흘러간다. 풍경을 오랫동안 그윽하게 바라보기를 시작한다.
풍경이 신화를 이야기하면 남김없이 그대로 들어 준다.
그러다가 이야기가 끝나면 들을 수 있는 다른 사람들도 경청할 수 있도록 산들바람에 날려 보낸다.

반대로 닐칸타에서는 나라, 나라야나 파르밧으로 이어지며 비슈누 화신의 명상처가 산 이름으로 남겨지고 있다.

산들이 이루는 뼈대와 용맥을 고스란히 꿰차고 있지 않으면 만들어 낼 수 없는 이야기도 산세의 눈 밝은 힌자가 이렇게 하나의 선으로 이어지는 봉우리들에게 신들의 의미를 부여했다. 신통한 일이다. 밑에서 올려보면 그저 장벽일 따름인데 마치 높은 곳을 비상하는 독수리 시선처럼 능선에 일정한 법칙을 주며 이어나갔다니.

이제는 현자들이 산에 그렇게 신의 이름을 준 이유는 무엇일까? 궁리하게 된다.

만일 아이가 있는 여자를 아무개 씨가 아니라 어머니라고 부른다면, 그 여자는 행동에 차차 어머니스러움이 포함될 것이다.

"경찰 아저씨! 의사 선생님! 검사님! 신부님! 어이, 짐꾼! 이모, 고모부!"

모두 마찬가지로 그런 부름이 자아를 형성하게 되고 행위에 영향을 준다. 바로 말의 힘이리라.

산(山)에 신(神)의 이름을 부여하게 되면 비록 사람은 아니지만 다른 관점에서 무게가 증가한다. 강물, 바위, 계곡, 나무 등등에 주어지는 신성한 의미의 이름 역시 마찬가지다. 이제 이름을 한 번 부를 때마다 동일성(同一性)이 주어지는 결과를 맞는다. 입 밖으로 나오는 말과 더불어 혹은 머릿속에서 그 이름을 떠올림과 동시에, 산 혹은 강은 신과 동일성을 갖는다. 이것은 시간을 초월해가며 고정적으로 세대를 뛰어넘어가며 존속한다. 나라, 나라야나 봉우리를 올려보며 비슈누를 경배하게 된다.

　이런 사실은 산의 이름과 의미를 알게 되면 보다 쉽게 신성을 발견할 수 있다는 이야기와 같다. 등반을 하건, 트래킹을 하건 우리가 주변에 대해 알아야 하는 이유다.

　모르는 상태라면 산은 산이고 물은 물이지만[山是山, 水是水], 이쯤 되면 두 번째 계단인 산은 산이 아니고 (신이며) 물은 물이 아닌 (신이 되는) 단계[山不是山, 水不是水]에 도달한다. 나라, 나라야나 산은 이미 산이 아니라 비슈누 자체이며, 아라카난다는 이미 강이 아니라 비슈누를 찬송하는 강가여신이다. 반야바라밀의 변증법을 여기서 만나게 되어 붓다라는 말을 하면 강에 가서 입을 세 번 닦아야 한다.

　신화를 아는 사람이라면 풍경을 그대로 지나가지 못한다. 모자를 벗어 가슴에 얹어 인사를 드린다. 자연은 미적 대상이거나 정복의 대상이 아니라 경외의 대상이다. 산하 만물에 신성이 있다고 생각하는 힌두들이 어찌 대지에 대해 순간적이나마 경외심을 놓치겠는가.

　그렇다면 다음 단계는?

　훔볼트(Humbolldt)는 '언어는 세계를 정신적인 재산이 되도록 재창조한다'고 말했다.

　어려운 이야기지만 쉽게 풀면 이렇다. 우리는 무지개를 일곱 가지 색으로 구성되어 있다고 언어를 통해 배웠다. 그래서 무지개를 보면 어김없이 일곱 색으로 본다. 그러나 실재로 관찰하면 무지개 색은 더 많은 분류로 나눌 수 있으나 그렇게 하지 못하고 있다. '일곱이라는 말의 힘이 우리의 감각에 영향을 미친' 탓으로 이런 현상을 '언어적 가공'이라고 이야기하며 결과적으로 무지개를 보면 어김없이 빨주노초파남보를 센다.

이런 언어의 힘을 모두 방기하고〔言語道斷(언어도단)〕 그간의 교육을 내려놓고 반본환원(返本還源)하면 다시 진정한 산은 산이고 물은 물이다〔山只是山, 水只是水〕. 결국 나라, 나라야, 히말라야라는 이야기에 사로잡히지 않고, 히말라야가 아니라는 생각에도 사로잡히지 않는다.

견산시산(見山是山)에서 견산부시산(見山不是山)으로 그리고 이제 종심(從心)으로 견산지시산(見山只是山)으로 흘러간다.

이 이야기는 성철스님이 사용했고, 그 위로는 고려 말 백운화상(白雲和尙), 그리고 더욱 거슬러 올라가면 오리지널은 바로 송대(宋代) 임제종(臨濟宗) 황룡파(黃龍派) 청원유신선사(靑原惟信禪師)의 상당법어(上堂法語)다.

이런 생각을 할 때 머릿속에 있는 모든 회로가 동시에 활성화되는 것을 느낀다. 모든 거리의 가로들이 남김없이 켜지며, 모든 곳에 전류가 흘러 설산처럼 환하다. 하나가 설혹 막혀도 우회할 길은 얼마든지 있어 막힘이 없다.

아라카난다가 많은 이야기를 해준다. 산 하나, 물줄기 하나가 모두 이야기꾼이다.

전강선사가 법상에서 일렀다.

"그대로 두두비로(頭頭毘盧)요, 물물화장(物物華莊)이로다. 깨친 분상에 무슨 장애가 있으리오?"

이에 대중은 잠잠하였다.

현지어를 몇 마디 할 수 있다는 사실은 히말라야에서는 최고의 소개장이 된다. 길을 가는 사람들에게 '어디를 그리 급하게 가니? 나와 이야기 좀 해' 엉성한 발음으로 말을 걸면, 보라, 그들에게서 신기한 표정과 더불어 환한 미소라는 꽃이 피어난다. 순간 우리 사이의 경계는 허물어진다.

그러자 계속 일렀다.
"옛날 중국의 위산선사가 이렇게 말했다. '소승이 죽어서 산 아래 단월의 집에 가서 수고우(水枯牛)가 되리라.' 그렇다면 그를 소라고 불러야 옳겠는가. 위산이라 불러야 옳겠는가?"

177

위산스님이 환생하여 소가 되었다면 소라고 부를 것인가, 혹은 위산스님이라 부를 터인가.

자, 이제 나라 파르밧, 나라야나 파르밧을 무엇이라 부를 것인가?

그냥 산 이름을 부르는 게 옳은가? 아니면 신의 이름을 부르는 게 옳은가?

산은 산, 물은 물, 여기까지가 이렇게 추리하는 사람들이 궁극적으로 맞닥뜨리는 질문이다.

입을 열면 몽둥이 날아오고 눈사태 일어난다.

북쪽으로 걷는다.

길은 갈수록 점입가경, 아름답고
• • •

강고뜨리에서 고묵을 지나 난다반에 올라선 후, 마나 파르밧을 좌측에 두고 해발 5천947미터의 고개를 넘어서면 바드리나트까지 올 수 있다. 일반인들에게는 낯설지만 고대로부터 많은 순례자들의 길이었고 결심이 선 수행자들이 육신을 벗기 위해 이 길을 선택하기도 했다.

작은 텐트 하나, 약간의 비스킷 그리고 튀긴 옥수수를 가지고 이 길을 어렵게 걸었던 스와미 라마는 이 순례길에서 만난 아름다움을 기록으로 남겼다.

"비록 험하기는 했으나 이전에는 결코 볼 수 없었던 히말라야의 장엄한 모습을 직접 목격할 수 있었다."

"여행하는 사흘 동안, 우리는 세계의 지붕 위를 떠서 걸어다니는 기분이었다. 그곳에서 우리는 장엄하게 빛나는 별들이 가득한 더없이 푸른 하늘을 볼 수 있었다."

바드리나트에서 이렇게 마나를 지나 거꾸로 올라가는 경우에도 경관의 아름다움은 동일하다. 마나에서 곧바로 서쪽으로 꺾어들어 아라카난다 강을 따라 오르거나, 마나에서 조금 더 북쪽으로 오르다가 좌측의 아르와(Arwa) 강을 따라 오르면 풍경은 그야말로 점입가경이다.

고개지(顧愷之)는 왕희지(王羲之)와 함께 동진(東晉) 시대 쌍벽을 이루었던 인물이다. 무지하게 괴짜로 분류되는 이 사람에게서부터 점입가경(漸入佳境)이라는 말이 생겼다.

옛날엔 군것질거리가 많지 않았으리라. 고개지는 사탕수수를 즐겨 먹었다 한다. 인도의 저잣거리에서는 사탕수수를 압착기에 눌러서 즙을 짜내어 판매한다. 더운 날에 입맛이 없어 맛살라 음식이 끌리지 않을 경우 사탕수수 주스를 한 잔 마시면 달콤하니 그럭저럭 에너지 원(源)이 된다. 이때 왈라들은 줄기를 사용한다. 파리가 들끓어 모든 과정이 불결해 보이기에 혹시 설사병이라도 걸릴까 우려되지만, 지금까지 마신 것만도 족히 백 잔은 넘을 것, 단 한 번의 배앓이도 없었다.

고개지는 사탕수수를 놓고 먹을 때 단맛이 적은 가지를 먼저 먹고 차차 단맛이 강한 뿌리 쪽의 줄기를 먹었다고 한다.

당연한 일이다. 거꾸로 먹으면 맛이 점점 싱거워지지 않겠는가.

이 당연한 것을 친구들이 왜 그렇게 먹느냐 물었다.

"그야 점점 갈수록 단맛이 나기 때문이지〔漸入佳境(점입가경)〕."

가령 이 이야기를 사탕수수를 빨던 어린아이가 했거나 내가 했을 경우에는 잊히고 사라진다. 그런데 괴짜 고개지가 말하는 바람에 두고두고 남는 문자가 되었다.

산에 이름을 주는 일 역시 마찬가지. 지나가는 행인이 '저건 나라, 그리고 저건 나라야나' 이야기하면 아무 소용없다. 샹카라 정도, 무거운 존재가 말하면 그 전 봉우리 이름까지 단숨에 날아간다. 캉첸중가라는 히말라야 고봉 역시 고승 래충챔보에 의해 옛 이름을 빼앗기고 새로이 주어진 이름이다.

사탕수수를 가지로부터 뿌리 쪽으로 먹는 이유에서, 이제는 일이 점차 진행되는 상황, 글이 점점 재미있어지는 경우, 혹은 경치가 갈수록 아름다워지는 상태를 점입가경, 줄여 가경(街境)이라 한다.

바드리나트에서 3킬로미터 떨어진 마나(Mana)에서 아라카난다를 거슬러 올라가면 사탕수수 줄기를 빨면서 내려오는 고개지를 만나게 된다. 풍경은 점점 깊어진다.

마나에서 북쪽으로 직진하면 길은 고개를 오르면서 티베트 안으로 흘러들어간다. 티베트를 점령하고 있는 중국은 국경지역에 군대를 포진해 놓았다. 이 일대는 중국과의 긴장관계에 따라 길이 열리거나 닫힌다. 현재 '빨간 화살'이라는 의미의 연대 규모의 군부대가 주둔하고 있다. 오래 전에 이곳을 찾았을 때는 분위기가 험악했다. 지금은 다시 개방되어 사람들은 마나에서 서쪽으로 꺾어 폭포가 있는 곳까지 당일 코스로 찾아 오를 수 있다.

그러나 군인들이 지나가는 사람을 아래위로 날카로운 눈빛을 흘린다 해도 히말라야 풍광만은 어찌하지 못한다. 청학동의 강아지가 문앞에 나와 으르렁거려도 지리산 풍경이 강아지 멍멍 소리에 변하는 게 아니다.

샹카라가 대중들과 마지막으로 이별한 사연은 몇 가지로 나누어진다. 그 중에 하나가 바로 이 마나 부근이다. 마나 부근의 오르막에서 티베트로 향하며 제자들에게 손 흔들어 이별한 후 다시는 그의 모습을 보지 못했다는 설이 그 하나다. 샹카라의 사부대중과의 이별 모습 중에 가장 아름답게 흘린다.

손 흔들고 돌아선 후 다시는 지상에 모습을 드러내지 않았다…….

종교적 사건이 있는 지역은 풍경에 아름다움이 동반되어 있어야 더욱 그럴싸하고 극적이다. 마나 부근은 선선하다고 할까, 뭔가 가볍게 승천하기 좋은 분위기며 서로 이별하게 좋은 느낌을 주기에 이 설에 무게를 두게 된다.

마나 마을의 마나족은 본디 테리(Tehri) 근처에 살았다. 그러다가 마나족 선조들이 당시 테리를 지배했던 왕의 분노를 사게 되어, 멸족의 화를 피하기 위해 한 사람도 남김없이 히말라야 넘어 티베트까지 이주했다. 굉장히 멀리 내뺀 셈이다. 시간이 흐르면서 그들은 다시 티베트에서 히말라야를 넘어서 고향에서 가까운, 그러나 테리에서 충분한 거리를 둔 이 지역으로 이주했다. 마나족이 자리 잡으면서 마을은 마나라는 이름을 가지게 되었다.

마나족은 염소를 사육하고 키우며, 이것을 내다 팔기에 일명 마르차스, 즉 염소를 키우는 사람이라는 이름으로 불리기도 한다. 이들은 1960년 초까지는 교역을 위해 티베트를 넘나들었으나 중국이 티베트를 강점하고 인도와의 긴장이 높아지면서 이 길이 불통되었다.

자연만이 구원이다
• • •

마나에 앉아 서쪽 계곡을 바라본다. 구름이 바기라트 카락(Bhagirath Kharak) 위에 얹혀 멀리 설봉들이 마치 하늘에 떠 있는 하얀 섬처럼 보인다. 걸어 오르면 틀림없는 점입가경이리라.

천산만악 계곡을 따라 달려오는 서늘하고 달콤한 바람.

마나 마을 주변에는 볼거리가 유달리 많다. 특히 마을 반대편, 아라카난다 강 건너 자리한 마타 무르티가 그 중 최고다. 강을 건너지 않고도 보이는 이 움막과도 같은 작은 집은 고대로부터 많은 수행자들이 타파스를 시행하며 신성에 접근하기 위해 노력했던 곳이다. 샹카라 역시 연화좌로 앉았으리라. 종교적 의미가 지극히 깊은 곳이라 그쪽을 향해 이마에 점을 찍으며 만뜨라 한 줄 외울 수밖에. 그 자리에는 주황색 샤프론을 입은 구루지 두 분이 마주보고 앉아 담소를 나누고 있다. 평화로움이 강 너머까지 묻어나온다. 더 없이 자족한 생활처럼 보인다.

옴 샨티 샨티 샨티.

이들 스승의 스승의 스승은, 법맥을 거슬러 오르면 자연에서 경전을 만들어 냈다. 바꾸어 이야기하자면 '자연은 경전'이고 '자연은 성경'이었다. 스승들은 인간은 자연의 일부(一部)가 아니라, 자연은 우리의 전부(全部)라 생각했다. 나는 가족의 일부(一部)라기보다 가족은 나의 전부(全部)라 생각하는 일이 더욱 대승적이다. 일부라는 개념은 나누고 쪼개는 하향지향이며 전부는 브라흐만으로 향하는 합일의 상향지향이 된다. 시선을 돌리는 곳에서 이쪽으로 마주쳐 오는 시선은 모두 신의 눈빛이고 들려오는 소리는 전부 신의 법문이었다.

그러나 내가 오래 전에 떠나온 종교의 경전, 『창세기』에서는 자연에 대해 인간이 주인이 되기를 명(命)했다. 말하자면 자연과 인간은 분리되었다. 그러나 새로이 귀의한 종교에서는 모두 형제지간이며, 한 발 더 나가 나라야 나, 아라카난다 등등 산수(山水)는 도리어 모셔야 할 주인이니 관계가 정반대다.

이 자연에서 인간이 나오고 이 자연에서 나온 것으로 인간이 먹고 살며, 죽어 이 자연으로 돌아가면서, 자연에 대해 우위를 주장하거나 정복 등등의 언어를 들먹일 수 있을까. 후세 신학자들이 뭐라 긍정적 유권해석을 내린다 해도 틀림없이 신의 이름을 빙자한 사막 출신의 셈족과 햄족의 저급한 목소리다. 그 목소리를 따라 삶을 탕진하지 않는 것만으로도 이승에서의 행운이 아닌가.

계곡의 우측으로 실 같은 길이 매달려 있다. 수행자 한 사람이 샤프론을 펄럭이며 걸어 올라간다. 멀리 있는 구름이 떠다니는지 아니면 산과 대지가 움직이는지 알 수 없는 풍경 안으로 천천히 걸어 들어간다. 그가 걸으면서, 보고, 듣고, 느끼는 것이 무엇인지 어렴풋이 알 수 있을 것 같다. 더 이상 비밀스러운 기미(幾微)는 아니리라.

도저히 이별할 수 없는 자신의 짝꿍처럼 자연도 그러하다면 하나, 즉 일자(一者)다. 내 얼굴이 내 몸과 도저히 갈라서지 못한다면, 얼굴은 몸과 일자다. 이것을 긍정하면 신비주의자로 신비주의자는 끔찍한 자연주의자다.

어떤 선승인지 정확한 이름은 잊었다.

법회를 준비해 놓고서 한낮이 될 때까지 일어나지 않았다. 기다리다 못한 수좌가 말씀 올린다.
"사부대중이 이미 모두 모여 스님의 설법을 기다리고 있습니다."
선승은 법좌에 올랐다. 모두들 말씀을 기다리느라 작은 기척조차 내지 않았다.
마침 법당 밖에서 새들이 노래하기 시작했다. 이어 서늘한 바람 한줄기가 밀려오고.
선승은 그 소리를 미동조차 없는 모든 사부대중과 함께 들었다.
그리고는 해야 할 설법을 모두 끝냈다는 듯이 법좌에서 내려왔다.

스스로에게 묻는다.
"경전을 해독하는 능력이 얼마만큼이나 될까? 자연은 저리도 열심히 알려주는데 얼마나 받아들이고 있을까?"
사방에 운집한, 빈틈없이 밀집한 선지식들.
그야말로 내가 빠져 나가고 싶어도 도저히 빠져 나갈 수 없는 자연이라는 인드라망 구루지.
그들에게서 전해오는 평생법문(平生法文), 무진법문.
일이삼사오륙칠 대방광불화엄경(一二三四五六七 大方廣佛華嚴經).
붓다의 32상(三十二相) 80종호(八十種好)는 과연 어디 있는가.
법상(法床)이 아닌 곳은 또 어디냐.

힌두교에서는 곳곳에 종으로 장식한다. 종을 쳐서 신에게 자신이 이 자리에 찾아왔음을 알리기 위해서다. 그러나 그대로 종소리만 듣는다면 그것은 인뢰(人籟)를 들을 따름이다. 지뢰(地籟) 그리고 천뢰(天籟)를 듣기 위해서는 먼 길을 가야 한다. 그런 연유로 히말라야 곳곳에 놓인 종은 자신이 어디만큼 와 있는지 아는 도구가 된다.

갑자기 꿈 생각이 다시 일어났다. 그 여자를 환자로 만난 시점은 행복이라는 이름으로 추구된 모순된 개인사를 쓰던 절정기였다.

"돈, 아파트, 통장, 멋진 차, 콘도, 유럽여행, 학위, 논문, 교수직……."

그 후부터 내 마음에 쓰여지는 내용이 차차 달라졌다.

"구름, 어머니, 사막, 붓다, 니코스 카잔차키스, 설산, 방랑, 구도, 인생······."

　행복을 추구하기에 남은 삶이 너무 짧았다. 늘 시간이 없다고 하면서도 이리 비틀 저리 비틀, 마치 시간을 무한정 가진 사람처럼 행동하던 모순. 바드리나트 계곡의 신성 세계에 발을 들여놓으니 그때 세상을 향했던 전횡과 함께 허망한 욕심거리들이 더욱더 시시걸렁해진다. 인생은 백 년을 넘지 못하고, 세월은 몹시도 빨리 가지〔人生百歲內 光陰如過隙〕 않는가. 평생 정진으로도 뜻을 이루기 어렵거늘.

　『열자』의 「황제편」에 화서국이 등장한다.

　황제는 꿈속에서 화서국을 유람한 후 무위이치(無爲而治)의 도를 깨닫는다. 꿈이라면 이 정도가 되어야 하지 않겠는가. 그러나 내게 무의식 세계의 상징코드로 범벅된 꿈을 해석할 능력조차 모자란다.

　내 꿈에 등장한 여자는 여신처럼 코끼리를 타고 있었다. 데비 데바의 세계. 개인적인 꿈에 원형적 그리고 신화적인 꿈이 중첩되었다. 확실히 바드리나트는 신성하다.

　발 밑의 왜소한 식물들 사이에서 때 이른 작은 꽃들이 악센트를 주고 있다. 고지대의 태양이 아직 야생화를 많이 불러내지는 않았다. 몸을 털고 배낭을 다시 메자 나비가 몇 마리 날아다닌다. 종이보다 얇은 몸을 가진 고산족(高山族).

　왔던 길을 다시 되돌아 거슬러가며 아라카난다로 흘러들어가는 시냇물에 하얀 꽃을 던져 여자를 다시 추모한다.

　누구를 혹은 무엇을 애도하고 떠나보내기 좋은 신의 계곡이다. 이제 이곳에서 버리면 모두 신의 세계로 진입할 수 있을까.

나보다 일찍 세상을 여읜 친지, 친구들을 안녕, 다시 완전히 떠나보낸다. 더불어 한때 '잘 나가던 나'를 번제 삼아, 우주가 닫는 시간까지 신을 찬양하며 흘러가도록 강물에 던져 넣어 추모한다.

"내 젊은 날이여, 안녕."

바드리나트는 내 공부의 중간 기착지가 아닐까. 삶은 갈수록 가경(街境)이리니 살아볼 만하다는 생각이 든다.

"옴 마하무드라 마니 파드마 즈바라 프라바툴리아 훔."

사라스와티, 물·음악·경전이 한 자리에서

꽃 피고 지고, 바람 불고 멈추고, 조수가 밀려오고 물러서고, 나비가 날갯짓하는 모두도 춤으로 만물은 춤을 추고 있는 셈이다. 음악은 단순히 음악이 아니라 인류의 언어로서의 음악이다. 더불어 진리 전달의 형이상학적 언어가 음악이다.

사라스와티, 물의 어머니
• • •

노인 하나가 두 줄 악기로 연주한다. 구걸의 애절한 눈빛을 피해 악기를 바라보는데, 나무통으로 기둥을 만들고 천으로 감아 마치 부상병처럼 보이는 이 녀석의 정확한 정체를 알 수 없다.

"이게 뭐람?"

비나는 당연히 아니고, 카마이챠도 아니고, 그냥 수제품 사랑기라고나 할까? 구걸을 위해 며칠 전에 급조한 흔적이 여기저기 역력하다.

일단 앞에 펼쳐놓은 천에 박시시를 하고 나니 노인 표정이 밝아지며 신명나게 활을 움직인다. 히말라야 물소리, 바람소리와 크게 어긋나지 않아 다행이다. 노인은 내 눈에서 시선을 떼지 않고 빤히 쳐다보며 자신의 연주에 대한 반응을 읽어내려고 한다. 칭찬도 할 수 없고, 불평도 할 수 없어 마주치는 눈길에 어쩔 줄 모르겠다.

아무리 잘생긴 영화배우도 숲속에 들어가면 뭇 짐승들이 도망친다. 아무리 목청 좋은 가수라도 노래를 부르면 새들이 날아가 버린다. 그러나 어머니 산에 생명들은 모여들고, 낳고 살다가 죽어간다. 동물은 물론 미물까지 아우르는 절대적 성(聖)이란 무엇일까. 그리하여 진정으로 성모(聖母)라 부를 수 있는 존재는 무엇일까. 히말라야 며칠이면 그 답이 슬며시 드러난다.

그런데 이 노인, 당신이 내게 10루삐를 주었으니 반드시 10루삐만큼은 감상해야 한다는 듯이 쉬지 않고 계속 연주를 이어나간다.

"저러다가 아까운 줄이라도 하나 끊어지면 어쩌려고……."

아랑곳없는 그와는 달리 내가 도리어 근심이 앞선다.

위대한 요기이자 『아주르 베다』의 일인자. 야그나발키아(Yagnavalkia)는 말했다.

"비나 연주에 능한 사람, 여러 수르띠(sruti)에 능한 사람, 딸라(tala)에 능한 사람은 노력 없이 구원을 받을 수 있다."

악기를 잘 연주하고, 경전을 잘 읊는 사람은 천상에 쉬이 오른다는 이야기다. 음악을 통한 구원을 말한다.

노인은 성의를 제외하고 '능한 사람'과는 높은 담 쌓고 있다. 노인이 이 자리에서 악기를 열심히 연주하며 구걸하는 일도 우연이 아니다. 이 일대는 비나와 관련이 있고 인도 음악과 깊은 연관이 있는 성지다.

『삼국사기』에는 왕산악이 중국에서 보내온 일곱 줄 칠현금(七絃琴)을 고쳐서 연주하니 '검은 학이 날아와서 너울너울 춤을 추었다'고 기록되어 있다. 그래서 검은 학의 금, 현학금(玄鶴琴)이라고 이름하였다. 현학금은 줄여 현금(玄琴)이 되었는데 현(玄)은 검다는 의미고, 금(琴)은 우리말 고이기에 '검은고' 결국 '거문고'로 정착되었다.

진양(陳陽) 『악서(樂書)』에서는 인도의 비나를 봉수공후라고 썼다. 악기의 머리에 봉황 머리(鳳首(봉수))를 그려 넣은 탓이다. 중국인들은 인도의 공작새를 봉황으로 받아들였다. 인도 비나는 태국으로 넘어가면서 마유리 비나, 마유리란 공작새를 말한다, 제대로 해석되었다. 같은 악기를 태국에서는 공작새 비나로, 중국에서는 봉황새 비나로 받아들인 것이다.

『삼국사기』의 거문고 대목에 등장하는 검은 학은 인도의 공작새, 중국의 봉황처럼 모두 새라는 점에서 공통적이다. 일부 학자들은 이것을 단서로 우리나라 거문고는 인도에서 기원했을 가능성이 높다고 말한다. 즉 인도의 비나가 중국의 봉수공후로, 다시 우리나라에 와서는 거문고가 되었다는 이야기다.

그것뿐이 아니다. 우리나라의 장구 역시 인도가 고향이라는 주장이다. 『악서(樂書)』에 장구가 '남쪽 야만인의 나라 천축에서 온 것〔出於南蠻天竺之國也〕'이라는 표현이 있다.

천축을 야만인의 나라라니!

인도의 음악은 예술이기도 하고, 감상의 대상이기도 하며, 신의 길로 접근하는 종교 명상적 방편이기도 하다. 라가, 화성이 없이 단성으로 이어지는 음악과 딸라, 일정한 틀을 가지고 반복하는 리듬 꼴이 주 뼈대로 사용된다.

가설을 인정한다면 비나가 들어오면서 물처럼 흐르는 음이, 장구가 들어오면서 힘을 실어주는 박자가 따라왔다. 악기가 들어오면서 음과 박자가 따라오지 않는 법이 없으니 결국 우리네 박자 안에 천축이 녹아 있다.

가끔 인도의 저잣거리 골목에서 인도 음악을 듣다가, 이거야! 바로 이거야! 하며 가는 길을 멈춘다든지, 사원 구석에 앉아 한 노인네의 애절한 라가를 들으면서 드자브〔既視感(기시감)〕로 머리가 휭— 해지는 이유는, 알고 보면 천축에서 출발하여 내 무의식 안에 심어진 라가, 딸라의 흐름 탓일 수 있다. 편도체의 비밀이라니. 무의식의 오묘함이라니. 음악이 엉긴 매듭을 풀어준다.

마나 마을로 흘러들어오는 강물은 두 줄기다. 하나는 아라카난다이며, 하나는 사라스와티. 이 둘은 한줄기가 되면서 아라카난다가 되어 바드리나트로 향한다. 아라카난다는 비교적 조용히 흘러들어오는 반면 사라스와티는 검고 거대한 바위 사이를 급하게 낙하하며 아라카난다에 뒤섞인다. 합수되는 근처에 사라스와티를 모신 사당이 있다.

사라스와티는 본래 물[水]이라는 의미를 갖는다. 따라서 강 자체를 사라스와티라고 부르기도 한다. 이 강은 티베트 고원에 들어가기 위해서 반드시 넘어야 하는 마나 빠스의 남쪽, 데오탈(Deo Tal)에서 기원한다. 일대의 지형이 험난한 탓에 탐색되지 못해 오랫동안 카일라스 옆의 호수 마나사로바에서 일어나는 것으로 오해되기도 했다.

사라스와티는 브라흐마의 아내다. 인도의 많은 학자(學者)와 예술가들은 가슴으로 사라스와티를 흠모하고 모신다. 그녀의 이름 역시 다양하여 가야트리(Gayatri), 마헤슈와리, 사비트리(Savitri) 등등.

사라스와티 강은 지금 이렇게 히말라야의 한 지류의 이름으로 남아 있지만, 신화시대에는 이 자리가 아닌 다른 거대한 강으로 인식되고 있다. 기후 이상으로 인해 라자스탄 지역이 사막으로 바뀌면서 건천이 되었다가 모습을 감추었다는 이야기도 있다. 이 강은 알라하바드에서 갠지스, 야무나와

강이 흐르는 모습을 배경으로 앉아 비나를 연주하는 여신. 학문을 담당하며 교육에 뒷바라지를 하는 사라스와티 여신의 전형적인 모습이다.

함께 셋이 하나로 합쳐졌다 한다. 최근 위성사진을 통한 조사에 의하면 아리안족이 인도 대륙에 발을 들여놓을 무렵 이 강이 정말 흐르고 있었다는 보고가 나오고 있다.

사라스와티의 다른 이름인 가야트리는 운율(韻律), 사비트리는 『베다』의 신성한 운율〔神性韻律〕을 뜻하는 언어임을 볼 때, 현자들은 강물의 흐름에서 만들어지는 음에서 완벽한 운율을 읽어냈다.

힌두 신에게는 각자 현상계에서의 어떠한 임무가 있다. 브라흐마는 창조와 구현, 비슈누는 보호와 유지, 쉬바는 파괴와 해체를 책임진다. 그의 배우자 역시 각각의 임무가 있어 브라흐마의 아내 사라스와티는 교육, 비슈누의 아내인 락쉬미는 부(富), 쉬바의 아내 깔리는 시간이다. 창조를 담당한 신의 배우자가 교육이라는, 즉 창조=교육이라는 사실은 철학적이다.

비슈누의 여신인 락쉬미는 질투·변덕 등등의 성격, 쉬바의 아내 파르바티는 엄청난 분노와 파괴 등등, 힌두 신의 아내들은 부정적인 성격이 어느 정도 반영되는데 반해 사라스와티에게는 그런 성격이 티끌만큼도 배제되어 있다.

"만일 나라면 어떤 여신과 결혼하겠는가?"

"청순하고 지혜가 있는 여자?"

"질투심이 심하지만 돈 많은 여자?"

"혹은 아름답지만 난폭한 여자?"

가끔 여신의 행태를 읽으면서 이런 질문을 던지곤 한다. 여신이란 사실 인간 심성의 반영과 같지 않은가.

그러나 사라스와티 강 앞에서는 사라스와티에 대한 사랑을 고백하는 일이 신상에 이롭다.

"옴. 당연히 사라스와티입니다. 옴. 저는 오로지 당신만을……."

사라스와티는 신을 찬양하기 위한 데바나가리(산스크리트어) 문자를 창시한 존재로 추앙받으며 학문, 지혜, 음악, 예술은 모두 그녀의 몫이다. 『베다』에 대한 모든 공부를 시작할 때 여신의 찬양으로 시작한다.

그녀의 모습은 자신의 책무를 나타낸다. 둘 혹은 네 개의 팔을 가지고 있다. 남편에게 사랑을 바치기 위해 연꽃, 학문을 의미하는 『베다』, 신에게 기도하는 염주, 자신의 뜻을 멀리 퍼뜨리는 악기 비나(Vina)를 들고 있다. 백조 혹은 공작을 타고 다니며 여신의 배경에는 당연히 강이 흐른다. 흐르는 강이 없다면 사라스와티가 아니다.

사라스와티 강은 따라서 어떠한 학문적인 성취, 예술적인 성공을 위한 사람들에게는 몸을 적셔야 할 순례 성소가 된다. 또한 사당 안에 물이 있을 경우 그 물에 정성스럽게 뿌자하면 자신의 학문, 재산, 예술적 소양이 두 배로 되어 되돌아온다는 속설도 있다.

힌두 의식은 대부분 신상을 물, 즉 사라스와티에게 집어던지는 일로 마감한다. 사라스와티 여신의 기운이 다시 강을 통해 흡수되어 탄생에 관여한다고 믿는다. 이것은 티베트 불교에서 만다라를 만든 후 파괴하고 마지막으로 강물에 흘려보내는 의식과 같은 구도다. 그러기 위해서, 쉽게 해체되기 위해서, 불에 굽지 않고 진흙으로 만든 후 채색하게 된다. 이제 신상은 다시 물로 들어가 역시 해체의 시간을 맞이하니 신들 역시 우주처럼 탄생, 유지, 해체 그리고 다시 탄생의 길을 걷는다는 의미다.

사라스와티는 쉬바의 아들 가네쉬에게 잉크와 펜을 선물하기도 해서, 가네쉬는 덕분에 여러 가지 상징 중에서 '지혜의 신'으로 칭송받기도 한다.

사라스와티는 이렇게 학문·예술 등등을 담당하기에 가계(家系) 신화도 동일하게 펼쳐진다. 사라스와티는 본래 자식이 없는 하얀 얼굴의 청정한 여인으로 경전에 표현되지만 반대로 자식이 있다는 신화도 비춰진다. 본디 처녀였으나 여성의 결혼이 규범화되면서 브라흐마의 아내가 된 것으로 추측할 수 있다.

노인은 마치 동전을 넣으면 시간이 되도록 멈추지 않고 이어지는 뮤직박스 같다. 일어서려고 해도 10루삐의 가치가 큰지 멈출 기미를 보이지 않는다. 차차 과격해져 줄이 정말 걱정스럽다.

노인의 음악을 들으며 감동을 해야 하는데, 차차 이건 통 아니라, 관객이 미안하다.

어쩌랴, 감수성이 아무리 높아도 연주자의 능력이 부족하면 둘 다 천상에 오르기 어렵다. 야그나발키야의 '능한 사람'이라는 표현의 의미가 심장(深長)해지지 않는가.

공부를 하면 많은 것이 보이고 느끼기에 선(禪)만큼 교(敎)의 중요성도 높다. 한 노인의 깽깽이 소리를 들으면서 사라스와티 집안을 생각할 수 있음도 그런 맥락이다. 선종(禪宗)의 초조인 보리달마(菩提達磨)의 가르침인『이입사행론(理入四行論)』역시 가만히 읽어보면 같은 틀 안에 있다.

"무릇 도(道)에 들어가는 방법은 여러 가지이지만 결국은 둘이 된다. 첫째는 이입(理入)이고, 둘째는 행입(行入)이다. 이입이란 경전을 통하여 도(道)의 큰 줄기를 알고……."

가문의 영광
● ● ●

사라스와티는 자식을 원했다. 현재나 과거나, 사람이거나 신이거나 심지어는 악마조차 원하는 바가 있으면 고행을 한다.

우리가 무엇인가 간절히 원할 때, 아무것도 먹지 않고 심하게 고민하는 모습이나, 하나의 목표를 위해 대외적으로 벌이는 단식 투쟁, 자기 몸을 학대하며 끙끙 앓는 일은, 사실 무의식 원형에 있는 타파스일 가능성이 높다. 하나의 생명을 탄생시키기 위한 여인의 진통은 또 어떤가. 타파스는 자타(自他)의 구별이 없으니 심지어 한 송이 꽃을 피우기 위해 봄부터 소쩍새 또한 목에 피가 솟도록 그렇게 운다. 모두 이타(利他) 타파스다.

사라스와티는 고행한다. 장소는 역시 고행학교(苦行學校) 이 자리 가르왈 히말라야.

고행의 도가 깊으면 이루어지는 법, 그녀는 드디어 아이를 얻었다.

사라스와티의 아들이니만큼 여느 아이들과 다르기도 한참 달라 젖떼기도 전에 척 하니 시(詩)를 써댄다. 산스크리트어라는 문자를 만든 것으로 알려진 어머니를 두었으니 오죽하랴. 거기다가 자라면서 인간들에게 산스크리트 문법(文法)에, 시작법(詩作法)까지 알려주게 되니 이름은 자연스럽게 카비야 푸르샤(Kavya pursa), 즉 '처음 시를 지은 자'가 된다.

카비야 푸르샤가 성인이 된 어느 날, 천상세계에서 토론대회가 열린다. 어머니 사라스와티는 자식을 데리고 참석하려다가 문앞에서 그만 제지를 당한다.

"초대받았소? 초대받지 않은 자는 참석할 수 없소!"

당연한 일인데, 입구에서 퇴짜 맞은 카비야는 분노하고 가출한다. 카비야 푸르사의 가장 친한 친구는 쉬바와 파르바티 사이의 둘째 아들 스칸다였다. 일명 전쟁의 신인 스칸다의 죽마고우가 시인이라니, 하나는 총칼이고 하나는 펜이라 이것도 재미있다.

스칸다는 친구를 잃었다고 곡기를 끊으며 슬퍼했다. 보다 못한 어머니 파르바티는 아름답고 지적인 소녀, 시학(詩學)이라는 의미의 사히티야 비디야를 만든다. 사히티야 비디야는 이제 자신의 남편이 될 카비야 푸르샤를 찾아 길을 떠난다. 그가 흔적을 남긴 마을을 지나, 또 다른 흔적을 찾으며 뒤따라 움직였다. 이 길이 쉬웠던 이유는 카비야 푸르샤는 방방곡곡으로 돌아다니며 다양한 시의 기법을 알리고 시를 남겼기 때문이었다. 사히티야 비디야 역시 보통내기가 아니었다. 그녀는 마을마다 춤사위와 언어를 남겼다.

　이야기가 이쯤 되면 천상의 입구에서 거절당한 이유가 드러난다. 거절당함으로써 무지한 민중에게 가르침을 폭넓게 베풀게 되지 않았는가. 현재 부정적인 사건이라도 결과는 그렇지 않을 수 있다. 내가 문전박대를 당한다면 모두 긍정적인 훗날을 위한 예비일 가능성이 있다.

　둘은 결국 만났다. 운명이었으니 한눈에 자신의 배우자임을 서로 알아보았다. 그리고 사라스와티와 파르바티, 두 여신의 축복 아래 결혼했다.

　'시를 처음 만든 자'의 아내 이름은 '시학'이다.
　처음 이 글을 읽을 때 재미있어 죽겠다고 생각했다. 너무 명랑해지는 기분 때문에 조금 불안해졌다. 바늘 가는데 실이 간다지만 어쩌면 이렇게 재미있는 발상을 할 수 있을까. 더구나 남편감을 찾아 뒤를 따라가는 과정을 보면, 시(詩)가 왔다 가더니, 그 뒤를 따라 시학(詩學)이 오고 더불어 춤까지 불러온 셈이 아닌가.
　현재까지 신에게 바치는 모든 운율이 시이며 춤인 것을 본다면 이들의 의미는 한없이 깊다. 사라스와티, 그의 아들과 며느리의 족보는 (신화적인 면을 본다면) 인도 문화에 굉장한 업적을 가진다. 더구나 춤이라는 장르는 카스트를 뛰어넘으며 천민에게까지 개방되고 나와 같은 이방인에게도 힌두교에 대한 무한한 영감을 준다. 세상의 좋고 나쁜 모든 상태를 표현할 수 있고, 인간 삶의 목표를 보여주며, 감정을 도닥여주고, 시대를 이어나가며 관습, 종

하늘과 화합하는 것을 천락이라 한다[與天和者 謂之天樂]는 이야기는 고원에서 쉽게 이해된다. 속가에서 멀리 떨어지고 하늘과 가까운 땅에서 브라흐만, 도(道)는 스스로 드러낸다. 마나 계곡 입구에 걸린 룽따 사이로 손가락 끝만큼 푸른 하늘이 가깝다.

교, 전통을 모든 이에게 쉽게 전법하지 않는가.

　　물어본다.

　　"신화 속의 이들 혼은 지금 어디까지 이어져 있을까?"

　　답은 쉽다.

　　산스크리트어로 된 시를 쓰는 사람, 읽는 사람, 읽고 영감을 느끼는 사람, 춤을 추는 사람, 그 춤에 감동하는 사람, 이 모두에게 있다. 의미 하나 모르면서 산스크리트어 만뜨라를 들으며 감동하는 사람에게도 사라스와티, 카비야 푸루샤, 그리고 사히티야 비디야의 열정이 법맥이 되어 시간을 뛰어넘어 흐르는 셈이다.

여기에 추가되는 팔라하리 바바(Phallahari Baba)의 이야기.

"축복받은 사람들이여, 나는 내 악기를 조율할 테니 여러분은 여러분의 악기를 조율하십시오. 삶의 현은 알맞게 조율되어야 합니다. 현을 조율한 뒤에 편안하고 느긋하게 악기를 드는 일은 그 자체가 하나의 예술이지요. 이제 당신 자신이 악기가 되게 하십시오. 신으로 하여금 당신을 통해 연주하도록 하십시오. 자신을 그저 맡기기만 하면 됩니다. 줄을 맞춘 당신의 악기를 신이라는 음악가에 바치십시오."

내 자신 역시 악기가 되어 남은 물론 자신을 위해 연주하여 감동을 만든다. 그것이 바로 영광된 가문의 법맥을 이어가는 일이다.

"옴 아임 사라스와티야이 나마하."

『마하바라타』는 이곳에서 시작
• • •

마나에서 조금 떨어진 곳에 비야사 구파라는 동굴이 있다. 『마하바라타』를 기술한 비야사에게는 여러 가지 이름이 있다. 아버지 파라사라의 이름을 따서 파라사리야, 엄마 이름을 따서 사티야바테야, 또한 삼세를 꿰뚫어 보이는 능력이 있다고 해서 트리[三] ― 칼라[時間] ― 기야나[知識]라고 부르기도 한다.

그의 부모는 모두 성자, 마하르시였다. 그 역시 성자였기에 이름을 부를 때는 마하르시 비야사라고 길게 부르는 것이 힌두교도의 원칙이다.

비야사는 후세를 위해 『베다』라는 경전을 저술하게 된다. 『리그 베다』, 『아주르 베다』, 『사마 베다』, 『아타르바 베다』 네 가지다. 그리고 서사시인 18개의 『푸라나』 역시 저술한다. 참고로 그 이름을 들춰보면 브라흐마 푸라나, 파드만, 비슈누, 바가바타, 바비시야트 우타라, 나라다, 마르칸데야, 바그네야, 브라흐마 카이바르타카, 링가, 바라흐, 스칸다, 바마나, 쿠르마, 마트시야, 브라흐만다, 가루다.

그리고 『베다』와 『푸라나』를 공부하기 어려운 사람들을 위해 『마하바라타』를 쓰게 되니 후세 사람들은 이 『마하바라타』를 높게 평가하며 제5의 『베다』라고 부른다.

이렇게 다작(多作)을 거듭하던 비야사는 자신의 삶이 너무 오랫동안 저술에 매달렸던 점에 깊은 회의에 빠져든다. 그러던 그 앞에 나라다가 나타난다.

"왜 그리 실의에 젖어 있소?"

"이 어두운 마음을 헤쳐 나갈 수 있는 방법이 없을까요?"

"마음과 정성을 다해 신을 찬양하는 노래와 글을 쓰시오. 그것을 쓰는 일이야말로 어두운 마음에서 헤어 나올 수 있는 길이라오."

그는 마치 노래하듯 이어지는 문장 안에 『베다』, 『우파니샤드』의 본질을 담아내기 시작했으니 『바가바탐 푸라나』라는 이름으로 후세에 전해진다.

그의 아들 역시 일주일밖에 삶이 남지 않은 파릭시트를 강변에서 가르침을 주어 천상으로 인도한 대단한 성자 수카(Suka)다.

구파는 동굴(洞窟)을 말한다. 비야사 구파는 거대한 바위 밑에 있는 굴로서 바위가 마치 책처럼 보이기에 이 바위를 특별히 비야사 그란츠〔經典(경전)〕라고 말한다.

바로 이 자리에서 비야사가 대서사시『마하바라타』를 쓴 것으로 알려져 있다.『마하바라타』의 양은 방대해서『오디세이』그리고『일리아드』를 모두 합친 것에 일곱 배나 되는 대단한 분량이다. 그가『마하바라타』를 저술하는 모습을 딴 조상(彫像)이 동굴 안에 모셔져 있다.

오래 전에 어둑한 이 동굴 안으로 들어갔었다. 어둠 속에서 호롱불을 켜고 동굴을 지키던 노인 수행자가 내 양 미간 사이에 물감을 찍으며 축복을 주었다. 가만히 앉아 있는 동안 노인 수행자는 노래를 불러나갔다. 동굴 안에 메아리치다가 중첩되더니 소리가 연기처럼 밖으로 빨려나갔다. 가슴이 울렁거렸다. 내가 동굴에서 가부좌를 틀고 있는 동안 노인은 노래를 멈추지 않았다. 감동을 느꼈으니 사라스와티 집안의 축복을 받았던 셈이 아니었을까.

당시에 나는『마하바라타』이야기는 들었으나, 그것이 정확히 무엇인지 어떤 가치가 있는지 전혀 문외한이었다. 그러니 이 동굴 역시 그냥 성스러운 분위기가 있는 동굴 중에 하나라는 의미 이외 다른 무게를 두지 못했다. 누가 친절하게『마하바라타』를 쓴 동굴이라고 친절하게 한국어로 설명했어도 '그런가 보다' 정도였으리라. 이제는『마하바라타』를 알고 있고, 그 가운데 문장을 골라 삶의 지침으로 삼기도 하니 세월이 느껴진다.

인도 사람들은 묻는다.

"인도를 어떻게 생각하니?"

흔히 만나는 질문 중에 하나다.

이때는 긴 설명이 필요 없이 엄지손가락 하늘로 추켜올리고 이렇게 답하면 된다.

"마하바라타!"

대서사시 『마하바라타』의 또 다른 사용이다. 마하는 위대하다는 의미로 간디, 르시(스승), 데바〔神〕 등등에 앞에 붙어 마하트마 간디, 마하르시, 마하데바 등등이 되며 위치를 격상시키는 역할을 맡는다. 바라타(Bharata)라는 말은 인도인들이 자신의 나라를 일컫는 말이다. 바라티(bharati)는 지혜를 사랑하는 사람을 말하며 여기에서 바라타(bharata)가 나왔다.

『마하바라타』는 '위대한 바라타족(族)', '위대한 인도' 라는 최상급의 이야기다.

"마하바라타!"

이렇게 대답해 주면 질문했던 사람은 굉장히 기뻐한다.

"한국을 어떻게 생각하니?"

이런 질문을 여행중인 외국 배낭족에게 했다고 치자.

"금수강산(錦繡江山)!"

군말 없이 이 한 마디를 던지는 외국인과 같은 격이다. 보통 여행자라면 금수강산이라는 어휘를 구사하지는 않을 터이니 어! 다시 대화 상대를 보면서 고개를 끄덕이는 일과 동일하다.

오래 전에 인도로 떠나면서, 인도를 다녀오고, 또다시 인도를 그리워하면서 묻게 되었다.

"도대체 인도가 뭐야? 뭔데 사람을 이렇게 잡아 당겨?"

이쯤 되니 다음 단계는 인도(印度)라는 말의 의미가 궁금해질 수밖에.

무엇을 지독스럽게 좋아한다면 이름의 의미까지 낱낱이 알고 싶지 않은가. 그것을 모르고 어떻게 편하게 잠을 잘 수 있나.

인도는 신두(Shindhu)에서 시작되었다. 산스크리트어 신두는 하천(河川), 큰 강〔大河(대하)〕을 의미하며 인더스 강을 말한다. 복수로 쓰면서 신두 지방 주민이라는 의미가 되었다. 교역에 능한 페르시아 인들은 신두를 세상에 알리게 되었는데 서쪽으로 가면서 힌두(Hindu)로 발음되기 시작했다. 인접한 중국에서는 천축(天竺)을 주로 사용했고 현독(賢毒), 신독(身毒)이라 부르기도 했다. 야만의 나라라는 표현에 독(毒)까지 쓰는 이면이라니.

당나라 현장스님이 만든 『대당서역기(大唐西域記)』에 처음 인도라는 이름이 정식으로 등장한다.

결국 신두, 힌두는 인도로 음역이 되어 동쪽나라 우리에게까지 알려지게 된다. 이제 인도를 말하면서 원래 의미인 대하(大河)를 생각하는 사람은 아무도 없다. 인디언(북미원주민), 힌두인, 신두인을 역으로 추리하면 인디언은 강(江)사람이라는 이야기가 되지 않는가. 그래서 그렇게 물 흐르듯이 베링해를 넘어 먼 동쪽 북미대륙까지 흘러들어 갔을까.

인도, 신두 이름의 이유를 알고 나서는 '인도를 어찌 생각하냐?' 는 질문에 '위대한 바라타족, 위대한 인도인' 즉 마하바라타라는 말이 내 가장 흔한 대답이 되었다.

받아쓰기 하는 가네쉬
• • •

비야사는 『마하바라타』를 쓰기 전에 고민에 빠졌다. 자신이 일일이 글로 적어나간다면 시간이 너무 지체될 것 같았다. 누군가 자신이 부르는 내용을 재빠르게 받아쓰기만 한다면 문제는 쉽게 해결될 텐데…….

비야사는 브라흐마를 찾아가 상담한다. 그러자 브라흐마는 쉬바와 파르바티 사이의 아들, 가네쉬를 추천한다. 가네쉬는 제안에 흔쾌하게 수락하고 이제 비야사 옆에 앉아 그가 불러주는 이야기를 석판에 받아쓴다.

철학, 수학, 천문학 등등의 인도 고대 서적 대부분에는 가네쉬에게 책을 헌정한다는 의미로 '옴 스리 가네쉬 나마하'라는 단어가 왕왕 첫 페이지를 장식하고 있다. 마나 주변에는 비야사 구파 이외 가네쉬 구파가 있는 이유도 이런 신화에 기반을 두고 있다. 말하자면 가네쉬 역시 마나 마을에 한때 와서 받아쓰기를 했던 성스러운 지역이라는 이야기다.

가네쉬는 머리는 코끼리, 몸은 사람인 우스꽝스러운 형태를 지니고 있다. 가네쉬의 탄생에 대해서는 너무나 많은 이야기가 있어 혼란스러울 정도다.

가장 보편적인 이야기를 본다.

파르바티는 쉬바가 외출 중에 자신의 몸을 슬쩍 문질러 만든 때에 향유를 적당히 버무려 인형을 만들고 거기에 갠지스 강물을 더해 생명을 불어넣었다. 최근 각광받는 자신의 체세포를 통해 복제하는 기술과 비슷하다.

그녀는 새롭게 만들어진 생명에 만족하며 '아들아, 나를 위해 충성해다오' 부탁하고는 첫 임무, 즉 자신이 목욕하는 동안 어느 누구도 접근하지 못하도록 지키라고 명령한다. 아들은 어머니의 말씀을 따라 빈틈없이 지킨다. 그런데 마침 쉬바가 돌아오면서 이상한 아이가 문을 지키고 있는 모습을 본다. 아이가 아버지를 알아보겠는가. 집주인 쉬바에게 방자한 태도를 보이면서 발을 들여놓지 못하도록 한다.

일설에 의하면 이때 대화가 이렇게 진행되었다고 한다.

"너는 누구냐?"

"나는 파르바티 여신의 아들이오."

"나는 파르바티 여신의 남편이다."

"나는 당신이 누구인지 모르오. 썩 물러가시오!"

"네가 파르바티의 아들이라면 너는 내 아들인데 왜 막느냐!"

쉬바는 자신이 자리를 비운 사이에 태어난 아들이 곱게 보일 리 없었다. 자신이 관여하지 않았는데 아들이 태어났다니.

"그렇다면 혹시?"

쉬바가 이런 말도 안 되는 시시껄렁한 사태에 직접 개입하겠는가. 일단 자신의 부하 가나(Gana)들을 불러서 아이를 설득시키도록 했다. 가나들이 몰려가 달래더니 급기야 싸움으로 번지면서 가나들은 아이의 철퇴 위력에

신화에서 약방의 감초 역할을 맡고 있는 나라다. 그는 세상을 주유하며 노래한다. 그래서 세상의 모든 일을 알고 있고 해결책을 함께 강구하기도 한다.

눌려 뒤로 황급히 물러났다.

이런 신기한 일에는 나라다가 빠질 수 없다. 하나는 파르바티의 아들이라고 하고, 하나는 파르바티의 남편이라고 박박 우기면서 싸우는 신기한 모습을 천상의 브라흐마에게 알린다.

브라흐마는 점잖게 아이에게 다가가서 '이건 그런 것이 아니란다' 설명하는 순간 브라흐마의 수염을 장난스럽게 세차게 잡아당기는 게 아닌가. 말로는 해결이 되지 않으니 브라흐마는 무력을 사용하려 했으나 웬걸, 역부족.

이 모습을 구경하던 비슈누도 브라흐마를 편들어 달려들었다가, 어라, 힘에서 밀려 뒤로 물러선다.

최강자, 쉬바. 그의 삼지창 아래 무릎을 꿇지 않는 존재가 세상에 있었더냐. 참다못한 쉬바는 문제가 확대되기 전에 삼지창으로 단번에 그의 목을 날려버렸다. 이때 무시무시한 소리가 지상에 울렸다. 놀란 파르바티가 뛰어나왔을 때는 아들의 목이 떨어져나간 것이 아닌가. 머리는 어디로 날아갔는지 알 도리조차 없고.

격노한 여신은 십만의 무적 군대를 만들어 이 일에 가담한 모든 천상의 존재들을 공격하도록 명령한다.

"감히!"

정말 성질 급하다. 성격에 욱하는 부정적인 면이 강하게 있으니 평범한 존재의 아내감은 아니다. 이 급박한 상황에서 나라다가 파르바티 앞에 서서 애절한 노래를 부른다. 천상의 노래, 심금을 울리며 샨티[平和(평화)]로 이끌어가는 음악 안에서 파르바티는 천천히 안정을 되찾는다.

이 순간 신들이 다가와 달래며 그녀를 지키기 위해 애썼던 아들을 칭송한다.

"그 아이는 이제까지 신과 악마 사이에서 본 적이 없는 강력한 존재였다."

그리고는 물었다.

"어찌하면 당신의 슬픈 마음을 풀어줄 수 있으리요?"

파르바티는 단호하게 선언했다.

"살려내라! 그리고 아이를 천상의 존재 중에서 으뜸으로 선언하라!"

쉬바는 자신의 삼지창으로 죽었으니 자신이 살리기로 하고 죽은 아이와 '같은 날, 같은 시간'에 태어난 존재를 찾아오라 했다. 찾아보니 바로 코끼리였다. 결국 아이의 몸에 코끼리 머리를 가진 우스운 모습이 만들어졌다. 쉬바는 자신의 군대인 가나(Gana)의 우두머리로 임명했으니 이름이 가네쉬(Ganesha)가 되었다.

무조건이라는 것이 있다. 왜냐고 묻는다면 할 이야기가 없는 상태다. 가네쉬에게 나는 무조건적으로 끌린다. 개인적으로 집안에 가네쉬 신상이 여

몸은 사람이고 얼굴은 코끼리인 가네쉬. 『마하바라타』를 받아쓰기 한 신으로 인도인들에게 종파와 관계없이 가장 사랑받는 신 중에 하나다.

럿 있으며 자동차 안에도 가네쉬의 아이콘 그림이 여러 장 붙어 있다.

내 친구 하나, 차에 올랐다가 가네쉬 그림을 보고 말했다.

"이놈의 코끼리, 참 포동포동하니, 실하게 생겼네."

덕분에 이 신화를 처음부터 끝까지 모조리 이야기해야 했다.

가네쉬는 사업을 시작하거나, 여행을 할 때, 그리고 집을 지을 때 제일 먼저 부르게 된다. 내 자동차에 그림을 붙여놓은 이유도 날이면 날마다 여행을 하는 차의 안녕을 위해서다. 인도의 상점, 금융기관 등등에 가네쉬가 없는 곳이 없다. 현재 힌두교의 종파와 관계없이 가네쉬는 행운을 불러오는 신으로 대중적으로 고른 애정을 받고 있다. 부와 명예, 지혜와 학문, 장애를 제거하고 성공으로 이끌어주기에 거의 모든 뿌자는 가네쉬를 기리는 것으로 시작한다.

이 가네쉬가 『마하바라타』를 받아쓰기 했다. 문무(文武)를 겸비한 반인반수의 신이다. 또한 학문의 여신 사라스와티는 『마하바라타』를 서술하는 비야사를 축복한 것으로 알려져 있다. 바로 그 현장인 동굴은 가네쉬가 앉아 있기에는 조금 빠듯하게 벅찬 공간이었다.

노인 수행자가 잔잔하게 신의 찬가를 불러나갈 때, 이 모든 사연을 알았다면 나는 일어나 오체투지를 올렸으리라.

나라다의 착각

나라다(Narada) 이야기가 나오지 않는 신화는 없다. 마치 약방에 감초처럼 나라다는 등장해서 적절한 역할을 떠맡고 있다. 감초가 들어감으로써 여러 약들이 조화롭게 약효를 발휘하듯이 나라다가 그런 역을 맡는다. 그렇다고 아무 곳에나 등장하지 않는다. 고귀한 자리와 많은 사람들이 고통 받는 재난의 자리에 해결사로 등장하거나, 어려움에 처한 곳을 둘러보고 신에게 알려 해결하도록 돕는다. 그는 경쟁자가 없었으니 패배자나 낙담자를 만들지 않았다.

나라다는 브라흐마의 화신, 브라흐마의 마음으로부터 탄생 등등, 출생은 다양하게 이야기된다. 그러나 브라흐마와 연관 있는 것은 확실하다. 나라다는 '방랑하며 노래하고, 노래하면서 방랑하는' 존재였다. 그의 노래는 신에 대한 찬가였다. 당연히 손에는 인도 악기인 비나 혹은 시타르를 들고 있다.

본래 천상에서 음악을 담당하는 간다르바(Gandharva) 중에 특별히 브라흐마를 돕는 우파브라흐마(Upabrahma) 중 하나였다가 자신의 임무를 잊고 천상의 아름다운 아프사라스에게 혹한 게 문제되었다.

그 벌로 고귀한 브라흐만 계급의 집에서 일하는 천민 하녀의 아들로 다시 태어났다.

어느 날 몬순이 심하게 퍼붓자 유행 중이던 성자들은 다급한 나머지 천민 하너의 집으로 찾아왔다. 성자들이 몬순 중에 이 집을 거처 삼아 안거를 지내기로 했다. 어린 아이였던 나라다는 그들을 극진하게 복종하며 모셨다. 음식조차 그들이 먹고 남긴 것을 먹으며 성자들과 함께 두문불출했다. 덕분에 나라다는 성자들의 이야기 안에서 신에 관한 지식과 의미를 완전히 깨우칠 수 있게 된다. 전생에 씨가 심겨지지 않았다면 어려운 일이리라.

성자들은 몬순이 그치고 숲으로 되돌아갈 때, 자신들에게 헌신한 고마움으로 나라다에게 '신의 지식'이라 부르는 브라흐마 비드야(Brahma-Vidya)를 전수해 준다. 이제 나라다는 생로병사를 초월하여 신의 세계에 발을 들여놓는다.

얼마 지나지 않아 나라다의 어머니는 밤중에 우유를 짜러 나갔다가 뱀에 물려 죽게 되었다. 이때 나라다는 깊은 비통에 빠지면서, 어머니의 죽음이라는 사실이 슬픔을 몰고 오고, 이어 마음에 장애를 일으키는 것을 보게 된다. 그리하여 그는 마음[心]이 무엇인지 더듬어보고, 마음의 주인인 신을 찬양하며 북으로 향했다.

어느 날 무화과나무 밑에서 명상하던 나라다는 신의 모습을 희끗 본다. 그 모습은 너무 찰나적이어서 나라다를 실망시키고 도리어 비탄에 빠트린다. 순간 허공에서 신의 목소리가 들려와 다음 삶, 내생(來生)에서의 나라다에 대한 이야기를 들려주었다.

신의 목소리를 들은 사람이라면 어떻게 될까. 이제 그에게서 탐진치는 사라지고, 술과 마약도 가까이하지 않고, 흥분으로 몸을 험하게 굴리지 않는, 청정의 순수한 행동과 의식을 지니게 되지 않으랴. 이렇게 차차 신과 직접 교통하게 된 나라다는 모든 욕심으로부터 벗어나며 순수한 존재로 탈바꿈하기 시작했다. 발걸음이 닿는 마을마다 신을 찬양하는 노래를 불렀고 사람들은 감동에 빠져 신에 귀의했다. 마침내 그는 살아 신적인 존재로 탈바꿈했으니 속세의 번거로운 요소들을 떨어뜨려내고 천상의 나라도 재탄생했다. 우화(羽化) 되었다고나 할까.

그는 후에 오랫동안 히말라야에서 타파스, 즉 고행을 했다. 고행의 목적은 자신의 해탈보다 세상에 있는 모든 존재들에게 축복을 주기 위해서였다.

나라다 보디삿뜨바〔菩薩(보살)〕.

고행 장소는 히말라야에서 최고의 성지로 추앙받는 바로 이 자리 성스러운 바드리나트였다. 바드리나트 일대의 봉우리와 계곡은 모두 나라다의 숨결 손길이 닿은 곳이기에 순례자들은 비단 사원뿐 아니라, 주변의 모든 봉우리에게 인사를 올린다.

더불어 중요한 점은 나라다가 세상의 모든 존재에게 축복했듯이, 말하자면 그 존재 안에 자신이 포함되어 있기에, 자기 스스로에게 축복을 내리고 자신을 위해 기도를 올린다.

바드리나트 사원에서 닐칸타를 향해 1시간 정도 언덕을 오르면 차란파두카를 만난다. 일대는 여름이면 대책 없이 무지막지하게 꽃들이 피어나 신

망(忘)이라는 글자는 부정적이 아니라
브라흐만을 추구하는 사람에게는 가까이 두어야 할 글자다.
부귀영화를 잊고[忘], 내가 나를 잊고[忘], 모든 사물에 대한
관념적 속성을 잊어야[忘天下] 브라흐만을 만난다. 나를 아는 것은,
나를 공부하는 것은 사실은 나를 잊는 길이다.
히말라야 산봉우리들을 가만히 바라보는 가운데 이런 공부가 더욱더 깊어진다.

의 정원이라 부른다. 차란파두카는 신의 정원에 있는 커다란 바위로 천상에 있던 비슈누가 가끔 이곳에 내려와 잠을 자는 것으로 알려져 있다. 바위에 비슈누의 발자국이 남아 있다.

또한 이 지리 역시 나라다의 이야기가 함께 있다.

나라다는 자신의 음악에 도취하기 시작했다. 자신의 음악성에 대해 자만하면서 교만해지기 시작했다. 당연히 문제가 시작되었다. 쉬바와 파르바티는 나라다에게 적절한 충고가 필요하다는 사실을 눈치 채고 그를 불러 산책을 나섰다.

그들이 산책을 나선 곳은 차란파두카 부근이었다. 그런데 그들이 걸어가는 언덕에는 사람의 수족이 뚝뚝 잘린 채 이리저리 널려 있었다. 신음소리가 가득했다.

나라다는 서둘러 물었다.

"도대체 이게 어쩐 일이요?"

"저희는 사라스와티의 얼굴에서 나온 일곱 음들입니다. 사라스와티가 연주하실 때에 우리는 아름다운 모습이었습니다. 그런데 교만한 나라다라는 자가 자기 멋대로 연주하는 바람에 우리는 부서져 이 모양 이 꼴입니다."

나라다는 당황했다.

"그러면 어쩌면 좋겠소?"

"여신 사라스와티께서 다시 연주해 주시면 됩니다."

적당한 파동에 가해지는 불규칙한 파동. 클래식 연주회장에 들려오는 못박기 소리. 독창 소리에 겹쳐지는 노래방 악쓰는 소리. 고요한 산에서 갑자기 들려오는 야호 소리. 고요한 호숫가에서 벌어지는 야유회.

힌두교에서는 나다(nada)라는 개념을 중요시한다. 나다는 음악을 통해 모든 세포들에게 영감을 주고 춤추게 만드는 진동을 일컫는다. 이 나다는 의식의 원천으로 흘러, 나다로부터 음악이 나오고, 춤이 나오며 심지어는 시(詩)와 회화까지 나온다고 이야기한다. 나다가 없는 음악은 공해와 같은 효과를 불러온다.

사라스와티는 어느 사이에 강가에서 걸어 나와 언덕에 이르렀다. 여신은 일곱 줄의 비나를 연주하기 시작했다.

제대로 된 음(音)은 치유능력이 있다. 이리저리 잘라 흩어졌던 몸 조각들은 어느새 천상에서나 만날 수 있을 법한 아름다운 모습으로 변모하기 시작했다.

나라다는 쉬바, 파르바티, 사라스와티 앞에서 자신의 교만을 읽었다. 그리고 다시는 교만하지 않겠노라 마음 서약을 했다. 이제 둘 사이의 이중주가 바드리나트 계곡 사이를 가득 채웠다.

자만과 교만이 몰고 오는 장애를 사라스와티는 경고하며 치유시켜 준다. 학문 자체로 높게 올라간 학자들의 안하무인의 행동과, 지혜로 바뀌지 않은 과도한 지식으로 인한 편견을 자주 본다. TV를 켜면 흔히 만나는 인사들, 정권이 바뀔 때마다 목청을 높여 부르는 용비어천가(龍飛御天歌). 그들에게 사라스와티의 방문이 필요하다.

"나는 누구인가?"

"나는 얼마나 부족한가?"

"나는 아뜨만, 브라흐만 혹은 순수불성, 수냐타(空)와 얼마나 멀리 떨어져 있나?"

꾸준히 묻는 일을 잠시라도 잊는다면, 내 교만을 알아차릴 수 없으니, 낮은 곳을 향해 쉬지 않고 흘러가는 강물처럼, 흐르는 사라스와티처럼 자꾸 낮추려는 시도가 필요하다. 강물은 자신을 낮추기 위해 켜켜이 겹친 산을 얼마나 돌고 돌며 수고스러이 먼 길을 가는가. 사라스와티 신화는 그것을 말한다.

사라스와티에 대한 애정을 숨길 수는 없다. 알면 알수록 자꾸 끌리는 여신으로 최고의 신부감이다.

"옴 아임 사라스와티야이 나마하."

탄센이라는 인물

● ● ●

인도의 음악이나 춤 등의 공연에서는 학문과 예술의 신(神)인 사라스와티, 그리고 살아 있는 신으로 모시는 구루에게 바치는 향(香)이 먼저 올려진다. 그들에게 있어 모든 예술 행위란 신께 올리는 공양이며, 신을 기쁘게 하는 일은 곧바로 인간에게 축복으로 되돌아오는 것을 믿기 때문이다.

노래를 하는 사람들에게는 여기에 더해 구루 탄센에게 향을 올리는 경우도 있다.

탄센 이야기는 극적이기 때문에 상식으로나마 알아둘 필요가 있다. 그의 이야기도 역시 각론(各論)에 들어가면 모두 일치하지 않고 차이를 보이는 것으로 보아 신화적인 존재임은 틀림없다.

인도 무굴 왕조의 아크바르 통치시절에 유명한 노래꾼, 미얀 탄센(Miyan Tansen)이 있었는데 '아크바르 궁전의 아홉 보석 중에 하나'로 대접을 받았다. 대왕은 전쟁터까지 그를 데리고 다니면서 음악을 들을 정도로 총애했다.

어느 날 아라비아 왕이 국빈 방문했다. 탄센은 두 분의 왕을 모셔놓고 노래를 부르는 영광을 가졌다.

노래가 끝나자 크게 감동 받은 아라비아 왕은 아크바르 왕에게 부럽다고 이야기하며 탄센을 끝없이 칭찬했다. 기분이 좋아진 아크바르 왕은 그 자리에서 자신이 아끼던 다이아몬드 반지를 탄센에게 하사했다.

이렇게 왕의 총애를 한 몸에 받으면 시기하는 반대 무리가 생겨나는 법, 시간이 지난 후에 탄센이 돈이 필요해 자신의 보석들을 내다 팔면서 문제는 시작되었다. 내다 판 보석 중에 왕의 하사품 다이아몬드 반지가 섞여 있었던 것이다. 당대 최고의 소리꾼 탄센이 소장했던 보석에다가 원 주인이 아크바르 대왕이었다는 사실이 알려지면서 다이아몬드는 부유층 사람들 사이에서 구매경쟁을 불러일으켰다. 이 소식은 곧바로 탄센을 시기하는 무리들에게 좋은 기회가 되었다.

고자질을 받은 왕은 탄센을 잡아오라고 했다. 반대파들은 더구나 '탄센이 아직 대왕에게 들려드리지 않은 노래가 있다'고 일러바쳤다. 분개한 왕은 탄센에게 사형을 언도한다. 그러면서 한 번도 부르지 않았다는 '디파크 라가

(Deepark raga)'를 부르도록 명령한다. 탄센은 대왕에게 3주간의 시간을 부탁한다. 그동안 끔찍하게 아끼던 노래꾼이 아닌가. 대왕은 허락한다.

탄센은 황급하게 고향으로 돌아가서 딸(일부에서는 여자 친구로 나온다)에게 노래를 가르치기 시작한다. 메그 말하르(Megh Malhar)라는 비가 내리도록 하는 라가였다. 3주라는 시간은 어린아이가 노래를 배우기에 너무 짧았다. 탄센은 약속한 날, 궁전으로 돌아와 대왕 앞에 섰다. 왕궁의 너른 마당에는 많은 신하들이 마지막 노래를 듣기 위해 운집했다.

탄센이 노래를 시작하자 어디선가 따뜻한 미풍이 불어오기 시작했다. 조금 지나자 궁전의 나무들에서 낙엽이 떨어지더니 램프에 연기가 모락거리기 시작했다. 디파크 라가는 열기를 피워 올려 차차 주변에 불을 일으키며 결국 부르는 가수는 타죽고야 만다는 성가였다. 왕에게 불러주지 못한 이 음악은 불〔火〕을 부르는 일이기에 반대로 비〔雨〕, 즉 물〔水〕을 불러주는 상대가 없다면 죽음에 이를 수 밖에 없는 이중주였기 때문.

간신배들은 이 점을 이용해서 탄센을 죽음으로 몰아넣으려 했다. 탄센은 땀을 비 오듯이 흘리며 온몸이 열로 인해 점점 뜨거워지기 시작했다.

딸은 궁전 밖에서 아버지가 지도한 노래, 비를 부르는 노래, 메그 말하르를 부르기 시작했으나 하늘에서는 구름이 몰려올 기미가 없었다.

노래가 거의 마지막에 이르자 램프에 불이 붙었다. 탄센은 혼수상태로 들어가면서 자신을 위해 노래를 하고 있을 딸 아이 생각으로 마지막 기력을 다했다. 이런 명창은 유례가 없었다. 모든 사람은 그 목소리에 감동을 거듭했다.

딸은 궁전 안에 연기가 일고, 차차 불이 켜지며, 점점 환하게 변하는 모습을 보면서 신에게 기원한다. 자신의 목숨 따위는 안중에 없다고.

"나의 목숨은 사라져도 좋습니다. 제발 아버지가 가르쳐준 대로 부를 수 있게 하소서!"

그러자 목에서 피가 울컥 쏟아져 나왔다. 그러나 마지막 힘이 다할 때까지 멈출 수가 없었다.

지성이면 감천이다.

인간의 소리가 천상으로 올라 신을 움직였다.

사라스와티가 가만히 있을 수 없다.

천둥이 치더니 비가 억수로 쏟아져 내리기 시작했다. 혼수상태에서 죽음에 발을 들여놓았던 탄센은 왕궁 마당에 내리는 비를 맞으며 간신히 기력을 찾아 노래를 마쳤다.

왕은 밑으로 내려와 그의 손을 잡았다. 그리고 자신이 경솔하게 사형 선고를 내린 점을 사과했다. 탄센은 감사함을 표하고 노래가 끝날 수 있었던 것은 딸이 부른 물―비를 부르는 노래 덕분이었다고 이야기했다.

모두들 이 뛰어난 딸을 맞이하려고 성벽 밖으로 나섰다. 그러나 딸은 피를 토한 채 이미 죽어 있었다. 탄센은 쏟아지는 빗속에서 딸을 껴안고 하염없이 울었다.

이후에 탄센이 디파크를 노래하면 불이 일어나고 라가 메그 말하르를 노래하면 비가 내린다는 이야기가 생겨났다.

음악은 에너지를 가지고 있으며 천상의 기후와 연관 있다는 생각이 반영된 이야기다.

이 이야기는 이야기 자체가 굉장한 기억력을 가진다. 인도 명창들의 노래를 들으면서 탄센과 딸의 이야기는 늘 먼저 생각난다. 명창들이 노래하기 전에 사라스와티, 자신에게 노래꾼의 길을 열어준 구루, 탄센에게 향을 피우는 일은 알고 보면 전혀 이상하지 않다.

동양에서는 아주 흥미로운 파동학인 율려(律呂)가 있다. 소리의 역경(易經)적인 표현이다. 소리와 음악은 본래 사물을 진동시키게 되는바, 우리가 흔히 오해하는 부분은 귀를 통해 뇌에만 전달된다고 믿는다. 그러나 소리와 음악은 프랙탈 이론에 따르면 우리 몸 전체에 진동을 주게 되어 장기, 세포를 지나 분자·원자 수준까지 파동으로 영향을 준다. 말하자면 파동에 의해 상대에 변화가 오는 것이다.

파동으로 상대에게 떨림을 유발하니 그 결과 바로 춤이 생긴다. 지구의 궤도 운동, 별자리의 움직임도 춤사위로 보아야 한다. 꽃 피고 지고, 바람 불고 멈추고, 조수가 밀려오고 물러서고, 나비가 날갯짓하는 모두도 춤으로 만물은 춤을 추고 있는 셈이다. 음악은 단순히 음악이 아니라 인류의 언어로서의 음악이다. 더불어 진리 전달의 형이상학적 언어가 음악이다.

『도덕경(道德經)』 제41장에는 멋진 말이 있다.

"큰 음악은 소리가 없고, 큰 형상은 형태가 없고, 도는 숨어 있어 이름이 없다〔大音希聲, 大象無形, 道隱無名〕."

힌두교가 이해하는 소리에는 들리는 소리와 들리지 않는 소리, 아나하트(anahad)가 있다. 아나하트는 내면의 소리로서 아뜨만만이 이 소리를 자각할 수 있어 깊은 요가의 삼매 상태에서 이 소리를 감지할 수 있다고 한다. 이것이 인간의 성대 혹은 연주하는 악기를 타고 흐르면 신성을 반영하는 성악(聖樂)이 된다. 더불어 대음이란 '무목적성의 음악이면서 자연의 법칙에 맞는 합목적적인 음악으로 자연의 법칙과 우리의 내면세계가 합일하는 것'이다. 이것을 느끼게 되는 순간이면 음(音)이 비를 부르고 천둥이 치며 산불을 일으킨다 해도 놀랄 이유가 없어진다.

이 모든 일을 주관하는 힌두 신은 사라스와티다. 그러니 이 모든 것을 알고 나서 여신을 사랑하지 않을 도리가 있겠는가. 영원히 반려자로 삼고 싶지 않겠는가.

(사탄은 없다, 히말라야)

만일 부소부재이고 전지전능한 존재가 있다면 악마가 존재할 수 있겠는가? 악마가 있다고 믿는 것은 신의 존재를 망각한 데서 비롯된 종교적인 질병이다. 부정적인 마음은 인간의 존재 안에서 상주하는 가장 큰 악마다. 부정적인 쪽으로부터 긍정적인 쪽으로 사고를 바꾸도록 해야 한다. 마음이 천국과 지옥을 창조해 내는 것이다.

서양식 악마는 히말라야에 없다

바드리나트의 온천, 타프꾼드 주변에는 5곳의 유명한 돌덩이들이 있다. 판츠 실라스(Panch Shilas), 즉 5개의 돌이라는 의미로 특별하게 모셔진다. 각기 모두 신화가 푹 적셔져 있으며 힌두교도들의 참배가 줄을 잇는다. 주(主) 사원에 뿌자한 사람들의 다음 행로는 이들 실라를 돌아보며 머리를 조아리며 허리를 깊게 낮추는 일이 된다.

중요도 순으로 나열하면 아래와 같다.

1. 나라싱하 실라 : 아라카난다 강가에 마치 사자의 발톱과 턱처럼 생긴 커다란 바위다. 얼굴은 사자며 몸은 사람인 나라싱하(Narasingh)는 비슈누의 아바타다.

2. 바라하 실라 : 나라싱하 실라 근처에 있다. 바라하(Barah)는 역시 가

라앉는 지구를 떠받치는 비슈누 화신으로 멧돼지 모습을 하고 있다.

3. 나라다 실라 : 타프꾼드와 나라다꾼드 사이에 있으며 원추꼴로 성자 나라다가 주로 명상했던 자리다.

4. 가루다 실라 : 타프꾼드 근처에 있다. 비슈누의 탈것인 가루다(Garuda)가 명상한 자리다. 사람들은 현재 가루다가 이 자리에서 돌로 모습을 바꾸어 살고 있다고 믿는다.

5. 마르칸데야 실라 : 성자 마르칸데야(Markandeya)가 천국에 들어가기 위해 명상한 곳이다. 아라카난다 강가에 있어 몬순 때 물이 불어나면 보이지 않는다.

바드리나트 사원 주변의 실라들을 둘러본다. 산마을에는 어둠이 일찍 찾아오는 법, 어둑해지면서 기온이 떨어진다. 몰려온 한 무리의 사람들은 시간과 무관하게 열정적으로 춤을 추며 노래하는 바람에 더불어 흥겹다.

성지라는 개념은 이해가 가면서 동시에 반대가 된다. 이 드넓은 우주에 중심점이란 없기 때문이다. 지구라는 푸른 혹성은 알고 보면 빅뱅이라는 발파공사장에서 생긴 아직까지 날고 있는 눈에 보이지 않는 작은 먼지와 다름이 없다. 그 먼지 위에서 우리는 태어나고, 살고, 엉켜 만나고, 병들어 죽는다. 그런 작은 먼지 위에 점을 콕 찍어 예루살렘이 있고, 메카가 있으며, 가르왈 히말라야의 성지들이 있다.

이해가 가는가?

어디에 점을 찍을 수 있겠는가?

가끔 밤하늘의 별자리를 바라보면 떡 팔던 노파처럼 덕산스님에게 점심(點心)을 묻게 된다.

어디에 점을 찍겠소? 도대체 이 우주에 어디가 성지요?

전후좌우(前後左右) 물리치고 어찌하면 노파감파(老婆勘婆)로 떡 하나 얻어먹을 수 있으려나.

"경전에 심오하다 해도 털끝 하나 허공에 놓는 듯하고, 세상 이치를 모두 알았다 해도 그것은 물 한 방울을 깊은 계곡에 던져진 것과 같고……."

우주를 더듬으면 더듬을수록 질문은 더욱 커지게 마련이다. 붓다는 우주에 대한 질문에 대해서 침묵으로 일관했다. 그는 우주의 브라흐만과 같은 광범위한 사상을 인간 내면으로 돌리는 일을 추구하며 우주적인 시선을 끌어내려 내면으로 응집시켰다.

"그렇게 숲으로 달려가는 그대, 그대는 누구인가?"

결국 붓다가 이끌어낸 것은 『상응부경전』「우파바나」가 말하듯이 '그대들도 와서 보라!'라고 말할 수 있는 것, 능히 '최상의 평화로 인도하는 것'이었으니 우주 어디, 지구의 어떤 곳이 아니라 내 내면에서 최고의 성지 붓다를 찾는 일이었다. 그는 스스로 안에서 붓다를 찾아 그야말로 붓다가 되었다.

당시로서는 사변의 혁명이었다. 모래를 알기 위해서는 전 우주의 모래를 모두 보아야 하는 것이 아니라, 갠지스 강의 모래 한 줌이면 되는 일이었다. 어차피 우주에서 날아오는 빛의 0.0001%를 겨우 감지하는 인간 감각의 한계로서는 방법을 바꾸어야 한다.

떡 파는 노파에게 한 방 맞은 덕산선사, 결국 깨달음을 얻고 후에 열반에 들면서 말씀하신다.

"헛됨을 찾고, 메아리를 뒤쫓기에 그대들의 심신만 괴롭구나! 꿈을 깨듯이 허물을 깨달아야 하는데, 깨달은 뒤에는 무슨 일이 있겠는가?"

힌두교식으로 이야기하자면 마야에 대한 경고다. 근기가 지독스럽게 낮은 이 중생 모든 추리는 하면서 춤판에 어울려 그들 뒤를 따른다.

5개의 실라를 이야기하자면 기독교와는 다른 힌두교 선악 개념을 만난다. 힌두교에서 악은 받아들여지고 (거부가 아님에 주목해야 한다) 선을 추구한다. 본래 우주의 제신 중에는 선으로 완벽히 가득 차 있거나 악으로 꽉 찬 존재는 없는 것으로 본다.

힌두 신들은 슬쩍 사기를 치고, 넘보지 말아야 할 대상에 욕정을 느끼는 등, 100% 순수가 없다. 즉 절대(絶對)는 존재하지 않는다는 개념이다. 악의 세력에 해당하는 존재들이 하는 일은 '선(善)에 대항하는 것이 아니라 신(神)에게 대항하는 일'이다. 악마는 아수라, 다나와, 다이띠야, 락사사, 그리고 락사 등등의 이름을 가지며 통상 아수라(Asura)라 뭉뚱그려 부른다.

천문학자 칼 세이건은 과학전문 서적뿐 아니라 소설도 썼는데 외계와의 신호를 포착하는 영화 〈콘택트〉의 원안이 되었다.

그의 소설 『만남』을 읽어보면 칼 세이건 역시 이 생각을 정확히 파악하고 있었다.

인도의 산스크리트어로 '승리'라는 말은 '아피지트'인데, 이 말은 고대 인도에서 직녀성을 부르는 말이었어. '아피지트' 이 말은 우리의 문화적 영웅이고 인도신의 신인 직녀성으로 악의 신인 아수라를 정복한다는 의미였지. 이것은 기묘한 일이야. 왜냐하면 페르시아에도 아수라가 있기 때문이지. 이런 이야기 중에서 힌두교 신은 일반적으로 여성인데 이름은 데비라고 불렀지, 내 이름은 여기서 따온 거야. 인도에서는 데비가 선의 신이야. 그렇지만 페르시아에서는 악의 신이지. 이런 신의 개념을 보면 그 종교가 키타르 산맥의 어느 쪽에 위치하느냐에 따라 직녀성은 신을 지지하기도 하고 악마를 지지하는 것 같다.

악마의 집안은 당연히 신의 집안과 뿌리가 하나다. 아수라의 어원은 두 가지로 나누어 생각할 수 있다. 첫째는 생명이라는 아수(asu)와 무엇을 가진 존재를 의미하는 라(ra)가 합쳐져 힘을 가진 강한 존재라는 의미가 있고, 둘째는 부정을 의미하는 아(a)와 신을 의미하는 수라(sura)가 합쳐져서 신에 반대하는 세력, 신의 뜻을 어기는 존재라는 의미를 가진다. 락사사의 어원 역시 보호한다는 의미의 raksha에서 출발했다. 아수라는 음역하여 어쩐지 야수(野獸)가 된 느낌이 든다.

아수라들은 신에게 대항하지만 정조를 지키는 면에서는 도리어 신보다 뛰어나다. 그들에게 있어서 아내는 끔찍하게 아껴야 하는 대상이며, 경전 혹은 신화 어디에도 잠시 혹하는 대목은 보여도 외도란 없다. 도리어 신들이 아수라의 아름다운 아내를 넘보는 이야기들이 신화에서 왕왕 발견된다.

"사탄아 물러가라!"

'무(舞)의 초문(初文)은 무(巫)다.'
무는 원시적 토템에 뿌리를 두고 있어 사람들이 춤을 출 때는
현실이 아닌 다른 시공의 세계를 넘나든다.
이런 자리에서 함께 동화되면 그들의 원초와 기꺼이 닿게 된다.

다섯 살 아래 동생이 한때 내게 한 이야기다. 자신의 종교적 관념으로 볼 때, 내가 사탄이라는 판단이겠다. 교회에 지극열심인 시절에 그가 배운 바에 의하면 형인 나는 아수라였다. 동생에게 나는 사탄으로 보일지언정 다른 쪽에서는 그 반대이기도 했다. 하기야 내게는 사탄이라 부르든, 사탕이라 부르든, 사랑이라 부르든 그게 그거였고 우리는 형제였다.

사실 힌두 시선에서는 신과 악마는 음양(陰陽)일 뿐, 춘하추동(春夏秋冬)일 따름이다. 겨울이 여름을 보고 악마라 부르고, 여름이 겨울을 보고 사탄이라 부르는 것은 집안 법도가 아니다. 소가 닭을 보듯이, 에너지의 다른 패턴, 에너지의 다른 무늬로 보면 된다.

많은 순례자들이 노래 부르고 춤추는 일, 신에게 참배하는 일은 자신에게 있는 악마의 성향을 신의 성향으로, 즉 에너지 패턴을 긍정적인 면으로 바꾸려는 물리화학적인 노력이다. 이미 오래 전에 힌두의 선악사상을 받아들인 나로서는 사탄, 악마, 아수라 어떤 말을 해도 별 상관이 없었다.

죄를 지으면 악마의 배역이 주어진다
● ● ●

힌두교에서 악마라고 할 때, 전생에 어떠한 죗값을 치르기 위해 이 땅에 다시 태어나고, 이 삶에서 악마로서의 역할을 충실하게 수행하며 자신의 까르마를 소진한다고 본다.

부언하자면 태극을 생각하면 된다. 음과 양으로 나누어진 세상에서 죄를 지으면 음(그렇다고 음이 나쁘다는 이야기가 아니다)의 세력 안으로 튕겨져 들어간다. 그곳에서 일정한 역할을 수행하고 되돌아온다. 악마는 대체로 자신의 임종을 맞이하는 순간, 자신의 업이 끝났음을 알고 죽음을 당당하게 맞이한다.

바드리나트와 관계된 예를 들어본다.

•• 사건의 시작, 악마 임무로의 출발

브라흐마의 아들들은 당연히 성자로 너무 순진하고 때 묻지 않은 존재이기에 아무것도 걸치지 않아도 부끄럽지 않았다. 몸에 흔한 장신구 하나 걸치지 않은 이들은 5살 소년의 모습으로 유랑한다.

어느 날 이들은 비슈누 신의 거주지, 일명 니스레야사(Nisreyasa)라는 아름다운 바이쿤다까지 순례를 온다. 이곳에는 일곱 개의 대문이 있고, 문마다 경비를 맡은 안내자가 있어 허락을 받아야만 들어갈 수 있었다.

네 아들, 사나트쿠마라(Sana-thkumara), 사나타나(Sana-thana), 사나다나(Sana-dana), 그리고 사나카(Sana-ka)는 아무 생각 없이 떠들면서 무심하게 대문 여섯 개를 지나쳤다. 그런데 마지막 대문을 지키던 파수꾼은, 발가벗고 떠들어대면서 자신들에 대해 아무런 신경도 기울이지 않는 어린아이들에 대해 화가 몹시 났다. 모욕당하고 무시당했다고 생각하고 길을 가로막았다.

네 성자들은 깜짝 놀랐다. 순수만이 존재해야 하는 신의 땅에 누군가를 '의심하는 마음'을 가진 존재가 있다는 사실을 받아들이기 어려웠다. 성자들은 이 두 경비병을 질책하며 신의 땅을 더럽힌 대가를 받아야 된다고 말했다.

저주가 떨어졌다.

"탐욕, 쾌락 속에 살고 울화를 가득 지닌 악마와 같은 낮은 존재로 태어나리라."

사신들의 실수를 알아차린 두 파수꾼, 자야(Jaya)와 비자야(Vijaya)는 곧바로 엎드려 용서를 구했다. 그 죄를 달게 받겠다고 했다.

이들은 부탁했다.

"악마가 되더라도 외모만은 저희가 존경하는 비슈누 신과 비슷한 모습을 잃지 않게 해주십시오."

밖의 소란을 듣고 나온 하리, 바가반, 즉 비슈누는 모든 이야기를 듣고 자신의 문지기가 저지른 무례함을 사과했다.

그리고 말했다.

"당신들이 이 문지기들에게 한 말은 나(신)의 고유한 원칙에 어긋나지 않는다. 따라서 이 두 사람은 오랫동안 (그 죗값을 사하기 위해) 악마로 태어날 것이다. 그런 후에 그들은 곧 나에게 다시 오리라."

성자들은 돌아갔고, 주인인 바가반, 비슈누는 두 문지기에게 앞으로 거듭될 삶에 대한 충고와 축복을 내려 주었다. 까르마가 종료되면 다시 자신의 곁으로 올 수 있다는 약속과 함께.

이들 문지기는 세 번에 걸쳐 악마로 태어난다.

첫번째가 바로 성자 카샤파와 아내 디티 사이에서 쌍둥이로 태어난 히라니야카시푸(Hiranyakasipu)와 히라니야약샤(Hiranyaaksha) 형제다. 이들은 히말라야 입구 마을 조시마트 지역, 그리고 이곳 바드리나트와 밀접한 관계가 있다.

두 번째는 『라마야나』의 영웅, 라마와 맞서는 악마 라바나와 쿰바카르나 형제.

세 번째는 시수파라와 단타바크트라 형제로 태어난다. 결국 세 번째는 비슈누의 화신인 크리슈나와 맞붙었다가 죽음을 맞이함으로써, 저주를 풀고, 본래의 주인에게 행복하게 되돌아갔다.

모든 시초는 '남을 의심하는 생각'이었다. 천상을 지키는 신장(神將) 정도라면 마음을 맑게 비워, 성자가 오면 자신의 거울에 성자가 나타날 수 있게 마음 수양이 되어 있어야 했다.

남을 의심하는 마음으로 인해 무려 삼세(三世)에 걸쳐 그 빚을 갚아야 한다니.

●● 두 문지기, 악마 형제로 환생

위대한 성자 카샤파는 브라흐마의 손자. 어느 날 저녁 아그니 신에게 뿌자를 마치고 고요하게 명상을 하고 있을 때, 아내 디티가 다가와서 자식을 하나 낳자며 부부관계를 요구한다.

카샤파는 말한다.

"지금은 낮과 밤이 만나는 시간, 산디야(Sandihya)다. 모든 신들, 특히 비와 폭풍을 주관하는 루드라가 지금 여행을 끝내려 하고 있다. 그들이 여행할 때 우리는 공경해야만 한다. 그들을 불쾌하게 만들면 안 된다."

그러나 디티는 카샤파의 옷을 은근히 잡아당겼다. 카샤파가 졌다. 관계가 끝나고 나서 카샤파는 신들에게 자신의 무례를 용서해 달라는 기도문을 외웠다. 아내 역시 태어날 아이가 루드라 신과 다른 신들에게 저주받지 않도록 기원했다.

성자 카샤파는 미래를 내다보며 말했다.

"아들 둘을 낳으리라. 그들은 지상에서 악독한 악당으로 살리라. 그러고 신의 손에 죽음을 당하리라. 아들 중에 큰 아들의 아들, 즉 손자 중에 하나는 신의 훌륭한 경배자가 되리라."

아내 디티는 악당이라 해도 상관치 않았다. 그녀는 도리어 '신의 손에 죽음을 맞이한다'는 이야기에 즐거웠다.

"신의 손이라니! 그 무슨 일을 하든 영웅으로서의 죽음이 아닌가!"

손자가 신의 위대한 칭송자가 된다는 사실에도 더없이 만족했다. 성자 아내치고는 지극히 단순하고 긍정적이다. 결국 달이 열 번 차고 기울더니 태기가 있어 쌍둥이가 태어났고 히라니야카시푸와 히라니야악샤로 이름을 짓게 되었다.

정상적으로 성장한 이 두 형제는 성자의 혈통답게 고행, 즉 타파스를 통해 힘을 키워 나갔다. 이들의 엄청난 고행에 감동 받은 브라흐마는 두 형제에게 축복을 내렸다.

"너희 둘은 최고의 신이 아니면 죽음을 주지 못하리라."

●● 동생 히라니야악샤

히라니야악샤는 타파스로 얻은 힘을 남용하며 겁 없이 싸움질하고 다녔다. 거의 무적이었다. 심지어는 물밑으로 들어가 바다의 신 바루나에게 도전했다.

바루나는 자신이 너무 나이가 들었음을 이야기하고 예의바른 언어로 거절했다.

"당신과 맞설 사람은 오로지 최고의 신밖에 없다오. 정 싸우고 싶으면 그를 찾아가시오. 아마 신은 틀림없이 즐거워할 것이오."

히라니야악샤는 최고의 신을 찾아 돌아다닌다. 그러나 최고의 신은 그림자조차 찾을 수

약사여래의 태생은 힌두교와 닿아 있다. 힌두교의 악마 계열의 약사였으나 붓다의 교화에 의해 질병으로 고통 받는 사람을 돕는다.

없었다. 마침 방랑하는 나라다를 만나 최고의 신이 어디 있는지 묻는다. 워낙 이곳저곳을 돌아다니는 나라다가 어디 모르는 것이 있을까.

이때 마침 지구는 홍수 끝에 물에 잠길 무렵이었다. 최고의 신은 바라하(Varah), 즉 수퇘지 모습으로 뿔을 이용해서 물밑에서 지구를 받쳐올리는 중이었다. 나라다는 그가 물밑에 있으며 어떤 모습을 취하고 있는지 알려주었다.

히라니야악샤는 주저없이 물밑으로 들어가 수퇘지에게 싸움을 걸었다. 최고의 신은 자신의 모든 능력을 발휘해서 일단 육지를 해면 위에 올려놓고 도전에 응했다.

싸움은 치열했다. 일대 공방이 벌어졌다. 시간은 점점 흘러 신들이 가장 힘을 얻는 한낮 아비지트―라그나(Abhihit Lagna)가 됐다. 때에 이르렀다. 최고의 신은 이미 상대가 누구인지 알고 있었다. 이제 그를 도와야 했다. 히라니야악샤가 온 힘을 다해 힘차게 던진 삼지창을 왼손으로 가볍게 받았다. 그리고 조각조각 내버렸다. 그리고는 무기가 없는 히라니야악샤의 머리를 후려침으로써 지루한 싸움을 끝냈다.

　　히라니야악샤는 제 정신이 들어왔다. 이제 죽어가면서도 끝까지 자신의 주인인 최고신을 기억하며 삶을 마쳤다. 신은 이리하여 저주를 완성시키며, 자신의 부하들이 신속히 되돌아올 수 있는 첫번째 관문을 넘겼다.

　　이런 싸움에 신에게는 아무런 적의(敵意)가 없음이 중요한 관전 포인트가 된다.

　　생각해 보자.

　　"우리 주변에서 흔히 볼 수 있는 맞이하는 때 이른 죽음이랄지, 도저히 이해하기 어려운 죽음 배후에는 무엇이 있는가?"

　　신의 부름이 있다.

　　우리를 신속하게 맞이하기 위한 생명의 종료로 해석할 수 있다. 당하는 사람이 깨어 있지 않으면 죽음은 저주이지만, 깨어 신을 활연하게 만날 수 있다면 죽음은 축복이 된다는 것이 신화의 골격이다. 더불어 천민으로 사는 삶, 어처구니없다고 생각하는 죽음, 악에 사로잡혀 날뛰는 존재들, 그 근원은 모두 지난 삶에 있다는 이야기다.

•• 형 히라니야카시푸

히라니야카시푸는 동생의 죽음이라는 비보를 접하고 나서 애도 기간을 보낸 후, 타파스를 다시 시작하기로 했다. 아직까지 왜 동생이 죽음을 당했는지, 전생의 기억을 되찾지 못해서였으리라. 모두 비슈누의 마야의 힘이었다.

역시 고행의 깊이가 심오하니 브라흐마가 그의 소원을 모두 들어주게 된다.

프라흐라다는 악마의 아들로 태어나 신들의 자식처럼 행동했다. 그는 자기 또래의 아이들을 모아놓고 신의 말씀을 전했다.

"지상이나 하늘에서 결코 죽지 않으며, 문 안이나 문 밖에서 죽지 않으며, 밤이나 낮 동안에 죽지 않을 것이며, 인간이나 동물, 혹은 그 어떤 피조물에 의해서도 죽지 않을 것이며, 어떤 무기에도 살해되지 않게 하소서."

그가 까다로운 조건을 내세운 것은 동생의 죽음이 어떻게 진행되었는지 알았기 때문이다.

은총과 힘을 얻은 그는 역시 닥치는 대로 악업을 시작했다. 원성이 하늘에까지 닿았다.

히라니야카시푸는 슬하에 네 명의 아들과 딸 하나를 두었다. 이 중에 프라흐라다(Prahlada)는 덕성을 지닌 특출한 아이였다. 악마의 속성은 전혀 없이 신을 경배하고, 가난하고 불우한 이웃을 돕고, 노인과 승려를 존중했다.

프라흐라다가 악마 혈통이면서 신의 속성을 많이 갖춘 일은 사연이 숨어 있었다.

히라니야카시푸가 동생의 죽음 이후 무적이 되기 위한 타파스를 위해 집을 떠나는 순간, 프라흐라다는 엄마 자궁 속에 태아로 있었다. 이때 인드라가 쳐들어와, 히라니야카시푸의 부하 악마들과 히라니야카시푸 아내를 포로로 잡아 귀환하다가 약방의 감초 나라다를 만난다. 나라다는 그녀를 구해 내 자신의 수도원에 있도록 했다.

나라다는 이 동안 히라니야카시푸의 아내에게 정성을 다해 자유와 해탈에 이르는 길을 알려주었다. 이때 태아로 있던 프라흐라다는 모든 이야기를 엄마 뱃속에서 고스란히 듣게 되었다. 엄청난 태교가 아닌가. 유전자, 출산 후의 교육도 중요하지만 엄마의 뱃속에서의 긍정적 에너지의 파장의 중요성도 힌두경전은 넌지시 이야기한다.

어떤 경우에는 그 반대가 되는 경우도 있다. 임신하게 됨으로써 어머니는 이제는 달라진다. 무엇인가 마음이 평온해지고, 인간을 신뢰하고, 신의 말씀을 귀 기울인다. 내면에 평화가 깊게 찾아오는 순간도 잦아진다고 한다. 이것은 도리어 태아가 어머니에게 주는 선물로, 프라흐라다에 의해 어머니는, 악마의 아내였음에도 불구하고 보리심을 통해 신의 말씀을 거부하지 않고 받아들였으리라.

이렇게 태어난 아이는 악마적인 소양을 키우기 위해 개인교습을 시켜도 먹통.

창으로 찌르고, 코끼리에게 밟히도록 하고, 불 혹은 물에 집어던지고, 독약을 먹이고, 산꼭대기에서 집어 던지고……. 온갖 압력에도 도리어 교육의 한 과정으로 생각하며, 최고의 신만을 찬미하는 게 아닌가.

히라니야카시푸는 이 아들이 도무지 마음에 들지 않았다. 온갖 방법으로 회유하고 벌을 가했으나 이야기가 먹히지 않았으니.

아이는 도리어 자신의 형제들과 악마의 아이들을 죄다 불러놓고 이렇게 물었다.

"친구들이여, 우리는 우리 나이 또래의 수많은 어린아이들이 (때 이르게) 죽어가는 모습을 보았다. 그 이유를 아는가?"

프라흐라다는 멋진 가르침을 준다. 긴 문장 중의 일부를 소개하면 이렇다.

인간의 생명은 고작 백 년. 그 중에 반은 밤에 잠으로 소비한다. (중요한 시기는 이런저런 연유로 소비되고) 그 나머지는 까르마, 행위에 의해 오염이 된다. 까르마, 행위는 성냄·탐욕을 부리는 것·술을 마시고 놀아나는 것·(신에 대한 생각을 잊는) 의식의 상실·이기심을 부리는 행위들을 말한다. 인간은 늘 자신의 탐욕스러움에 패배 당한다(탐욕에 끌려다닌다). 사람은 아내, 자식, 부모, 돈, 재산 등등에 묶여 있다. 그는 그것으로부터 벗어나는 방법을 모른다. 그것으로부터 벗어나는 일은 오직 신을 경배하며, 신을 향해 나가는 문을 통해서만 가능하다. 그 문을 통해 우리는 자유를 획득할 수 있으며 연꽃 위에 있는 신의 발에 이를 수 있다.

여기서 신이라는 언어는 자신의 종교에 따라 예수, 하느님, 알라, 깨달

지식을 버리라는 이유는 지식이 가지고 있는 편향성 때문이다. 저 산의 고도는 얼마고, 어느 산보다 높고, 다른 산보다 가파르고. 이러다보면 산의 본성을 제대로 볼 수 없다. 산의 친절한 제법실상(諸法實相)의 법문을 듣기 위해서는 버리는 것이 요구된다. 한 걸음마다 하나씩만 버린다면 반나절이면 이제 법문이 들린다.

음 등등 그 무엇으로 바꾸어도 좋다. 산의 정상에 이르는 수많은 길이 있지 않은가. 그리고 어느 종교든지 성스러운 믿음을 가지고 믿음을 밀고 나가면 된다.

『대지도론』은 설한다.

"믿음은 손과 같다. 어떤 사람에게 손이 있다면 보배의 산에 들어가 자재하게 보물을 취할 수 있는 것과 같다. 믿음이 있다면 이와 같이 불법의 보산(寶山)에 들어와 자재롭게 취할 수 있거니와 믿음이 없다면 손이 없는 것과 같아서 손이 없이 보산에 들어가더라도 보물을 얻을 수 없는 것과 같다."

신의 발이 얹힌 연꽃까지 이르는 길. 보산(寶山)에 이르는 길은 믿음이 된다.

프라흐라다의 이런 말과 행동은 악마의 왕국 심장부에 신의 말씀을 파종하는 격이니, 복장이 터질 지경의 히라니야카시푸는 아들에게 물었다. 웬만하면 '아이고, 저 자식 언제 철이 들려나' 이런 생각으로 내버려둘 터인데, 끈질기다. 잃어버린 한 마리 양의 우화는 악마세계에도 숨어 있다.

"나는 세상에서 제일 강하다. 천하의 동서남북에서 나를 이길 자는 아무도 없다. 누가 너를 보호하기에 너는 나의 명령을 거부하느냐?"

"나는 아버지의 힘의 원인이 되는 신의 보호를 받고 있습니다. 그는 모든 신비로운 힘의 원천입니다. 그가 나를 보호하고 있습니다."

아들 프라흐라다는 당돌하게 말을 이었다.

이 아이는 입만 벌리면 '말씀'이 나온다!

"아버지는 모든 사람을 이길 수 있지만 스스로의 감각기관과 마음은 이

기지 못하고 있습니다. 특히 야만적이고 악마적인 마음을 정복하지 못했습니다. 만일 이것을 통제할 수 있다면, 아버지는 모든 사람을 이길 수 있습니다."

명언이다. 나라면 이 대목을 듣는다면 아이를 물리치고 감각기관과 마음의 통제를 위해 히말라야 봉우리 아래로 타파스하기 위해 다시 떠날 것이다. 그런데 악마는 역시 악마.

히라니야카시푸는 화가 머리끝까지 솟았다.

"나는 모든 곳을 찾아다녔으나, 네가 말하는 신을 찾지 못했다! 그렇다면 그가 어디 있는지 대라! 내가 끝장을 내주마!"

"신은 어디든지 계십니다. 그가 존재하지 않는 곳은 없습니다. 만일 우리가 진지하게 둘러본다면 신을 어디서나 볼 수 있습니다."

마침 왕궁의 기둥 하나에 시선을 돌린 히라니야카시푸는 조롱하듯이 물었다.

"그렇다면 너는 이 기둥 안에 있는 그를 보여줄 수 있느냐?"

이쯤에서 고개를 푹 떨어뜨릴 줄 알았던 아들은 도리어 고개를 끄덕이는 게 아닌가.

더구나 고개를 똑바로 들고 자신 있게 말한다.

"의심할 나위 없이 그는 그곳에 있습니다."

히라니야카시푸는 성질이 났다. 성큼성큼 걸어가 주먹으로 기둥을 한 방으로 때려 부셨다. 순간 세상을 쪼개는 천둥소리가 울리더니 그 안에 무시무시한 모습을 가진 형상이 튀어나왔다.

사람의 몸에 사자 머리를 가지고, 날카로운 발톱, 긴 이빨, 하얗고 부드러운 털로 덮인 몸, 사납고 흉포한 얼굴, 그리고 먹이를 찾는 충혈된 눈을 가진 존재였다. 그는 뒷걸음치는 히라니야카시푸를 단번에 낚아채 무릎 위에 얹고는, 배를 찢어 심장을 열어젖히고 뿜어 나오는 피를 마시고는 심장을 씹어 먹었다.

이때는 해가 서쪽으로 지고 있는 황혼 무렵으로 낮도 밤도 아니었다. 그는 무기도 연장도 아닌 날카로운 발톱과 이빨에 죽음을 당했으며, 땅도 아니고 하늘도 아닌 기둥에서 튀어나온 존재에게, 하늘도 아니고 땅도 아닌 무릎

비슈뉴의 아바타 나라싱하가 악마를 응징한다. 얼굴은 사자고 몸은 사람이다. 잔혹해 보이는 이 과정은 사실 자신에게 신속하게 귀의시키려는 사랑의 매다.

위에서 당하고 말았다. 이 악마를 죽음으로 내몬 것은 사람도 아니고 동물도 아닌 사자 형태의 신이었다.

이리하여 바이쿤다 문지기 또 하나도 자신의 주인의 손에 의해 첫번째 삶을 마쳤다.

"옴 나모 바가바테 바수데바야."

악마를 죽인 사자머리는 바로 비슈누의 아바타로서, 반은 사람이고 반은 사자, 즉 비슈누의 이름에 즐겨 들어가는 나라, 사자라는 의미의 싱하가 합쳐진 나라싱하였다.

나라싱하는 거칠게 숨을 몰아쉬며 왕좌에 앉았다. 그리고는 먹잇감을 찾으려는 듯 사방을 돌아보며 표효했다. 모두들 두려워 어쩔 줄 모르고 심지어 아내 락쉬미조차 가까이 가지 못하고 멀리서 신을 칭송할 따름이었다. 이 모습을 본 브라흐마는 프라흐라다에게 신을 안심시켜 달라고 부탁한다.

무엇이 두렵겠는가. 아이는 나라싱하의 발에 입을 맞춘다. 나라싱하는 축복을 주겠다고 말했다.

여기서 아이는 매우 중요한 이야기를 한다.

"당신의 은총으로 인해, 당신을 사랑하지 않게 되도록 하지 마옵소서."

않게 되도록……. 마옵소서…….

이렇게 부정어가 두 번 들어가면 이해가 복잡해진다. 매우 난해한 이 화법을 알아내는 방법이 있으니 일단 '당신의 은총으로 인해'를 빼고 읽으면 된다.

"당신을 사랑하지 않게 되도록 하지 마옵소서."

그래도 이해가 가물가물하면 앞에 사랑하는 사람을 두고 이렇게 이야기한다고 생각하면 된다.

"너를 사랑하지 않게 되는 걸 원하지 않아."

신은 허락했다. 그리고 축복했다.

"생을 마칠 때까지 평범하게 인생을 살아라."

이 얼마나 고마운 말씀인가. 신을 사랑하고 칭송하면서 범부로 도원(桃源)에 조용히 은거하며 사는 삶. 집 밖으로 한 발 나서면 만나는 강, 산, 꽃, 나비, 새 등등에서 신의 말씀을 듣고 읽으며, 밥 짓고, 책 읽고, 빨래하며 사는 자족한 삶. 강호에 배를 띄워 어부가를 듣다가, 때 되면 산사를 찾아 범패 소리 들으며 사는 삶.

나 역시 나라싱하의 축복이 필요하지 않은가.

바드리나트의 나라싱하 앞에서
● ● ●

두 문지기는 경건한 믿음이나 헌신, 경배를 통하지 않고, 미움, 싸움, 저주, 증오를 통해 신속하게 까르마를 갚아가며 신에게 다가섰다.

신은 이 두 문지기를 빨리 천상으로 되돌아오게 하기 위해 죽였다. 신의 품 안에 안기는 방법은 죽음 이외는 다른 것이 없었다. 신이 악마를 죽인 자체에는 그 어떤 악의도 없으니 이것이 힌두교의 악마관이다. 머나먼 겁에서부터 이어져 오는 법계(法界)에 증오란 없다.

힌두의 큰 스승, 스와미 라마는 말한다.

어둠 속에서 밧줄이 뱀으로 잘못 보일 수도 있다. 희미한 빛이 그런 환각을 불러일으키게 한 것이다.

악마가 과연 존재할까?

만일 부소부재이고 전지전능한 존재가 있다면 악마가 존재할 수 있겠는가? 악마가 있다고 믿는 것은 신의 존재를 망각한 데서 비롯된 종교적인 질병이다. 부정적인 마음은 인간의 존재 안에서 상주하는 가장 큰 악마다. 부정적인 쪽으로부터 긍정적인 쪽으로 사고를 바꾸도록 해야 한다. 마음이 천국과 지옥을 창조해 내는 것이다.

나라싱하는 소년에게 축복을 주었으나 아직 분이 가라앉지 않았다. 이러면 안 되겠다는 생각에 그는 현재 조시마트에 있는 히라니야카시푸의 성을 나와 히말라야 산길을 걸어 바드리나트에 도착했다. 그리고는 차가운 아라카난다 강물에 뛰어들어가 몸과 마음을 식혔다. 그러자 나라싱하의 몸은 서서히 사라지면서 본래 비슈누의 아름다운 모습으로 차차 되돌아왔다.

나라싱하의 뒤를 따라 바드리나트에 모여든 성자들과 위대한 고행자들은 이 사건을 그냥 넘길 수 없었다. 비슈누에게 악마를 응징한 위대한 업적을 기릴 수 있도록 나라싱하의 모습을 남겨주도록 부탁했다. 비슈누는 이에 응해 자신이 뜨거운 분을 삭인 강물 주변 언덕에 바위 모양의 나라싱하를 바드리나트에 남겨 주었다.

이렇게 탄생된 나라싱하 실라는, 물론 자신이 자아를 정화하는 일이지만 '모든 죄를 사해 주는,' '모든 악의 요소를 제거해 주는' 축복의 거석(巨石)으로 남게 되었다.

춤추는 사람들은 나라싱하 앞에 도달했다. 몇몇 사람은 탈혼이 일어나 눈이 허옇게 뒤집혔다.

밤이라고 악마인가. 생사를 선연하게 가르는 종교에서는 밤에 악마가 다니는 시간으로 본다. 자신이 두려워하는 일을 악마의 탓으로 돌리기도 한다. 또한 자신이 저지른 일을 악마에게 뒤집어씌운다. 그러나 자신의 약점 역시 자신의 것이다.

"원형적 상황이 발생하면, 우리는 마치 황홀경에 빠진 것처럼, 또는 거대한 힘에 의해 사로잡혀 버린 것처럼 갑자기 특이한 해방감을 경험한다. 이런 순간에 우리는 개인이 아니라 종족(種族)이 되며 그래서 모든 인간의 소리가 우리 안에서 울려 퍼지는 것이다."

칼 융의 이야기. 기가 막히다.

춤을 추고 노래를 부르며 집단적으로 황홀경에 몰입한다. 신화가 살아 있으니 그들은 악을 응징하고, 악을 끊음으로써 신의 세계에 보다 가까워진 존재들을 축원한다. 개인이 아니라, 집단 사죄 그리고 종족 사죄가 일어나는 현장이다.

일즉일체(一卽一切)의 원리로 악마까지 껴안고 보면 악마가 오십삼(五十三) 선지식 가운데 하나라 이야기해도 이제 놀라지 않는다.

"나는 누구인가?"

나를 없애다 보면 '법은 일정한 모습이 없으며, 연분 따라 곧 으뜸 종지가 되니〔法無定相, 遇緣卽宗〕' 악마도 별것 아니다. 태양에 사라지는 안개기둥이다.

그러나 나는 힌두의 춤보다는 '성지에서는 마음을 단정히 가짐으로 죄악을 소멸시키고〔端心滅惡〕, 마음을 추슬러가며 산만을 제거하고〔攝心除散〕, 마음을 깨달아 미혹을 끊는〔悟心斷惑〕' 불가의 방법이 더 좋다. 바위 앞에서 마구 춤추고 노래하는 사람들 옆에서 내 까르마, 내 사탄, 내 악마를 조용히 가라앉힌다.

"생을 마칠 때까지 평범하게 인생을 살아라."

나라싱하 실라로부터 이런 축복이라도 한 마디 듣고 싶지만 마음은 이제 도리어 별다른 바람 없이 가라앉는다.
바드리나트 계곡 안에 이제 어둑한 밤기운이 본격적으로 찾아든다. 그러나 노랫소리는 쉽게 가라앉지 않는다.

(사방이 나의 수호신)

산을 걸으면서 느끼는 점은 내가 서 있는 자리, 내가 걷는 자리가 우주의 중심이라는 사실이다. 내가 인드라 구슬의 중심점이 되는 셈이다. 아름다운 풀들과 거침없이 흘러가는 강물, 사면을 장식하는 야생화, 갑자기 다가오는 사슴 떼들.

동쪽으로 가는 길
• • •

이른 아침, 동쪽 숲으로부터 여명이 찾아온다. 다시 길을 떠날 행장을 꾸린다. 어제 왔던 서쪽 길을 보고, 남쪽, 북쪽도 한 번씩 바라보며 만뜨라를 외우고, 지팡이를 움켜잡는다.

방향은 그대로 우리들 생활을 넘어서 종교 안으로까지 깊숙하게 스며들었다.

해 뜨는 동쪽은 고대로부터 신성한 방향이었다. 특히 깨달음을 얻고자 하는 사람이라면 반드시 동쪽을 향해 앉아야 했으니 불교와 힌두교, 모두에게 공통된 자세였다.

동쪽으로 걷는 사람, 그 방향이 고대로부터 거룩한 방향이었음을 기억하면 쉽게 발을 내딛지 못하고 두 손이라도 가슴 언저리에서 모은 후, 첫발을 내딛는다.

그런데 동쪽에는 모든 부처(깨달은 자)들이 결가부좌하던 곳이 있어 그곳은 결코 기울어지거나 흔들리는 때가 없었다. 보살(싯달다)은 '이곳은 모든 부처(깨달은 자)들이 버린 적이 없었고 움직인 적도 없었던 곳으로 번뇌의 마구니를 쳐부수는 곳이다'라는 것을 아셨다. (중략) 보살은 보리수 줄기를 등에 두고 동쪽을 향하여 굳게 결심하기를 '설령 살갗과 근육과 뼈가 닳아지고 몸의 피와 살이 말라 없어진다 해도 올바른 깨달음을 얻지 못한다면 나는 이 결가부좌를 풀지 않으리라'라고. 수없이 많은 우레가 내리쳐도 흐트러지지 않도록, 굴복하는 일이 없도록 결가를 맺고 앉으셨다.
―『본생경(本生經)』중에서

동쪽이 구도자의 방향이라는 사실은 기쁨이 된다. 아침마다 떠오르는 태양을 보며 느슨해진 마음 고삐를 탄탄하게 옭죌 수 있지 않은가.
"나는 무엇을 하고 있는가?"
"나는 오늘 무엇을 해야 하는가?"
많은 사원들이 동쪽으로 문을 열고, 그 내부에 결가부좌·항마촉지의 불상들은 아침 해에 기어이 오늘 끝내고야 말겠다는 듯이 얼굴이 상기되어 붉다.
석굴암 불상이 동쪽을 향해 앉아 동해를 넘어오는 왜구를 바라본다

자신의 마음공부가 막힘 없이 나아가면 아침햇살과 같은 경지에 이르고 이것을 조철(朝徹)이라 표현한다. 아침 햇살에 물 드는 기품 있는 고봉은 화광동진(和光同塵)의 참된 경지에 이르고자 하는 사람들의 이정표다. 이런 해돋이 시간에 히말라야에서는 눈뜨고 있어야 한다.

호국(護國) 정신을 뭐라 할 수는 없으나, 한 발 더 나가 진정한 대승의 눈으로 본다면 조각배에 올라타 겨우 밑만 가리고 몰려다니는 그까짓 왜구 쪼가리가 아니다. 그들과 비교 불가능한 무섭고 끔찍한 번뇌의 마구니들로부터 소복받기 위한 자세가 아닌가.

"불상의 방향을 보며 자신의 마음을 어디에 풀어놓을 것인가?"

"석굴암 부처를 보고 마음자리는 어디에 둘 것인가?"

기왕이면 동쪽의 진정한 의미를 모르는 역사 교과서는 덮어두고 크게 놀자.

방향의 의미에 대해 쉬운 예를 들 수 있는 장소는 이런 정신이 고스란히 반영된 사찰이다. 일주문을 지나 대웅전을 향해 오르다 보면 심상치 않은 표정과 동작의 그림, 혹은 사람 키의 몇 배에 이르는 우람하고 우락부락한 조상(造像)을 만나게 된다.

우선 순차적으로 보자면, 일주문에서 멀리 떨어지지 않은 대문에서 칼이나 몽둥이를 든 험악한 인왕(仁王) 그림을 만나게 되고, 계속해서 사천왕(四天王) 상이 모셔진 전각을 지난다. 이어서 탑이나 부도를 만나면서 사면 혹은 팔면에 장식된 부조들을 본다.

이것들은 모두 외호신중(外護神衆) 즉 신장(神將)으로, 붓다의 법을 수호하고 사찰을 지켜주는 의미를 가지며, 무력으로 적을 제압하여 불법을 듣고자 하는 중생들을 보호하는 임무를 맡는다. 따라서 상대의 기를 죽이는 험상궂은 표정에 위압적이고 전투적인 갑옷 복장으로 무력시위를 하는 모습이다.

우리나라 사찰에는 이런 역할을 맡은 것으로는 범천, 제석천, 인왕, 8부중, 12신장이 알려져 있으며, 이들이 바로 방향과 관계가 있다.

우리의 범천(梵天)은 바로 힌두교의 브라흐마(Brahma)의 습합.

제석천(帝釋天)은 인드라(Indra).

인왕(仁王)은 바즈라다라(Vajradhara), 이름 그대로 번개를 움켜쥔 신으로 금강역사, 밀적금강, 벌절라다라 등으로 불린다. 주먹을 틀고 있어 여차 잘못된 빈틈이라도 보였다가는 한 대 호되게 내리칠 자세를 하고 있다.

서울에 자리한 인왕산은 본래는 서쪽에 있다고 서산(西山)으로 불렸으나, 세종대왕 시절, 불교의 신장개념을 받아들여 왕조와 왕궁을 외호하는 의미에서 인왕산(仁王山)으로 이름을 새로이 지었다. 일본이 한반도를 장악한 후, 명칭과 풍수지리에 관해 심하게 궁리한 일본인들에 의해 인왕산(人旺山)으로 개명되었다. 그런데 본래 이름 인왕산(仁王山)으로 되돌아온 것은 1995년이니, 왕(旺)이 왕(王)으로 복귀하는데 해방 후 무려 50년이라는 세월이 걸렸다.

할 말이 없다. 이름을 바꾸어 놓은 사람들이나 진정한 의미를 품은 자신들의 본래 이름을 제자리로 바꾸지 못한 사람이나 정말 막상막하(莫上莫下)다. 독립군이었네, 오장이었네, 족보가 틀리네, 맞네 등등의 과거사 부관참시(副棺斬屍) 인적청산은 둘째 치고, 이런 것부터 고치는 일이 진정한 청산이기에, 이 부분에서의 복귀 시도에는 어느 누구도 정략적이라 손가락질하지 않는다.

사원의 신장 중에 가장 의미 있는 것은 당연히 사천왕(四天王)이다. 수

미산에서 동서남북으로 자리 잡아 수호하는 신들로 동쪽 지국천왕(持國天王), 남쪽 증장천왕(增長天王), 서쪽 광목천왕(廣目天王), 북쪽 다문천왕(多聞天王)이 있다.

참고로 불법을 수호하는 팔부중(八部衆)으로는 천(天), 용(龍), 야차(夜叉), 아수라(阿修羅), 건달바(乾達婆), 긴나라(緊那羅), 가루라(迦樓羅), 마후라가(摩睺羅加)가 있으며 모두 힌두교로부터 불교 안으로의 습합이다.

비록 동쪽으로의 아침 길이 좋지만 이렇게 사방 지킴이가 있기에 소홀히 할 수 없다. 동쪽으로 인사를 시작해서 시계방향으로 사방으로 차례차례 절 올리는 일은 그런 연유로 필요하다.

진정한 마음으로 절을 올린다면, 그들도 가만히 있지 않고 새 한 마리 허공에 날려 화답한다. 때로는 어제는 보이지 않던 꽃 한 송이가 하얀 설산을 배경으로 막 피어나고 있다. 모두 인사를 받은 그들의 자애로운 조화에 의한 현상이다.

모두가 신장이다

신장 개념은 불교가 처음이 아니라 오래 전부터 힌두교에 있었다. 4세기경 인도 불교 안으로 유입되고, 티베트 불교 안에서 발아하여, 원나라로 퍼져 나가며 화려하게 꽃피워졌다. 우리나라는 당연히 불교 유입에 따라 전해 왔으니 결국 힌두교의 방향신이 변형을 통해 묻어 들어와 이 땅에 정착한 것과 같다.

오래 전부터 힌두교에서 정립된 방위 개념에 의하면, 세계의 중심인 메루산에는 각 방향을 향해 내부를 지키는, 즉 외호(外護)하는 이들이 있고, 이들을 특별히 로카파라(Lokapala), 즉 방위신(方位神)이라 불러왔다.

엄밀히 이야기하자면 로카(Loka)는 세계(世界)를 말한다. 카마로카(Kama Loka) — 욕계, 루파로카(Rupa Loka) — 색계, 아루파 루카(Arupa Loka) — 무색계, 이렇게 된다. 파라(pala)는 지킴이다.

힌두교에서의 신장은 인도 대륙에서의 지리, 역사를 그대로 반영한다.

동쪽은 힌두교에서는 최고의 자리다. 아침에 뜨는 해가 생명력을 주듯이 행운을 가져다주는 첫손가락 꼽는 길향(吉向)이다. 고대로부터 최고 토속신의 위치였던 인드라가 동쪽을 방위했다. 동쪽의 중요성은 대부분의 출가 수행자가 동쪽을 향해 앉는 모습에서도 나타나며, 아직 붓다에 이르지 못한 싯달다가 새롭게 보리수나무 아래에 결가부좌를 틀었을 때, 동향(東向)이었다. 인도에서 가장 위대한 어머니 강 갠지스 역시 동쪽을 향해 흐르는 점도 간과할 수 없었으리라.

오늘처럼 이른 아침 가야 할 길이 동쪽으로 뻗어 있는 경우 매우 행복하다. 생떽쥐베리는 사랑에 관한 많은 정의를 내린 적이 있었다.

그 중에 하나.

"사랑이란 서로 꼭 마주보는 것만 말하는 것은 아니야. 같은 방향을 바라보는 일이 사랑이야."

구도자들을 가슴으로부터 사랑하고 존경하는 나로서는 동쪽 방향은 범

길에서 만나는 모든 사람은 사실 나의 지침이다. 그들의 모습에서 내 모습을 읽어낼 수 있는 맑은 수면이다. 그들을 통해 나를 배우고, 나를 보호하고, 나를 키우니, 타인은 나의 연금술사다.

상할 수는 없다. 히말라야에서 동쪽으로 향하는 길은 어떤 악로라도 나에게는 무방하다. 내가 바라보는 방향은 바로 모든 구도자들이 함께 응시하는 자리이며 마음공부가 되는, 마치 구도자들의 승가(僧家)로 향하는 듯한 발걸음이 된다.

서쪽은 물, 바다의 신 바루나가 지켰다. 고대 인도인들의 생각으로는 서쪽으로 향하다 보면 땅과 경계를 이루는 큰 바다가 있었다.

남쪽은 죽음과 관계 있는 방향이었다. 우리에게는 남쪽이 대단히 좋은 방향이기에 의아하지만 이것은 인도 역사에 그 요인이 숨겨져 있다. 북에서 내려온 아리안들이 남쪽을 점령하기 위해서는 목숨을 내걸고 겪어야 하는 전쟁이 기다리고 있었다. 죽음에 대한 두려움과 자신들이 떠나온 고향 북쪽에 대한 긍정적 관념이 남쪽을 부정적인 의미의 사자(死者)와 연관 지었다. 북부남빈(北富南貧), 북선남악(北善南惡)의 개념, 즉 남쪽은 사납고, 침략적이고, 불길하며, 음산했으니, 이에 걸맞은 죽음의 신, 야마가 남쪽을 맡게 되었다.

북쪽은 재물과 부귀의 신 꾸베라가 담당했다. 사람들은 북쪽 산악지방에는 황금이 많이 묻혀 있다고 생각했다. 계곡 사이에 슬쩍 얼굴을 내민 석양과 마주치는 황금 얼굴의 가르왈 히말라야가 지하에 묻힌 황금을 반영한다고 느꼈을 것이고, 두고 온 북쪽 고향에 대한 애틋한 의식의 반영이리라. 고향에는 무엇이든 다 있었다. 심지어는 금송아지조차 수두룩하지 않았던가.

이런 방위 신 개념은 시간이 더해지며 더욱 발전해서, 경전마다 약간의 전승 차이는 보이지만 동서남북에 이어 북동—소마, 동남—아그니, 서남

―수리야, 북서―바유가 떠맡는다. 힌두교에서 사방(四方)에 의한 팔방(八方) 개념은 금강계 밀교에서는 동서남북과 중앙에 디야니붓다를 배치하는 오방불, 그리고 티베트 불교에 유입되어 호세팔방천(護世八方天) 급기야는 호세십이천(護世十二天)까지 만들어진다.

동쪽으로 걸어가는 길, 길은 내리막으로 계곡 안으로 접어들며 어두움에 잠긴다.

걸음을 걷는 일. 우측으로 구불거리다가 좌측으로 휘고, 낮아지다가 높아지면서 차원을 달리하며 걷는 일. 한기를 몸에 적시며 걸어 나가는 일은 행복하다. 길이 서쪽으로 휘어지면 바루나에게, 남쪽으로 휘어지면 야마에게, 북쪽이라면 꾸베라에게, 그리고 해가 다시 떠오르면 인드라에게 인사 올릴 수 있기에 사방호방(四方豪方)이다.

우주의 중심을 지키는 사천왕, 깨달은 부처를 호위하는 사천왕.

우리에게 사천왕은 무엇일까.

내가 깨달음을 얻은 존자라면 저 숲 사이로 얼굴을 내미는 태양은 물론, 우뚝한 설산들, 내 얼굴을 간지럽히는 미풍들, 이 울울창창한 숲, 나를 감싸고 있는 자연은 모두가 사천왕이다. 사실 나는 이미 청정한 붓다라고 구루들은 한결같이 말씀하셨으니 나는 이미 세상의 중심이며, 나를 중심으로 사방팔방시방(四方八方十方)에 놓인 모든 존재들은 나의 신장이다. 다만 그것을 모르기에 변방인(邊防人)이니 경계인(境界人)이니 서글픈 이야기가 오갈 수 있으리라.

시선을 낮추면 아버지, 어머니, 숙부, 숙모 모두 어린 시절 나의 사천왕이었다. 모든 방향에서 나를 감싸고 보호하며 나의 성장을 도왔다. 그러나 이제 시간의 흐름에 따라 내가 도리어 부모를 보호해야 하는 역할을 맡았다. 어느 누구든지 늘 지킴이로서 든든한 임무를 맡으면 좋으련만 생로병사의 틀 안에서 임무교대가 일어난다. 사천왕은 시간에 따라 변한다.

사천왕 개념을 보자면 이 한 몸이라고 안 그럴까. 사지(四肢)와 장기(臟器)들은 붓다가 되고자 하는 아뜨만을 보호하는 임무를 맡는다. 왕을 지키는 충실한 근위병처럼 조금도 쉼 없이 밤낮으로 호위한다.

햇빛, 낮과 밤, 구름, 비, 안개, 천둥번개, 미풍 때로는 광풍, 산, 나무, 야생화. 그리고 이름 부르지 않은 많은 형상을 가지거나 가지지 않은 존재들. 거꾸로 보면 나 역시 그대들의 사천왕이다. 동시에 모두가 주인이며 사천왕이다. 이것이며 이것이다.

걸어 나가면서 사방을 관찰하면 히말라야에서는 히말라야 한 봉우리는 다른 봉우리를 외호한다. 이 산이 중심인가 싶었는데 또 이 산이 중심으로 바뀌면서 서로가 서로의 사천왕이 된다.

산 하나 하나 모두 장하다. 히말라야에서는 걸음을 시작함과 동시에 사천왕의 개념이 선연하며 모두에게 고마울 따름이다.

꾸베라를 찾아서
• • •

힌두교 사천왕 중에서 흥미로운 존재는 꾸베라(Kubera)로, 꾸베르 · 꾸

꾸베라는 우리에게 친숙한 신이다. 그는 사찰의 사천왕 중에서 북쪽을 담당하고 있다.

베라 · 쿠베르 등으로 알려진 힌두 신이다. 부(富)와 재화를 가져다주는 여신 락쉬미와 그 임무가 겹쳐진다. 다나파티(Dhanapati)라고 불러야 더 잘 알아듣는 힌두들도 있다. 북인도의 힌두 신전에 들어서면 북쪽을 향하는 자리에서 이 꾸베라 신상을 만날 수 있다.

꾸베라는 다른 이름이 있다. 부(富)의 신이라는 의미의 다나파티(Dhanapati) 이외, 마음먹는 대로 부자가 될 수 있는 존재 이카바수(Icchavasu), 약사들의 왕 약사라자(Yakharaja), 보석들의 요람 혹은 보석들의 근원(자궁) 라트나가르바(Ratnagarbha) 등등이 자주 사용하는 이름들이다.

얼굴은 약사[惡魔(악마)] 계열이기에 붉은색 혹은 핑크빛을 띤다. 약사는 우리식으로 발음하자면 야차(夜叉)다.

신화 초반부의 모습은 거대한 임산부를 닮았다. 고무풍선처럼 불뚝한 배를 가진 모습이 고대의 시선으로 본다면 어김없이 전형적인 부자 모습이다. 먹거리가 턱없이 부족해서 헐벗고 굶주리던 과거에 부와 재화란 특별한 것이 아니라 남보다 배불리 잘 먹는 일이었다. 그것도 특별한 날 하루 혹은 축제날에 반짝 한 상 잘 차려먹는 일이 아니라 꾸준히 잘 먹어 슬쩍 비만한 외모를 가지는 것이었으리라. 그 의도를 어김없이 반영하듯 상당히 포만감을 보이는 모습이다. 포식으로 인한 몸매이기도 하면서 한편으로는 풍요(豊饒)를 상징하는 여자(여성)의 에너지를 동시에 가지고 있음을 의미했다.

신화에 의하면 꾸베라의 고향은 본래 스리랑카로 부자가 되기 위해 피나는 타파스를 시행했다. 그러나 이복동생 라바나(Ravana)에 의해 섬 밖, 북으로 추방되어 북인도로 올라오게 된다.

꾸베라는 북상하여 여러 곳에 둥지를 틀며 거처를 옮기게 된다. 만달라 산을 거쳐 가르왈 히말라야 그리고 현재는 티베트의 카일라스 북면에 자리잡고 있다.

꾸베라는 (모든 신상에서 동일하게 나타나는 것은 아니지만) 일부에서는 한쪽 눈이 없다. 쉬바의 아내 파르바티를 탐욕스러운 시선으로 훔쳐본 대가였다는데, 남쪽 신이 북쪽의 신 쉬바에게 복종해야 하는 상하 질서를 상징한다. 재화와 부귀의 임무를 비슈누의 아내 락쉬미에게 넘긴 과정도 마찬가지가 된다.

시간이 지나면서 외모가 왜소해지며 똥배가 나온 난쟁이로까지 평가절하 된다. 사실 꾸베라는 '천한 몸을 가진 자'를 의미한다. 그러면서도 그의 신적 능력을 무시하지 못해 무슬림이 인도에 들어오기 전까지의 빅 스리(Big Three)였던 힌두교, 불교, 자이나교에서 그를 버리지 못하고 비중을 그대로 인정한 채 영입했다. 꾸베라의 매력은 현재에 이르도록 힌두교, 불교, 자이나교 모두에게 공통적으로 모셔지고 있다는 점으로, 불교에서는 사천왕 중 북쪽을 담당하는 다문천왕이니 우리에게 남이 아니다.

그러나 꾸베라 단독에게 봉헌된 신전은 없다. 부신(副神)으로서 늘 주신(主神)을 보호하는 임무를 맡는다.

이제 인도 경제가 발전하고 재화에 대한 열망이 커감에 따라 꾸베라와 연관된 지역으로의 순례가 중요시되기 시작했고, 꾸베라가 그려진 초상, 작은 신상들을 적극적으로 모시기 시작했다. 이런 그림과 신상들은 의외로 삶을 풍요롭게 만들어주고 재화에 효력 있는 에너지를 선물한다고 재평가 받기 시작했다.

"옴 나모 약사 꾸베라야 바이쉬바라나야 다나 단야티 파타예 다나 단야 삼루티매 데히 타파야 스와하."

북쪽 히말라야에 황혼이 오는 시간, 봉우리들은 황금빛으로 찬연하게 물든다. 수많은 세월 동안 해넘이가 되면 설봉들은 가치를 평가할 수 없는 황금덩어리로 변했다. 사람들에게 그 봉우리들은 얼마나 커다란 재화로 의미를 부여했을까.

비슈누의 아내 락쉬미는 한때 저주에 걸려 천상에서 지상으로 추방된 적이 있었다. 비슈누는 천상이 아니라 지상에서도 락쉬미와 결혼하기를 원했다. 그러나 락쉬미가 재화와 관련이 있었기에, 락쉬미 없는 비슈누는 거의 빈털터리와 다름이 없는 상태였다.

비슈누는 결혼자금을 마련하기 위해 최고 부자 꾸베라를 찾아갔다. 부자가 부자인 것은 다 이유가 있다. 이재에 밝은 꾸베라가 순순히 돈을 내주겠는가. 결국 비슈누는 돈을 꾸었지만 원금과 이자는 지구의 종말까지 갚아나가기로 약조해야 했다.

재미있는 사실은 비슈누파의 인도 순례자들이 찾는 사원 중에 유명한 티루파티 발라지(Tirupati Balaji) 사원은 이러한 신의 빚을 갚기 위해 신도들로부터 헌금을 받고 있다는 점이다. 말하자면 이 신화에 근거해서 비슈누의 빚을 신도들의 헌금으로 갚아나가겠다는 발상인데 헌금은 그런 연유로 영적인 공덕을 쌓는 값진 행동이라는 주장이다. 허무맹랑을 지나 매우 유쾌한 농담같이 느껴진다. 내가 100루삐 헌금을 내면 그 돈은 비슈누의 빚을 그만큼 탕감시켜 준다! 정말 인도가 아니면 있을 수 없는 일이 아닌가. 이 사원은 현재 잘나가는 기업처럼 현금이 넘쳐난다고 전한다.

『판차탄트라』를 보면 꾸베라는 탐욕스런 탐험가들로부터 보물을 지키기 위해 구리와 은과 금덩어리들을 히말라야 곳곳에 숨겨 놓았다. 만일 이것을 가지고 가면 그들은 일이 풀리지 않고 도리어 우환에 휩싸이게 마련이라 결국 그들은 꾸베라의 자산을 제자리에 가져다 놓을 수밖에 없다. 더욱 욕심이 많은 사람들은 꼼짝없이 묶여서 쉬지 않고 돌아가는 수레바퀴 밑에 머리를 들이밀고 있는 고통을 받아야 한다. 더 욕심 많은 사람이 나타나면 수레바퀴는 그 사람에게 옮겨간다.

꾸베라의 아내는 약시(Yakshi)로 불교 신화에서는 훔치는 사람이라는 뜻의 하리띠(Hariti)라는 이름으로 불린다. 이유인즉 이 여신은 어린아이들을 유괴 납치하는 고약한 버릇이 있었기 때문이다.

전설에 의하면 붓다는 약시의 버릇을 고쳐주기 위해 그녀의 아이를 숨겼다가 풀어주었다. 그 사이 그녀는 거의 미칠 지경이 되었기에 아이를 잃은 어미의 심정을 이해하게 되었다.

그녀는 아이를 훔치는 병에 걸렸다가 이런 방법으로 (비록 붓다의 도움이 있었지만) 스스로 병을 고쳤기에 약(藥)의 신(神)이 되었으며, 불교에서는 약사여래(藥師如來)의 원형이 된다. 또한 아이를 보호하는 여신의 역할을 맡으며 출산시에 아이를 보호하는 임무도 맡는다. 약시는 아이들에게 병을 주어 시달리게 하며, 이 과정을 통해 아이들을 건강하게 만들어주는 역할도 가져 요즘 식으로 풀자면 약시는 몸의 면역성 증강을 도와주는 신과 같은 의미가 된다.

꾸베라 궁전의 뭉게구름
· · ·

바드리나트 지역에서 아라카난다와 사라스와티가 만나는 마나에서 서쪽으로 5킬로미터 정도 오르면 바수다라(Vasudhara) 폭포에 이른다. 통상 바기라트 카락(Bhagirath Kharak) 계곡을 모두 보려는 순례자들은 이 근처에서 일박을 한다. 껍질을 벗겨 경전을 쓰는데 사용하는 자작나무과의 보즈파트라 나무들이 주변에서 자라고 있다. 햇살에 반짝이는 나무들은 바람에 따라 이리저리 흔들리는 100여 미터에 이르는 폭포와 함께 성스러운 장관을 연출한다. 산은 물을 얻어 활기 있고, 물은 산을 얻어 아름답다〔山得水而活 水得山而娟〕는 문장이 딱 맞아떨어지는 지형이다. 그러나 불행하게도 히말라야의 나무라면 어디나 수난을 겪기 마련, 벌목 금지 팻말에도 불구하고 단

속이 손을 미치지 못하는 곳이라 나무는 추위를 몰아내고 짜파티를 만들기 위해 잘려 나가고 있었다. 몇년 안에 민둥지역이 되리라.

다음날 다시 작은 오솔길을 따라 북서쪽으로 4킬로미터 정도 향하면 락쉬미, 과거 제신들과 수행자들이 고행을 거듭한 락스미반(Laxmivan)에 닿게 된다. 습도가 높은 몬순 중에 이곳까지의 길은 매우 아름다워 사람의 발길이 미치지 않은 히말라야 오지의 진수를 아낌없이 보여준다. 야생화 벌판이 있는가 하면, 시냇물이 흐르고, 급박한 언덕이 있어 사람을 힘들게 하다가 곳곳에 자리한 설봉들이 고단한 순례자들의 마음을 위로하기도 한다. 더구나 눈부신 하얀 봉우리를 자랑하는 사토판츠(Satopanch)와 차우캄바(Chaukhamba)는 멋지게 배경 그림을 이룬다. 이 초입이 꾸베라가 고행한 지역 중에 하나다.

무려 2만년 동안의 고행. 인도 남쪽 드라비다의 주신(主神)이 과거의 영화를 빼앗기지 않고, 소멸되지 않으려는 맹렬한 각고두타(刻苦頭陀)의 현장이다.

덕분에 꾸베라는 비록 파수꾼으로 전락했으나 쉬바에게 인정을 받고 힌두교도들의 부귀와 영화를 관장하도록 권력을 부여 받는다. 더불어 꾸베라는 지상의 모든 재화를 숨기고 있는 전설적인 도시 아라카푸리(Alakapuri)를 통치한다. 락스미반에서 3킬로미터 떨어진 곳에 아라카푸리라 부르는 호수가 있다. 이것은 아라카난다 강의 근원이다. 쉬바의 주처(主處)인 카일라스에서 멀지 않다는 아라카푸리는 바로 가르왈 히말라야의 이 호수 근처 어딘가로(당연히 다양한 지역이 존재한다) 여겨지고 있다. 그는 도시에서 약사, 락

어떤 날이 길일(吉日)인가. 히말라야에 들어오면 길일이 따로 있는 것이 아니다.
매일매일이 좋은 날이며 길일이다(日日是好日 日日是吉日).
어떤 방향이 길향(吉向)인가. 대답하지 않는다.
입을 열면 그르치니, 차라리 설산이 일어선 사방을 향해 절을 올린다.

사사 등 반신반마의 제족들의 시중을 받으며 지내고 있다고 한다.

이곳의 날씨는 신이 거주했고, 또 고행자들이 모여드는 장소답게 속인의 범접을 막으려는 듯이 매우 변화무쌍하고 험하다. 순식간의 구름이 일어 사위를 감추고 우박을 떨어뜨리는가 하면 갑자기 심한 바람으로 먼지를 날려 보낸다. 그러나 뭉게구름이 피어날 무렵에는 주변의 설산 경관과 어울려 정말이지 신의 궁전처럼 보여 감탄사가 절로 터져 나온다.

그때, 행여 오, 구름이여
내 님이 달콤한 잠에 빠져 있다면
천둥은 거두시고
뒤에 서서 기다려 주세요.
꿈속에서나마 어렵사리 사랑하는 사람을 만나
꼭 껴안고 있을 테니까요.

5세기경의 산스크리트어 서정시 대가인 칼리다사(Kalidasa)는 〈메가두따(Meghaduta)〉를 썼다.

여기에 다시 꾸베라가 등장한다. 그리고 주 무대는 바로 가르왈 히말라야 아라카푸리.

꾸베라는 연꽃을 몹시 좋아했다. 아침에 일어나면 제일 먼저 기지개를 켜듯이 만사를 젖혀두고 우선하는 일이 있었으니, 새 연꽃을 천천히 바라보고 더불어 연꽃에 코를 대고 향기를 깊게 들이마시는 일. 취미치고는 대단히

어두운 동굴에는 신들이 모셔져 있다. 어디 가든지 만날 수 있는 이런 신들을 생각한다면 사방이 신들에게 둘러싸여 있는 셈이다. 말하자면 우리는 신의 땅에서 보호를 받으며 걸어가는 셈이다.

고상했다.

사실 꾸베라의 아홉 가지 보물 중에 첫번째는 연꽃이며, 힌두 사원에서 배불뚝이가 연꽃을 들고 있으면 그것은 틀림없는 꾸베라이며, 그가 바라보는 방향은 땅에 보물이 가득 묻혀 있다는 북쪽이다. 사람이 살면서 재화를 원한다면, 비단 물질적인 재화뿐 아니라 마음의 재화도 풍성하기를 바란다면, 꾸베라를 만났을 때 손으로 그의 두툼한 아랫배를 만져보고, 다시 등을 돌려 그가 지키는 북쪽 땅을 향해 허리 한 번 굽히는 일도 나쁘지 않다.

꾸베라는 부하 약사 하나에게 연꽃에 관한 임무를 부여했다. 부하 약사는 아침마다 연못에 나가 제일 아름답고 싱싱한 연꽃 한 송이를 따다가 꾸베라 꽃병에 꽂아놓아야 했다.

여기까지는 아무 문제가 없다. 매일 새롭고 신선한 연꽃이 아침 꽃병에 탐스럽게 피어 있을 것이고, 꾸베라는 행복에 겨워 그윽하게 감상한 후에 연꽃을 흠향할 터이니.

그런데 사단은 임무를 부여받은 부하 약사가 너무 아름다운 아내를 가지고 있었다는 점. 그는 아내와 좀처럼 떨어지지 않으려 했다. 특히 이른 새벽에 침실을 박차고 나가 연꽃을 따는 길은 차마 발걸음이 떨어지지 않는 고행으로 여겼다.

사실 얼마나 편한 임무인가. 그저 꽃 한 송이를 따기만 하면 되는 일인걸. 그리고 나면 하루 종일 자유 시간! 그런데 아무리 쉬운 일이라도 적소(適所)에 적임(適任)이 들어가야지 자칫하면 결과가 만리(萬里) 밖으로 빗나간다. 동서남북 각 방향에 각기 다른 적임(適任)의 장군들을 배치하는 일도 그런 생각에 바탕을 둔다.

어느 날 아침 꾸베라는 행복한 기분으로 연꽃을 들어올렸다. 그리고 눈으로 감상을 마친 후 코를 들이대고 향기를 맡는 순간, 연꽃 속에 있던 벌에게 그만 코가 쏘였다!

문제가 시작되었다. 연꽃은 본디 해가 떨어지면 꽃봉오리를 닫아걸고 해가 뜨면서 봉오리를 여는 식물이었다. 벌 한 마리가 해가 지는지 모르고 연꽃 안에서 꿀을 빨다가 갇혀 있었던 것. 꽃 속에 벌이 있다는 이야기는 아침에 딴 것이 아니라 하루 전 오후에 꽃을 땄다는 이야기가 아닌가!

코를 움켜쥔 채, 사태를 파악한 꾸베라는 진노했다. 아직도 아내와 침실에서 달콤하게 뒹굴고 있을 꾀를 부린 약사를 잡아오라 명령했다. 아내와 시간을 보내기 위해 자신의 임무를 소홀히 한 죄, 자신이 즐기기 위해 주인을 속인 죄, 이런 녀석에게 줄 수 있는 가장 큰 벌은 무엇일까.

현명한 꾸베라는 이들이 제발 피해주기를 바랐던 형벌을 언도한다.

"너희 둘은 이제 이별(離別)한다!"

그러나 그 일이 단 하루였기에 다행히 1년 동안만의 만리타향 귀양살이를 선고했다. 더불어 귀양지에서 언제 또 슬며시 구름 속에 숨어 날아올지 모르는 일이라 약사들의 공통적 신통력인 하늘을 날아다니는 능력을 박탈했다. 아내는 가르왈 히말라야에 남고 남편 약사는 떨어지지 않는 발걸음을 끌고 아주 먼 남쪽 라마기리(Ramagiri)로 떠났다.

"내가 내 임무를 소홀히 한다면 무슨 죄가 주어질까?"

"내게 주어진 다르마를 경시하고 다른 길을 간다면 어떤 죄가 떨어질까?"

이 신화에 의하면 죗값은 이별이다.

힌두교에서는 제일 무서운 형벌은 바로 분리이며 이별이다. 약사에게 약사 아내와도 다름없는 신성과의 별리. 내 아뜨만이 브라흐만과의 분리, 바로 윤회의 힘. 합일을 이루지 못하면 무수 생(生)을 윤회해야 하지 않는가.

일부에서는 이 귀양에 관해 조금 다르게 이야기한다. 꾸베라는 매일 아침 연꽃을 쉬바에게 올렸다 한다. 물론 이 연꽃을 따오는 것은 부하 약사에게 시켰고, 어느 날 아침, 쉬바가 연꽃을 들어 올리자 벌이 튀어 나왔다는 이야기가 있다. 주체가 꾸베라가 아니라 쉬바 신으로 바뀌어 있는 이야기로 역시 남방신이 북방신에게 굴복한 형태다.

얼마 지나지 않아 귀양살이 하던 약사 눈에 몬순의 구름이 눈에 들어왔다. 우리 같은 사람에게는 '이제 곧 큰비가 오겠구나' 이지만 약사에게는 달랐다. 남쪽의 구름이 북쪽의 대장벽인 가르왈 히말라야로 갈 터이니, 결국은 자신의 사랑스러운 아내에게 향하지 않겠는가.

그는 구름에게 자신의 안부와 사랑을 아라카푸리의 아내에게 전해 주기를 부탁하며 노래를 읊는다. 바로 그 유명한 〈메가두따〉이다.

구름이여,
헤어짐의 열병에 시달리는 이들에게 당신은
피난처가 된다지요.
풍요의 신의 분노로 갈라져야 했던 내 님에게
내 이야기를 전해 주세요.

꾸베라는 시간이 지나면서 불교에 도입되어 힌두교와 마찬가지로 북쪽을 수호하는 비사문천 혹은 다문천왕이 되었으니 저 멀리 스리랑카에서 출발해서, 인도의 남쪽, 히말라야, 카일라스 그리고 중국을 지나 우리나라까지 이른 셈이다. 당당한 몸매의 악마의 수장이 올챙이 배를 가진 난쟁이가 되었다가, 그나마 불교에 들어오면서 위용을 되찾아 불교를 지키기 위한 장군 문지기가 되었고.

침략한 이민족의 종교에 흡수되지 않고 꾸준히 버텨 이제 이 땅에까지 당당하게 자리 잡은 북쪽 사천왕의 다문천왕을 보면서 눈인사를 올리지 않을 도리가 없다.

꾸베라의 이야기를 모두 알고 있는데 둘 사이에 어찌 나누어야 할 대화가 없겠는가. 더구나 그의 궁전 입구까지 가 본 경험이 있는 사람으로서 절집을 찾는 경우, 사천왕 중에서 북방 다문천왕 즉 꾸베라 앞에서는 언제나 오랫동안 서 있게 된다.

더불어 너무나 반가운 것은 그의 어깨 뒤로 가르왈 히말라야의 빙하와 뭉게구름이 피어오르기 때문이다. 히말라야를 사랑하고 히말라야가 늘 그리운 사람은 사실 뭉게구름만 보아도 마치 설산처럼 보이기에 귀양 떠난 약사처럼 깜짝 놀랄 때가 있다. 하여 사천왕상에 합장을 하고 절집을 나올 무렵 저 산 언덕에 하얀 구름이 피어오른다면 이 땅이 마치 유배지처럼 느껴지고, 단숨에 히말라야로 달려가고 싶은 생각이 간절해지니 약사가 따로 없다.

반대로 이렇게 그의 땅 히말라야에 서 있는 경우에는 도리어 절집마다 우람하게 버티고 있는 꾸베라의 안부를 묻게 된다.

인드라의 그물
●●●

설악산을 오른다고 치자. 외설악에서는 내설악이 보이지 않는다. 외설악이 보이는 지역에서는 내설악은 숨어 있고, 내설악에서는 외설악이 숨는다.

그렇다고 외설악이 숨을 때 외설악이 없어지는 것이 아니고, 내설악이 숨을 때 내설악이 없어지는 것은 아니다. 그런데 이렇게 서로 나타날 때나, 서로 숨을 때, 내설악은 외설악을, 외설악은 내설악을 방해하지는 않는다. 사실 내설악이 있으니 외설악이 있고, 외설악이 있으니 내설악이 있는 것. 내(內)가 있으니 외(外)가 있고 외(外)가 있으니 내(內)가 있다는 말을 뒤집으면, 내(內)가 없으면 외(外)도 없고 외(外)가 없으면 내(內)가 없는 쌍조(雙照)가 일어난다. 이 말은 외설악이 있음으로 내설악이 있고 내설악이 있음으로 외설악이 있음이고, 내설악이 없으면 외설악은 없고, 외설악이 없으면 내설악이 없다는 게 된다.

"그렇다면 외설악은 내설악?"

크게 보면 외설악이라는 녀석은 내설악과 합쳐지고, 내설악 역시 당연히 외설악과 합쳐지니 이것이 내가 외가 되고, 외가 내가 되는 자리이며, 이 자리는 내외의 경계가 무너져 내설악이 외설악이 되고, 외설악이 내설악이 된다. 이쯤 되면 내설악을 내설악이라 말할 수 없고 외설악을 외설악이라 말할 수 없는 쌍차(雙遮)의 경지를 말하게 된다.

이것이 중요한 이유는 우주의 모든 존재란 사실은 서로 걸림이 없고, 방해하지 않으며 원융무애하고, 네가 나를 포섭하고 내가 너를 포섭하여 사사(事事)가 무애(無碍)하면 일체가 하나가 될 수 있다는 이야기의 근거가 되는 탓이다. 바로 인드라망의 기본이다.

나라 파르밧을 향해 걸어가다 보면 나라야나 파르밧이 숨는다. 나라야나 파르밧이 등장하면서 나라 파르밧은 슬며시 사라진다. 나라가 숨을 때 나라야나가 없어지는 것이 아니고, 당연히 나라야나가 숨을 때 나라가 없어지지 않는다. 나라와 나라야나는 서로 방해하지 않는다.

걸으면서 쌍조(雙照) 쌍차(雙遮)를 곱씹으면 정말 재미있다. 가르왈 모든 봉우리가 하나가 되고, 3억 3천의 힌두 제신 역시 경계가 없어지며 하나가 된다.

한암선사 노래하신다.

다리 밑에 하늘 있고 머리 위에 땅이 있네.
본래 안팎이나 중간 모두 없는 것
절름발이가 걷고 소경이 봄이여
북산은 말없이 남산을 대하고 있네.

제석천(帝釋天)의 그물, 인드라(Indra)의 그물, 흔히 인타라망(因陀羅網)이라 부르는 것의 정식 명칭은 인드라잘라(Indrajala)며, 이에 대한 내용은 『아타르바 베다(Atharva Veda〈8.8.5-8.12〉)』에 있다.

인드라는 건축광이다. 이에 관한 신화의 이야기를 하자면 소년으로 분장한 비슈누까지 중요 등장인물로 배역을 맡으면서 며칠 밤을 꼬박 뜬눈으로 지새워야 한다.

허공이 그물이라네. 드넓은 방위(方位)가 그물 막대기라네. 이것으로 인드라는 적군을 잡아 물리친다네.(5)

전사(戰士)들과 함께 하는 위대한 인드라의 그물은 드넓네. 그것으로 모든 적들을 잡네, 하여 그 누구도 벗어나지 못하네.(6)

영웅인 인드라여!

수천 명에 의해 존경 받으며 수백 가지 능력을 지닌 그대의 그물은 드넓다네. 그것으로 몰아 잡아 군사를 부리어 인드라는 수백, 수천, 수십만, 수천만 적군을 잡아 죽이네.(7)

이 큰 세상은 위대한 인드라의 그물이네. 인드라의 그 그물로 나는 모든 적들을 어둠으로 감싼다네.(8)

(중략)

싸아드호야들은 그물의 한쪽 막대기를 들고 힘차게 가고, 루드라들은 한쪽을, 와쑤들은 한쪽을, 아아디뜨야들은 한쪽을 드네.(12)

한국외국어대학 인도어과의 임근동 교수의 번역이다. 산스크리트 원문에서 인드라는 여러 곳에서 샤크라(shakra, 힘을 가져오는 자)로 나오지만 임교수는 혼동을 피하기 위해 그냥 모두 인드라로 옮겼다.

이상의 내용을 살펴보면 인드라잘라, 인드라망은 인드라가 전쟁터에서 사용하는 무기로 상상불가의 어마어마한 크기다. 허공에서 온갖 방향, 온갖 차원으로 펼쳐져 온 세상을 종횡무진(縱橫無盡) 뒤덮는 그물로 안에 한 번 갇히면 도저히 빠져 나올 길이 없는 무기다. 사방 네 군데에 손잡이 막대기가 있어서 각각의 용사들이 네 군데의 손잡이 막대기를 잡고 펼치어 적군을 사로잡게 된다. 이 그물을 펼치는 방법은 열두 번째의 만뜨라를 통해 짐작이 가능하지만, 사용법은 물론 전개되는 순서를 알 수 없다.

이 문장들을 보면 우주에 대한 구조를 짐작할 수 있다.

"현재 우리가 속한 우주는 몇 차원입니까?"

이렇게 물었을 때, 3차원이니 4차원이니 이야기하면 완벽 구세대다. 최근 학설, 초끈이론(Superstring theory)에 의한다면 10내지 11차원이라고 한다. 정확히 이야기하자면 '11차원의 M이론'이다.

인드라망이 어떻게 전개되는지 모르지만 『아타르바 베다』에 어떤 단서가 숨어 있는 듯하다. 가로, 세로, 높이, 시간에 관한 차원을 구성하는 네 명의 용사로 하여금, 혹은 중력, 전기자력, 약력, 강력, 우주의 네 가지 힘에 의한 전개. 어느 누구도 이곳을 빠져 나갈 수 없다. 이 『아타르바 베다』의 만뜨라를 앞에 놓고 깊은 명상에 들어가면 설명할 수는 없어도 우주 본질을 엿볼 수 있겠다.

이 제망찰해(帝網刹海)의 망과 망의 코가 만나는 곳에는 수정이 걸려 있다. 시방무수억찰토(十方無數億刹土)에 무수한 수정이 있어 상대를 서로 일면불(日面佛) 월면불(月面佛) 투영하며 존재한다.

쉽게 비유하자면 상하 좌우가 만나는 자리에 맑은 수정이 있고, 나 하나를 수정 하나로 간주하면 된다. 이 유정·무정의 수정 하나, 하나는 각기 영향을 주고 영향을 받으며 우주의 끝까지 빈틈없이 확장되어 있다. 하나가 흔들리거나 빛이 변하면 모두가 영향을 받는 철저한 상대성과 관계성의 상호작용이다. 수정 하나는 절대적이지만 다른 존재들과 서로 상즉상입하고 원융무애한다. 우리가 보는 개개의 존재가 서로 차별적이고 독립적인 것처럼 보이지만, 사실은 이렇게 그 모두가 꽉 짜여 있다.

> 이것이 있으면 저것이 있고, 이것이 생하면 저것이 생하고, 이것이 없으면 저것이 없고, 이것이 멸하면 저것이 멸한다.
> (此有故彼有 此起故彼起 此無故彼無 此滅故彼滅)

인드라망을 받아들이면 스스로 지켜야 할 수칙이 생긴다.
세상을 밝게 하기 위해서는 우선 내 집에 촛불을 하나 켠다.
세상을 깨끗하게 하기 위해서는 내 집 앞을 쓴다.
세상 모두가 고요하게 하기 위해서는 내가 우선 침묵한다.
일체가 일(一)에 포섭되고 일이 곧 일체가 되는 법계의 진상[一卽一切多卽一]에 스스로 고요하고, 맑고, 밝게 하는 일이 세상을 변화시킨다.

그리하여 『유마경(維摩經)』에서 동체대비(同體大悲), 즉 '너희가 아프면 나도 아프다'거나, '마음이 맑아지면 곧 이 땅이 불국정토'임을 설하는 이유를 그냥 알아차린다. 바로 보살의 정토(淨土)가 어떻게 이루어지는지 인드라의 수정구슬은 밝히고 있다.

현재의 모습은 이런 것들이 뒤얽히면서 나타난 것이며 중중무진법계연기의 표현이다. 이 개념에 의하면 '북경의 나비 날갯짓이 뉴욕의 태풍을 부른다'는 이야기는 전혀 새로운 학설도 아니다. 내 탁한 빛은 수정에 투과되어 옆으로, 옆으로 파동을 전하기에 그 많은 구루지들이 사부대중을 위해 설산에 앉아 만뜨라를 외우는 이유는 중언부언이다. 파도 하나가 전 대양의 물

짐을 실어 나르는 노새를 보는 순간 내 마음 안에는 노새가 비춰진다. 그들과 나는 사실 전혀 다른 개체로 보이지만 서로가 서로에게 영향을 미친다. 인드라망에 의하면 우주 전체의 존재들은 하나의 법계 안에서 서로 상대적으로 간섭하며 흘러간다. 그러니 노새를 보면 축복을 내린다. "발보리심 하거라. 다음 삶에서 인간으로 태어나 깨달음의 길을 가거라."

결과 연결된 것과 다름없다.

인드라망이 시작도 끝도 없이 전개되어 있는 세상, 얼마나 아름다운가.

이제는 묻는다.

"우주를 보기 위해 나를 들여다본다는 이야기는 맞는가, 틀리는가?"

"그렇다면 어디가 중심인가?"

"어디가 안이고 어디가 밖인가?"

"세계의 중심기둥은 어디에 세울까?"

"성지는 어디인가?"

"무엇이 사천왕인가?"

"나를 변하게 하는 것은 나인가 혹은 너인가?"

"나는 누구인가? 혹은 무엇인가?"

"혹은 너희가 나인가?"

산을 걸으면서 느끼는 점은 내가 서 있는 자리, 내가 걷는 자리가 우주의 중심이라는 사실이다. 내가 인드라 구슬의 중심점이 되는 셈이다. 아름다운 풀들과 거침없이 흘러가는 강물, 사면을 장식하는 야생화, 갑자기 다가오는 사슴 떼들.

산을 걸으면서 내 주옥 수정을 들여다본다.

무엇이 보일까?

내 수정구슬 안에 눈동자처럼 보이는 것은 바로 히말라야다. 차가운 회색바위와 골을 덮고 있는 하얀 빙하들과 그 사이에 불쑥 솟아오른 백색 봉우리가 대부분이다.

"히말라야에 천착하는 이것은 어쩌면 수정구슬의 맑음을 해하는 한갓 벽(癖)이 아닌가."

탄식도 잠시 모두 잊고 다시 깊은 풍경 안으로 녹아든다.

{ 존재가 우선인가, 윤리가 우선인가,
햄끈드에서 }

시크교의 목적 역시 힌두교처럼 신과의 합일에 있다. 신과 분리되는 것은 '끔찍한 이별'이며 그 '인생은 의미가 없다.' 나날이 느끼는 고통은 바로 신과의 분리로 이루어진 결과이다. 그리고 이렇게 분리를 일으키는 힘은 바로 집착(執着)에서 기인한다고 배워준다.

햄꾼드 얼음호수

꽃의 계곡에서 멀지 않은 곳에 유명한 성지 햄꾼드〔黃金湖水(황금호수)〕가 있다. 햄꾼드(Hemkund)는 해발 4천329미터에 자리한 호수로 시크교와 힌두교 모두에게 중요한 히말라야 성지다. 록팔(Lokpal)이라는 아름다운 이명(異名)을 가지고 있으며 1년 중 7~8개월 동안은 얼어붙어 있어 늦은 봄까지 둥둥 떠다니는 얼음을 볼 수 있다. 외변은 2킬로미터 정도가 되며 푸른 이끼들과 야생화들이 호수 주위를 반지처럼 에워싼다.

주변에는 해발 5천500미터 정도의 삽타스링가 봉들(Saptashringa Peaks), 즉 7개의 눈 덮인 봉우리들이 마치 경호원이나 된다는 듯이 호수를 감싸며 당찬 모습을 호수에 드리운다. 바람이 불면 수정 호수 안에서 위용을 자랑하며 어른어른 흔들리는 모습이 성지를 기어이 지켜내고야 말겠다는 각오를 사방에 선포하는 듯하다.

겨울에 흔히 발생하는 거대한 눈사태와 몬순 중에 엄청난 폭우, 그리고 예측 불가능한 히말라야의 강풍을 견디어 내도록 설계된 구루바라(Gurudwara), 즉 시크교의 사원이 호숫가에 보기 좋게 자리 잡고 있다. 신도들은 사원에 들기 전에 이 성스러운 호수의 맑고 차가운 물로 몸의 일부를 적신다.

또한 비슈누의 화신인 라마의 동생 락쉬마나의 사원이 함께 있음으로써 힌두교의 성지 순례 목록에도 들어 있기도 하다.

이곳은 시크교와의 사연이 있으면서도 시크교의 교세 확장에 불안감을 느낀 힌두교도들의 방해와 왜곡에 의해 오랫동안 묻혀 있었다. 그러나 시크교의 10대 구루(Guru)의 자서전을 주의 깊게 읽은 산트 소란 싱(Sant Solan Singh)과 하발다르 모한 싱(Havaldar Mohan Singh)이 가르왈 히말라야 곳곳을 돌아다니며 끈질기게 발품을 파는 노력 끝에 재발견되었다.

10대 구루는 자신이 구루로 태어나기 전에 명상을 통해 신과 합일했던 자리를 자서전을 통해 섬세하게 서술해 놓았다. 빈틈없이 꼼꼼한 묘사를 바탕으로 두 사람은 산으로 둘러싸이고, 넓은 호수가 있는 바로 이 지역이 그 자리였음을 확인한 후, 교단으로부터 정식인가를 받았고, 1930년부터 시크교도들의 정식 순례지로 선포되었다.

시크교도들은 외모에서 드러난다. 터번을 쓰고 있으며 수염을 기른다. 더우나 육식을 금하지 않기에 일반 인도인보다 체격이 좋다. 카스트를 부정하는 시크교도들은 사회 각 분야에 골고루 분포되어 힘을 키워나가고 있다.

조시마트에서는 햄꾼드까지 총 29킬로미터. 보통 출발점을 조시마트로 삼거나, 때로는 바드리나트에서 하향길에 방문한다. 조시마트와 바드리나트를 연결하는 도로 중간 지점쯤의 고빈가트(Govindghat)에서 하차해서 일단 강가리아(Ghangharia)까지 올라야 한다. 고빈가트에서 강가리아까지는 굽이쳐 흐르는 락쉬마나 강가 계곡을 따라 15킬로미터 정도 걸어간다. 운 좋은 계절에, 그야말로 운 좋은 날씨를 만나면 히말라야 소나무 사이로 피어난 랄리구라스 · 야생장미를 보고, 고사리순이 주먹을 감고 슬며시 올라오는 모습도 만난다. 강가리아 도착하기 전 5킬로미터 정도는 다소 경사가 급하다. 강가리아는 비교적 규모를 갖춘 산중마을. 이곳을 중심으로 베이스캠프 삼아 햄꾼드와 꽃의 계곡을 다녀오게 되고 각각 하루 일정이다.

강가리아에서 하루를 쉬고 이른 아침 일찍 출발한다. 대부분의 시크교도들이 출발을 서두르는 시간이기에 자명종 없어도 살얼음 시린 길을 나서는 데 늦지 않을 수 있다. 처음에는 3킬로미터 정도 노간주나무 숲길을 지나고 이어 지그재그로 올라선다. 수천 개의 시멘트 계단이 이어져 있어 힘들다.

계단은 강요(強要), 그 어느 누구도 같은 보폭과 같은 높이로 올라서기를 명령한다. 구루는 물론 평신도, 심지어는 장사치들도 같은 보폭과 같은 높이로 올라서야 목적지에 닿을 수 있다. 거부한다면 단 한 발 앞으로, 조금이라도 올라설 수 없다. 마치 엄격한 규율을 가진 종교의 강목 주입으로 여겨지는 길이다. 어느 누구도 계단에서는 자유롭지 못하지만 어느 누구도 계단에서는 평등하다.

그러나 계단은 일정한 틀 안에 들어서며 내게로 오라는 형식과 규격을 제안하되 느림이나 빠름과 같은 속도를 요구하지 않는다.

산을 오르는 일도 그렇다. 서양에서의 최초의, 최고의, 최소의, 등등 기록을 요구하는 일과는 아무 상관이 없는 행보가 된다. 이런 것들을 염두에 두지 않고 도리어 몰아내면서 목적지에 오르는 일이 순례며 바로 시크〔弟子(제자)〕의 걸음걸이다. 이 계단을 오르면서 계단이 주는 상징을 되새긴다면 계단(階段)은 계단(戒壇)이 된다. 나를 추월해가는 시크들을 보며 계단은 그나마 속도에 대해 관대함을 선물해준 점을 감사하게 생각했고.

햄꾼드는 역시 성지의 자격을 갖춘 풍경 안에 자리 잡았다. 하티 파르밧(Hathi Parvat)과 삽트르시(Saptrishi) 봉에서 내려오는 맑은 물이 햄꾼드 안으로 유입되고, 이 물은 힘강가(Himganga)라는 이름으로 거칠게 흘러내려가 후에 고빈가트에 이르러 아라카난다와 합쳐지리라.

시크, 아름다운 사자
● ● ●

시크(Sikhs)라는 말은 제자(弟子)를 의미한다. 엄밀히 보자면 시크란 단어는 팔리어인 시카에서 왔으며 산스크리트어인 쉬쉬야가 출발점이다. 쉬쉬야라는 의미는 제자, 사도를 뜻한다.

시크교는 전 세계적으로 2천300만 명 정도로 추산되니 20억의 기독교, 12억의 이슬람, 8억의 힌두교, 3억의 불교처럼, 주로 억 단위의 다른 종교의 신도와 비교하면 상대적으로 왜소하다. 그러나 터번을 머리에 휘감고 육식

시크교의 최대 본거지는 펀잡주 암리차르에 자리 잡은 황금사원으로 힌두교, 무슬림과의 애증이 교차된 자리다. 호수 위에 드리워지는 황금사원의 모습은 지독하게 아름답기에 시크교 성화에는 반드시 등장한다.

을 피하지 않아 건장한 몸을 가진 시크교도들의 강력한 외모와 인상 때문에 신도 수 이상으로 세력을 과시하고 있다. 현재 인도 내에서 시크교의 영향력 역시 매우 높으며, 높아지고 있다.

시크교의 창시자는 구루 나나크(1469~1539)다.

구루 나나크는 라호르 탈완디 무슬림 집안 태생으로, 부친은 세금 징수원으로 일했기에 살림이 비교적 윤택했다고 한다. 나나크는 이미 10세에 힌두교에 대한 염증을 느껴 무슬림에 귀의했지만 무슬림 역시 그에게 제대로 된 정답을 주지 못했다(일부에서는 힌두 신비주의자로의 길을 걸어나갔다고 주장하기도 한다). 나이가 들어가면서 혼자 명상하는 시간을 늘여 나갔다. 열여섯에 결혼하여 아이 둘을 낳고, 창고지기를 하면서도 명상의 시간을 줄이지 않았다.

어느 날 강변에서 목욕하다가 실종된다. 모두들 그가 죽었다고 생각했는데 행방불명 사흘 만에 사라졌던 바로 그 자리에 홀연 나타났다. 얼굴은 환히 빛나고 있었으며 배후에는 광휘가 자리 잡았다고 했다.

나나크는 그동안 신의 재판장에 갔으며 감로수를 마시고 이런 이야기를 들었다고 한다.

"이것은 신의 이름을 흠모하는 잔이다. 이것을 마셔라. 나는 너와 함께 있다. 너를 축복하고 들어 올리나니, 누구든 너를 기억하는 자는 나의 은총을 향유하리라. 가거라, 그리고 나의 이름으로 기뻐하고 다른 이들도 그리하도록 가르쳐라. 나는 네게 내 이름으로 선물을 주었다. 이것을 너의 소명을 삼을지라."

이날부터 구루 나나크는 자신의 재산을 불우한 사람들에게 나누어주고 깊은 명상에 자주 들어갔다. 본격적인 성자(聖者)로의 생활이 시작되었다.

그리고 서른 살, 인도 전역으로 자신의 뜻을 퍼뜨리기 위해 설법여행을 시작했다. 물론 이 동안 다른 종교의 창시자처럼 여러 가지 이적현상을 보인 것으로 경전은 기록하고 있다.

2차 전도여행을 하고, 이어 가르왈 히말라야 속으로 들어가 티베트에 이르는 여정을 통해 많은 요가 수행자들과 구도자를 만나 의견을 듣고 자신의 생각을 전달했다. 구루 나나크의 여정은 비단 인도에 국한된 것이 아니라 멀리 무슬림의 심장까지 뻗어나가 마호메트 성지인 아라비아 반도의 메디나, 바그다드까지 이른다.

그는 어느 날 문득 깨달음을 얻는다.

그리고 외친 최초의 사자후(獅子吼).

"힌두도 없고 무슬림도 없다. 그렇다면 나는 누구의 길을 따라야 하는가? 나는 신의 길을 따를 것이다. 신의 길이란, 힌두의 길이 아니고 무슬림의 길이 아니라, 바로 내가 따르는 신의 길이다."

'도(道)는 일(一)을 낳고, 일은 이(二)를 낳고, 이는 삼(三)을 낳고 삼은 만물을 낳는다.
만물은 음(陰)을 지고 양(陽)을 안고, 그 음양의 두 기운이 혼연일체가 된
충화의 기운에 의해 조화를 이룬다.' 노자의 이야기다.
도(道)를 브라흐만으로 바꾸어 읽어도 한 치의 오차도 없다.
풍경을 보며 황홀감을 느끼는 일은 일, 이, 삼 그리고 만물이 만들어지는 과정을 역행하는 것이다.
그리하여 미분화된 브라흐만에 접근하는 과정 중에 하나가 된다.

이런 이야기를 보면 그는 힌두교의 공부와 무슬림의 공부를 깊게 했음이 명백하다.

"신은 형태 없는 절대적 존재이며 동시에 나타난 실재이다."

개혁기의 시선은 부정적인 면의 발견에 있다. 이편의 좋은 점보다는 좋지 않은 점, 그리고 음성적인 면에 시선을 돌려, 음성적(부정적인 나쁜 의미가 아니다) 면을 타파하는 개혁을 불러온다. 그는 힌두교와 회교, 두 종교를 단순하게 통합했다. 붓다는 『베다』를 부정하면서 새로운 길을 제시했고 예수 역시 기존의 종교에 대한 부정이 출발점이었다.

그는 영적으로 점차로 깊어지며 옳은 말씀만 골라서 하니 차차 함께 공명하는 추종자들이 생겨나기 시작했다. 나이 쉰 살이 넘어서면서 카르타르푸르를 중심으로 자연스럽게 공동체를 형성하게 되었다.

하루는 힌두 요기가 찾아와 구루 나나크에게 교단이 커지는 것을 축하했다.

구루 나나크는 말했다.

"진실한 신자는 얼마 되지 않습니다. 당신 눈으로 곧 보게 될 것입니다."

얼마 후 구루 나나크, 힌두 요기 그리고 나나크 추종자들은 함께 숲으로 산책을 나갔다.

산길에 접어들자 길 위에 동전(銅錢)들이 여기저기 수북이 떨어져 있는 것이 아닌가. 교도들 일부는 그것을 주워 서둘러 집으로 돌아갔다. 조금 더 가니 은전(銀錢), 추종자들은 주변 눈치를 보며 호주머니에 수북이 넣고 집으로 돌아갔다. 얼른 돌아가 가족들에게 오늘의 기막힌 행운을 자랑하기 위해서.

그러더니 기어이 금전(金錢)이 바닥에 떨어져 있었다. 사람들은 당연히 그것을 주워 기쁜 마음으로 슬며시 뒤로 빠져서는 차례로 귀가해 버렸다. 마지막에는 구루 나나크, 힌두 요기, 3명의 추종자만 남게 되었다.

그러다가 일행이 도착한 곳은 시체 썩는 냄새의 화장터. 그 중의 시체 한 구에는 천이 덮여 있었고 악취가 심하게 풍겨 나왔다.

구루 나나크가 말했다.

"내 명령으로 누가 저 시체를 먹을 수 있겠는가?"

사람들이 머뭇거리는 동안 레흐나가 자신이 그 일을 하겠다고 시체에 성큼 다가서 천을 거두었다. 그런데 놀랍게도 천 밑에는 시체가 아니라 성스러운 축복의 음식인 푸라사드가 가득 담긴 접시가 놓여 있지 않은가. 레흐나는 음식을 스승인 구루 나나크에게 소중하게 올리고 남은 것은 자신이 먹었다.

시크교의 법(法)은 이렇게 계승되었다. 2대 조사(祖師)가 탄생하는 순간이었다.

구루 나나크는 말한다.

"너는 내 비밀(秘密)을 얻었으며 나를 쏙 빼닮았구나. 나는 네게 수행의 핵심인 진정한 만뜨라를 전해 주겠다. 너는 그 만뜨라로 현생에서뿐만 아니라 내생에서도 행복을 얻게 될 것이다."

멋진 순간이다.

가끔 글을 읽다가 스승의 법맥이 제자에게로 넘어가는 순간을 만나면 어쩔 줄 모르겠다. 그 자리에 함께 앉아 모든 모습을 바라보는 듯이 몸 전체에 법열이 퍼져 나간다.

그리고 얼마 후 1539년 9월 2일, 구루 나나크는 레흐나를 축복한다. 그리고 이름을 '나의 분신(分身),' '내 몸의 일부'라는 의미의 앙가드로 새롭게 내려주고 공동체의 전권을 일임한다. 구루 나나크는 손수 그의 앞에 동전 다섯 닢과 코코넛을 놓고 발밑에 절했다. 법이 자신에게서 빠져 나가 흘러갔으니, 옮겨간 법에 대해 절을 한 셈이다.

이 소식은 곧바로 시크교단 신도들에게 전해졌다. 사람들은 이제 구루 나나크 임종이 얼마 남지 않았음을 알고 그를 찾아 카르타르푸르로 몰려들었다. 그리고 20일째 되는 날, 그는 사람들에게 이야기한다.

"내가 죽고 나면 힌두교도들은 힌두교식으로 장사를 지내자 할 것이고, 무슬림들은 무슬림식으로 하자 다툴 것이다. 그러나 그대들은 각기 내 몸 양측에 꽃을 두거라. 힌두교도들은 우측에 무슬림은 좌측에 두어라. 그리고 다음날 시들지 않는 꽃이 있는 편의 뜻대로 하여라."

그리고는 자신의 몸을 샤프론으로 덮었다.

다음날 아침 미동조차 없자 사람들은 샤프론을 거두었다. 구루 나나크는 간 곳이 없고 꽃들이 활짝 피어 있었다. 사람들은 힌두교 무슬림 할 것 없이 손에 손을 잡고 찬양의 노래를 불렀다.

죽음의 순간, 힌두교와 무슬림들은 손에 손을 잡고 함께 노래를 불렀으니 그의 깨달음이 실현되는 순간이었다.

"힌두도 없고 무슬림도 없다."

시크교에서는 최고 지도자를 구루라고 부른다. 구루 직분은 전 구루가 이렇게 몇 가지 시험을 통해서 후임을 임명하는 것으로 계승되기 시작한다.

1대 구루의 복사판 생활을 한 2대 구루 앙가드(Angad).

시크교의 최고 성지인 도시 생명수라는 의미의 암리차르를 건립하기 시작한 3대 구루 아마르 다스(Amar Das).

선대 구루의 뜻에 따라 도시와 호수 건설에 힘쓴 4대 구루 람 다스(Ram Das).

시크교의 본산(本山) 황금사원을 완공한 5대 구루 아르준(Arjun).

전사(戰士)의 성격이 강했던 6대 구루 하르고빈드(Hargovind).

자신의 다섯 살 아들을 후계자로 임명한 연약한 7대 구루 하르 라이(Har Rai).

초능력으로 많은 병자를 치료한 8대 구루 하르크리샨(Harkrishan).

하르 크리샨이 남긴 한 마디, '바바 바칼레'를 단서로 찾아낼 수 있었던 9대 구루 테그 바라두르(Tegh Bahadur). 이슬람으로 개종을 원하는 왕의 명령을 따르지 않아 참수형에 처해진다. 그 전에 동전 다섯 닢과 코코넛을 자신의 아들 고빈드 라이에게 보내면서 절을 올려 구루를 인계했다.

그리고 마지막 10대 구루 고빈드 싱(Govind singh). 그는 선대 구루가 참수형을 당한 점에 여러 모로 자극을 받아 신도들에게 궁술, 화승총 사격술을 훈련시키고 각종 무기를 준비했다. 이 구루가 구루직의 마지막이며 가르왈 히말라야 햄꾼드와 연관이 있는 위대한 구루다.

햄꾼드를 향해 벅찬 계단을 오르는 길은 이 구루들에 대한 명상의 시간이다. 이들의 의식에 내 의식의 키를 맞추고, 눈높이를 조절하고, 가청범위 역시 일치시켜 진정한 제자, 즉 시크처럼 오른다.

"봐라, 계단이란 목적지(目的地)가 있는 것이다. 목적지 없는 계단은 없다. 계단은 두 지점을 연결한다."

길이란 갈라지며, 흩어지고, 모이면서, 다양한 집산(集散)의 양상을 보이지만 계단은 오로지 하나의 목적지로만 안내한다. 벗어날 수 없게 인도한다. 나도 내 마음 안에 신으로 향하는, 불성으로 향하는, 공(空)으로 향하는 계단을 만들어야 하지 않을까. 내생에서도 이어서 오를 수 있는.

힌두도 없고 무슬림도 없으며 오직 아름다운 신만 있다는 마음으로 출발한 시크교. 그러나 이들이 성큼성큼 자라나는 모습을 순순히 두고 보지 못한 무슬림 정부에 의해 탄압되더니, 결국 스스로 살아남기 위해 외부의 혹독한 환경을 향하여 날카로운 가시를 줄기에 이곳저곳 내밀게 되었다. 시크의 거친 역사는 척박한 외부 환경을 극복하고 뿌리내리는 식물 한 그루를 관찰하는 일과 같다.

시크교의 마지막 구루 고빈드 싱
• • •

마지막 구루 고빈드 싱을 필두로 시크교도들은 비교적 단순한 일정을 가졌다. 아침과 저녁 시간에는 신에게 예배를 올리고 낮 시간 동안에는 훈련을 받았다. 결국 이런 힘을 바탕으로 무굴제국과의 성전(聖戰)에서 단 한 번도 패배하지 않았다. 이들은 전투에서 승리했지만 영토를 넓히거나 약탈은 하지 않았다.

잘 알려진 얘기에 따르면, 구루 고빈드는 신년 첫날(1699년 4월 13일)을 축하하기 위해 모여든 군중에게 연설했다고 한다. 그는 시세가 위태롭고, 공동체에 대한 위험이 크다는 점을 강조했다. 힘과 단결이 반드시 연약함을 대체해야 할 것이었다. 구루에 대한 충성심은 어떤 사적인 고려보다 앞에 와야 할 것이었다. 진지성을 증명하기 위해, 그는 칼을 뽑아 들고, 내적인 확신과 충성심의 증거로 사람들로 하여금 앞으로 나와 그들의 목을 바치라고 요구했다. 칼을 치켜들고 그는 그들의 접근을 기다렸다. 처음에는 아무도 나오지 않았다. 그러다가 공포의 순간을 깨고 한 시크교도가 앞으로 걸어 나와 구루의 막사 안으로 인도되어 갔다. 구루가 혼자 막사 바깥으로 나왔을 때 칼은 피로 물들어 있었다. 용감한 사람 넷이 다시 앞으로 나왔고 막사 안으로 인도되어 들어갔다. 숨죽이고 있던 군중들은 두 번째에도 구루 홀로 피가 뚝뚝 떨어지는 칼을 들고 나오기를 기다렸다. 그러나 놀랍게도 그는 다섯 시크교도 모두와 함께 나타났다. 넥타(amrit)를 양날 달린 칼에 발라, 그는 보통 '친애하는 5형제'로 불리는 이들에게 순수한 교단(Khalsa)으로 들어오게 하는 입단식을 거행했다.

최초의 다섯 입단자들이 구루 고빈드 자신을 청정교단으로 받아들이는 입단식 이후, 구루 고빈드는 모든 시크교도를 위한 훈련의 칙령을 선포했다. 담배 피우기와 무슬림의 제식에 따라 살해된 짐승들의 고기 먹기, 그리고 무슬람과의 성관계가 금지되었다. 더욱이, 이제부터 청정교단에 대한 그들의 충성심의 징표로 모든 사람들은 다섯 개의 K를 걸치도록 했다.

1. 자르지 않은 머리(kes)

2. 빗(kangha)

3. 칼 또는 단검(kirpan)

4. 손목 보호대(kara)

5. 짧은 바지(kach)가 그것이다.

― 존 M 콜로의 『인도인의 길』 중에서

이 사건 이후, 구루 고빈드 사건에 관련된 이 다섯 사람, 그리고 이후에 칼사〔교단(敎團)〕에 가입한 남자들은 어김없이 사자라는 의미의 싱(Singh)이라는 성을 갖게 된다. 여자들은 암사자 혹은 공주라는 카우르(Kaur)라는 성을 가지니 모두 하나의 형제집단이라는 의미다.

다섯 사람은 구루 고빈드에게 세례를 주었고, 이후 카스트에 관계없이 모든 계층의 사람들을 받아들였다. 이제 최하층의 사람들은 엄숙한 칼의 세례를 통해 교단에 들어와 힌두교 브라흐마를 위시한 상위 계급들과 같은 높이로 어깨를 겨루게 되었다. 전통적 카스트에 속한 힌두교도에게는 눈꼴 시린 일이었으리라.

시크교의 목적 역시 힌두교처럼 신과의 합일에 있다. 신과 분리되는 것은 '끔찍한 이별'이며 그 '인생은 의미가 없다.' 나날이 느끼는 고통은 바로 신과의 분리로 이루어진 결과이다. 그리고 이렇게 분리를 일으키는 힘은 바

법천귀진(法天貴眞)은 학의 다리가 길다고 자르지 않는 것처럼 천연의 본성을 소중히 여기는 일을 일컫는다. 이것은 본연의 자연의 모습을 손대지 않음과 같은 의미다. 인간은 자연이연(自然而然)한 질서에 손대지 말고, 자연에 대한 일체의 위해를 거두어야 한다.

로 집착(執着)에서 기인한다고 배워준다.

　　아름다운 이야기로 불교, 힌두교와 큰 차이가 없어 보인다. 그러나 그 방법론에 들어가면 육체를 바닥까지 떨어트리는 고행은 피하며, 요가, 많은 제의적 행위, 신상에 대한 숭배 의식 역시 없다. 무엇보다 신과의 합일을 위해 신에 대한 무조건적인 사랑을 요구한다.

열 번째 계승자 구루 고빈드 싱(1675~1708) 이후에 구루직은 더 이상 계승되지 않는다.

그는 선언했다.

"시크교의 성전(聖典) 자체를 구루로 모시고, 더 이상의 인가 구루는 없다."

계승자는 여기서 끊긴다. 구루 고빈드 싱은 42세에 암살자 손에 의해 기습을 당했다. 출혈이 심해 그는 며칠 후에 칼사를 불러 자신의 임종을 이야기하고 사망한다.

인간 구루의 명맥이 끊어지기는 했지만 시크교에서 가장 중요한 것은 구루의 위치다. 신만이 신도들을 합일로 이끈다. 그러나 구루만이 신으로 향하는 길을 인도하고, 신의 메시지를 전달할 수 있다. 이런 의미에서 1대 구루 나나크에서부터 5대 구루 아르준까지의 성스러운 말씀과 찬송 등등을 모두 모은 최초의 집성(集成)이라는 의미의 「아디 그란트」, 즉 「구루 그란트 사힙」이 제일 중요하다. 10대 구루 고빈드 싱은 자신의 죽음과 동반해서 인간 구루는 끊어지고 시크에게는 오로지 성전 구루만이 남는다고 선언했으니 그의 열반과 더불어 시크 공동체의 가장 큰 구루는 성전 구루―「구루 그란트 사힙」이 되어, 사람은 가고 말씀만 남았다.

지금까지 시크들은 중요한 일이 있으면 이 경전 앞에서 토론하고 회의를 한다. 구루 고빈드 싱 사후, 경전은 더 이상 추가되지 않았다.

계단을 오른 후에 만나는 햄꾼드는 처음 구루와 마지막 구루의 성지다. 초대 구루는 이곳에 머무르고 이곳을 지나 티베트까지 넘어갔고, 마지막 구루는 그가 고빈드로 태어나기 전에 결가부좌로 신을 만났다. 거대한 사원이 들어선 자리를 도려낸다면 이 자리는 한철 안거로 한 소식을 안겨줄 듯한 지세다. 산에 싸여 있어 여간 화창한 날이 아니고는 호수 주변을 모두 보는 행운은 어려워도 산기운이 달려들어 뭉쳐진 호숫가에 앉아 있는 일만으로 충분하다.

바람이 시원하다. 얼음 위에는 안개가 피어올라 바람에 따라 방향을 바꾸며 조금씩 움직인다. 서늘한 기운이 계속 밀려온다.

이후 1708년에서 1849년까지는 세력이 많이 쇠퇴했다. 힌두교의 흡수력에 흔들려서 시크교의 일부는 '자신들은 특별한 형태의 힌두교인'이라 주장하는 사람까지 나온다. 그러나 1877년 시크교의 본향인 펀잡주에 아리아 사마즈가 들어오면서 상황은 180도 반전된다.

힌두교 신앙 부흥의 아버지인 스와미 다이어나드 사라스와티(1824~1883)는 기독교에 영향을 받아 호전적으로 힌두 교리를 포교했다. 그가 1875년에 아리아 사마즈를 창립하고 1877년 이 아리아 사마즈가 시크교 심장부에 터를 잡으면서 둘 사이는 적대감으로 대립하기 시작했다. 더불어 위기를 느낀 시크교도들은 힌두교적인 요소를 떨어뜨려 내며 독자적인 부흥을 시작했으니 힌두교가 독(毒)이 아니라 도리어 약(藥)이 된 셈이라고나 할까.

10년도 훨씬 넘었다. 지금이라면 서울 — 인천 가는 일보다 더 쉬운 하리드와르에서 르시케슈로 가던 날.

기차 시간이 맞지 않아 버스 스탠드로 나갔다가 크게 당황했다. 연이어 들어오는 버스에는 단 한 자의 영어표기가 없이 오직 힌두어로 목적지가 적혀 있었다. 그렇디고 영어가 통하는 사람이 주변에 있는 것도 아니었다. 매표소에 가서 손짓발짓을 통해 르시케슈! 르시케슈! 이야기하자 30분 후에 버스가 들어온다고 기다리라고 한다.

막막했다. 버스가 들어올 때마다 수십 명이 달라붙어 창문 사이로 짐을 던져 넣고, 아이를 안으로 밀어 넣어 자리를 선점하고, 마치 육박전처럼 문으로 달려드는 모습을 보니 기가 막혔다.

"내가 타야 할 버스가 저렇다면 어떻게 해야 하나? 지붕으로 올라가나? 나도 배낭을 메고 몸싸움하면서 출입문으로 향하나?"

그때 한 사람이 다가와서 어느 나라에서 왔는지, 어디로 가는지 친절하게 물었다. 인도에서 보기 드문 청바지, 티셔츠 그리고 캐주얼 신발을 보아 보통 인도인은 아니었다. 그런 걸 운이라고 해야 하나, 반갑게도 르시케슈 가는 사람이었다. 버스가 오면 알려줄 터이니 안심하고 기다리라 말했다.

그는 자신이 영국으로 이민 가서 살고 있는 시크교교도라 했으니 내가 인도에서 처음 대화를 나눈, 더 구체적으로 이야기하자면 태어나서 처음으로 대화를 나눈 시크교도였다. 시크교도들은 대부분 몸에 다섯 가지의 K를 지님으로써 다른 종교도들과 구별이 가능하다. 그러나 이렇게 이민을 떠난 사람들은 종교는 믿되 10대 구루 고빈드 싱이 착용을 권유한 5K는 걸치지 않는다고 했다.

그를 통해 얻은 시크의 첫인상 탓일까, 아직 시크들에 대한 긍정적인 시선을 갖고 있다.

1984년 6월에는 시크교와 인도 정부 사이의 마찰로 인해 중무장한 인도 정부군이 암리차르 황금사원을 공격했다. 시크교도에게 '암리차르 학살'로 부르는 이 사건에 의한 희생자 수는 600여 명에 이르렀다. 어이없게 희생자 대부분이 사원을 찾았던 순박한 순례자들이었다. 결국 공격 명령을 내렸던 당시의 수상 인드라 간디 여사는 시크교도인 자신의 경호원에게 암살된다.

슬픈 일은 곧바로 광기처럼 번진 시크교도 사냥이었다. 암살자가 시크교도였다는 사실이 알려지면서, 델리 전역에서 시크교도들이 몽둥이로 구타당하고 불 태워져 수천 명 이상이 목숨을 잃었다. 구루 고빈드 싱이 신도들에게 몸에 5K를 지니도록 했으나 이것이 도리어 쉬운 표적이 되었다. 이때 많은 시크교도들은 목숨을 구하기 위해 터번을 벗고 머리를 깎아내며 5K를 몸에서 떼어냈고, 그 후로 다시 몸에 지니지 않는 사람들도 많아졌다고 한다. 특히 젊은이들 사이에서는 이런 추세가 증가하고 있다고 전한다. 이들은 사원에 입장할 경우만 머리에 수건을 두른단다.

많은 시크교도들은 농업과 원예에 종사한다. 이들은 집중력이 뛰어나고 서로 돕기 때문에 인도의 녹색혁명을 주도한 세력이며 농사로 부자가 된 사람들이 많다.

산을 좋아하는 사람들에게는 인도 산악인 이름에 유달리 인도 싱이 많음을 주목하게 된다. 에베레스트 산을 오른 9명의 인도인 가운데 3명이 시크이며, 인도 육상의 1/3 이상의 수가 시크교도이다. 인도에서 시크교도의 숫자를 본다면 이들의 실력은 발군이다. 그래서인지 햄꾼드를 오르는 실력이 만만치 않아 몇몇 지나친 비만을 제외하고는 몸들이 가볍다.

성지는 무엇을 말하려 하는가
● ● ●

힘들게 올라온 저 높은 곳의 교회, 산중호수 햄꾼드는 마치 만다라의 눈동자처럼 보인다. 거룩한 눈동자가 나를 응시하는 느낌을 받는다. 성지의 도착은 순례자들에게는 영혼의 은총과 동일시되고 있다. 햄꾼드 물가에 있는 시크교도들은 그 은총을 나누기 위해 서둘러 물통에 호수 물을 담아 넣는다.

힘겹게 오를수록 몸의 관절이 풀리며 유연해지는 이상한 경험을 한다. 어떤 경우에는 손을 어깨 너머로 넘겨 한 번도 긁어보지 못한 등의 한복판을 어루만질 수 있을 듯하다. 고행 끝에 몸과 정신이 균형을 잘 맞출 수 있는 순간이 오고 이때는 모든 어려운 문제들의 해답이 보일 듯하다.

이럴 때 바로 요가자세로 앉아 질문을 아끼지 말아야 한다.

"종교란 무엇일까?"

암리차르 사원을 향해 총구에서 불을 뿜는 순간, 총알이 먼 시골에서 올라온 순박한 시크교도의 몸을 헤집고 들어가는 순간, 폭동이 일어나고 시트교도들의 터번이 벗겨지고 몽둥이가 날아드는 순간, 햄꾼드에는 아무 일 없이 바람이 얼음호수를 더듬으며 지나갔다. 시크와 연을 맺고 있는 히말라야의 계곡은 어제와 같았고 초대 구루가 주석한 그날과 다르지 않았다.

시크의 성지에 서니 이들의 고난의 역사가 한번에 안겨온다. 호수 주변 어딘가에 변발을 트고 앉은 미래의 시크 구루가 될 수행자 모습이 보일 듯하다.

"과연 시크는 내 몸에 맞는 옷인가?"

"내 종교를 위해 남을 죽일 수 있을까?"

"반대로 내 종교를 위해 내가 순교할 수 있을까?"

"순교하지 않고 배교로 목숨을 부지할 것인가?"

"존재가 우선일까? 종교 윤리가 우선일까?"

무수한 계단을 지나와 만나는 시크 성지에서의 질문은 이런 것들이다.

"존재가 우선인가? 윤리, 종교가 우선인가?"

사람마다 답이 다르겠으나 내게는 존재가 우선이다. 나라는 존재(存在)가 있어야 그 다음에 윤리, 종교가 뒤따라오며, 그 다음으로 행동(行動)이 이어진다는 생각이다.

스피노자의 철학에 있어서도 이런 존재론과 인식론이 종교윤리학을 앞지르고 있다.

수없이 반복되는 이야기다.

"나는 누구인가?"

"나는 어디서 와서 어디로 가고 있는가?"

이런 생각들이 가장 앞에 놓여 있어야 옳다는 생각이다. 이어서 어느 정도 관찰과 통찰 후에야 이런 질문이 가능하다.

"나는 무엇을 해야 하는가?"

'나는 누구인가?' 라는 물음이 '나는 무엇을 할 것인가?' 라는 물음보다 선행해야 한다는 사실은 동서고금에 금과옥조이며 모든 스승들의 공통된 말씀이다. 그러면 그 무엇보다 내 몸에 맞는 종교와 윤리가 등장한다. 아무 생각 없이 행동하는 일은 깨달음의 무애(無碍)의 경지에서나 가능하다.

스피노자를 좋아하는 이유 중에 하나, 역시 내가 내 자신을 안 후에 시선을 밖으로 옮기는 일이 옳다는 그의 의견에 동조하기 때문이다.

스피노자는 일상생활에서 관찰을 통해 그것을 깨달았다. 그는 셸링의 입을 통해 '자신의 존재와 삶에 대해서는 깨닫지 못한 채 돈과 명예를 위해 모든 힘과 목숨을 바치는 유대인을 주변에서 수없이 보아왔다'고 말했다.

그의 철학은 '낮에도 저주가 있고, 밤에도 저주가 있고, 누울 때도 저주가 있고, 일어날 때에도 저주가 있고, 나갈 때도 저주가 있고, 들어올 때도 저주가 있을지어다' 라는 유대인의 저주와 함께 암스테르담 유대인 공동체로부터 추방이 시작이었다.

부패방지위원회에 관여한 사람이 뇌물수수로 체포되고, 자신의 존재의 부족함을 모르면서 무작정 행동으로 남을 돕겠다고 나섰다가 일어나는 일부에서의 잡음을 보면, 우선 시선이 자신 스스로를 들여다보지 않음으로 야기된 결과로 보인다. 사유질서의 오류다. 스피노자를 추방한 유대인들 역시 스스로 들여다보는 눈을 잃었다. 대신 우리는 스피노자를 얻었다.

존재를 알면 종교윤리가 자연스럽다. 종교가들의 부패 역시 사트〔存在(존재), sat〕에 대한 간과 결과가 아닐까. 제 길을 가면 우리는 입사귀가 아닌 제일 중요한 열매를 따게 된다.

최근 세태는 외형에 몰두하기에 성형광풍이 몰아치고 있다. 그러나 어찌 외형만 있다고 볼 수 있을까. 신성을 보는 방법은 외형을 움직이는, 외형의 배후에 자리 잡은 내면의 근본적인 것을 찾는 일이다. 성망(誠忘)에 젖어 외형에 휘둘리기 전에 깊은 설산으로 들어와, 산을 보고, 꽃을 보고, 시냇물을 보고, 바람결을 느껴보자.

스피노자의 '돈과 명예를 위해 모든 힘과 목숨을 바치는 유대인'은 마음에서 '자신의 존재'가 이미 추방된 상태다. 자신에 대해 알지 못하고, 확신이 없기에 대신 외모, 권력, 금화에 힘을 쏟는 사회 일각의 부류도 마찬가지이리라. 자신의 본(本) 모습에 대한 성찰이 없기에 자신의 장단점을 모른다. 그들은 주로 브랜드를 추구한다. 결국 드라마 안의 탤런트가 착용했던 목걸이를 사고, 같은 디자인의 목도리를 사서 두르는 국화빵 제조 같은 일이 생긴다. 가장 기본적인 본성을 보지 않고, 오감에 잡혀오는 감각대상이 최초의 것이라는 무의식적 착각에서 연유된 일이리라.

　　호수, 얼음, 신전, 시크교도, 안개, 바람, 하늘, 봉우리.

　　이런 자리에서 나타나고 드러나는 것은 오로지 존재뿐이다.

　　이 존재들 앞에서는 신성을 느껴 엄숙해지며 만사를 조심하는 행동을 낳는다. 존재가 종교윤리로 이어지는 것은 틀림없지 않은가. 히말라야에서는 존재가 선행하고 그 안에서 내 행동이 결정된다.

　　나는 나를 알기 위해 죽을지언정 종교를 위해 순교하지는 않을 것이다.

　　나는 나를 알기 위해 불교와 힌두교를 비롯한 종교의 길을 가겠지만 종교를 위해 나를 포기하지는 않으리라.

　　계단을 오르기 억척스럽게 힘들었던 나는 물가에 앉아 미래를 다짐한다. 모두 히말라야 시크 성지에서 만나는 소중한 생각들이다.

존재의 아름다움을 보자, 꽃들의 계곡

야생화들이 스스로 생명력을 불어 넣으니 계곡이 싱싱하고 밝다. 아름답다는 말은 아예 생략된 이곳 금당(金堂)은 이미 이 세상이 아닌 무언의 천상의 조건을 갖추고 있다. 이런 순간, 속에 든 만 권 지식이 무슨 소용[腹中萬卷揮無用] 있으랴.

『라마야나』는 이렇게 만들어졌다
● ● ●

큰 전쟁이 있었다. 전쟁이 일어난 장소는 인도 대륙이 바닥에 떨어트린 망고 하나, 혹은 눈물 한 방울인 랑카, 즉 현재의 스리랑카였다. 사람과 신들이 다투고, 신들이 개입하고, 원숭이·독수리 등 동물들까지 함께 힘을 합쳐 악마에 대항하는 엄청난 전쟁이었다.

전쟁의 발단은 악마 라바나(꾸베라와 형제지간이다)가 랑카에 자리 잡고 못된 짓거리를 쉬지 않고 일으킨 탓이었다. 세상은 악이 들끓고 혼돈에 휩싸이면서, 곳곳에서 사람들이 서로가 서로를 죽이고, 소를 죽였다(인도에서 소를 죽인다는 일은 큰 범죄다). 멀쩡한 성자들이 아쉬람에서 살해당했고 거리에는 강도들이 주인처럼 마구 설치고 다녔다. 더구나 비극적인 일은 아무런 이유조차 없이 아이들이 집집마다 죽어나가는 일이었다.

다급한 대지의 여신은 인드라에게 구원을 청했고, 이들은 브라흐마, 쉬화조풍월(花鳥風月)은 힌두에서는 최소한 모조리 신(神)이다.
어지러이 피고 지는 꽃들 하며, 하늘을 힘차게 나는 독수리는 물론,
계곡을 지나는 바람과 이지러지고 차는 달이 모두 신이다.
세상은 그리하여 신의 자리다. 어느 곳에 시선을 내려놓거나 신을 만날 수 있다.

바를 거쳐 결국 적임자 비슈누에게까지 찾아가 대책을 강구하게 된다.

비슈누는 약속했다.

"내가 아요디야(Ayodhya)의 다사라타(Dasaratha) 왕의 아들로 태어나 라바나를 응징하겠다."

말하자면 다시 아바타―화신으로 지상에 오겠다는 약속이었다.

다사라타 왕은 갠지스 강 북안에 자리 잡은 코살라(Kosala) 왕국을 통치하고 있었다. 당시 슬하에 딸 하나만 두고 있어 왕권을 넘길 아들이 필요했다. 왕은 연이어 왕비를 둘을 더 얻었으나 결과는 마찬가지.

이런저런 사연을 지나 첫째 왕비 코우살야(Kausalya)는 라마를, 둘째 카이케이(Kaikeyi)는 바라타를, 셋째 수미트라(Sumitra)는 락쉬마나와 샤트루가나 두 명의 왕자를 낳았다.

네 명의 아들은 무럭무럭 잘 자랐다. 그들의 우애는 매우 깊었으며 특히 첫째 왕비의 아들 라마와 셋째 왕비의 아들 락쉬마나는 어디 가든지 그림자처럼 함께 다닐 정도로 형제애가 깊었다. 이 라마가 바로 비슈누의 7번째 화신이었다.

라마는 자나타 왕의 딸 시타와 결혼하고, 세월이 흐르자 이제 부왕은 백성들로부터 신망 받는 자신이 가장 사랑하는 장남 라마에게 왕위를 물려주고자 했다. 이 사실을 눈치 챈 둘째 왕비는 자신의 아들을 왕으로 만들기 위해서 신속하게 움직였다.

인드라가 아수라들과 전투에 임할 때, 지상의 용감한 왕들에게 도움을 구한 적이 있었다. 이때 다사라타는 참전했고 전투 중에 무수하게 날아오던 화살에 맞아 심한 부상을 당했다. 그는 곧바로 정신을 잃었고 둘째 왕비 카이케이는 온몸으로 그를 감싸 안아 안전한 곳으로 옮겼다.

깨어난 다사라타는 목숨을 걸고 자신을 구해준 대가로 두 가지 소원을 들어주겠다고 약속했다.

그녀는 당시의 약속을 상기시키며 첫째, 라마를 14년 동안 국외로 추방시킬 것이며, 둘째, 자기의 친아들인 바라타를 왕위에 올려달라고 말했다. 말하자면 자신의 아들이 왕이 되고, 안전하게 통치하기 위해서는 정식 왕위 계승자를 오랫동안 숲으로 귀양 보내겠다는 심산이었다. 가족과 온 백성들은 라마를 그냥 머무르게 하도록 왕에게 간청했다. 왕의 애걸복걸에도 불구하고 약속을 운운하며 냉담한 둘째 왕비.

사나이들이여, 약속을 쉽게 하지 마라. 말의 씨가 되는 일을 쉬이 일으키지 마라.

그러나 라마의 다르마는 부친의 약속을 이행하도록 만들었다. 결국 왕은 앓아눕고 라마, 라마의 아내 시타, 이복형제 락쉬마나는 숲으로 망명길에 오른다. 자신의 어머니 때문에 졸지에 왕위를 계승하게 된 바라타는 눈물을 흘리며 숲으로 라마를 찾아와 왕궁으로 되돌아와 즉위해 달라 졸랐으나, 그런 약속은 거두어들여지는 일이 아니라며 거절당한다.

이들이 숲에서 사는 동안 전생(前生)으로부터 시타를 사랑하던 라바나에 의해 시타가 납치된다.

가슴 아프다, 사랑이 뭐기에. 그 사랑 때문에 전쟁이 일어나고 무수한 생명이 희생된다. 이번 삶에 이루어질 수 없는 사랑이라면 내생까지 연결시킬 필요는 없다.

이것은 절대로 안 된다.

"바라옵건대, 이번 삶에서 이루지 못한 사랑, 다음 삶에서 이루어지게 하소서."

다음 삶에서는 동성으로 태어나 라마와 락쉬마나와 같은 좋은 형제, 좋은 친구, 좋은 도반으로 살 궁리를 하는 일이 좋지 않은가. 사랑이란 윤회의 힘 중에 하나가 아닌가.

라마는 자신의 아내 시타가 인도 대륙의 남동쪽 랑카로 납치된 사실을 알게 되었다. 결국 원숭이족과 그들을 지휘하고 이끄는 하누만의 도움을 얻어 바다 건너 랑카에 진격하여 커다란 전쟁을 치르고 시타를 구해냈다.

라바나를 응징하고 악마들과의 전쟁에서 승리를 거둔 후, 약속한 14년이 지나자 라마는 아요디야로 돌아와 왕좌에 올라 백성들을 다스렸다. 그러던 어느 날 라마는 오랫동안 시타가 악마에게 사로잡혀 있었으니 순결할 리 없다는 백성의 말을 듣는다. 그는 시타의 순결을 철석같이 믿으면서도 무릇 왕이란 백성의 말을 존중해야 한다는 철칙에 따라 임신 중인 시타를 숲으로 추방한다. 시타는 숲속의 성자 발미키(Valmiki)의 세심한 배려로 숲속에서 아들을 낳게 된다.

발미키는 프라흐다와 함께 나라다의 두 제자 중에 하나다. 2만 4천송의 시구로 이루어진 『라마야나』는 바로 이 발미키의 작품이라고 이야기가 전해져 온다. 그러나 학자들은 오래 전부터 구전되어 온 이야기를 기원전 2세기 경에 발미키가 체계적으로 기록했을 가능성이 높다고 본다.

발미키는 본래 얼굴이 검은 악명 높은 도적이었다. 그러다가 나라다를 만나 시와 글에 재능이 발견된 후, 치트락타 부근의 산에서 고행하고 있었다. 마침 이때 둘째 왕비 계략에 의해 추방당한 라마, 라마의 아내 시타, 락쉬마나가 숲으로 들어와 인연을 맺게 된다.

또한 후에 라마가 전쟁에서 이기고 왕위에 복귀하고는 시타의 부정을 의심하며 숲으로 추방했을 때, 숲에는 여전히 발미키가 있었다. 발미키는 브라흐마로부터 '당신은 시적 재능을 가지고 있으니 그 재능을 가지고 라마에게 일어난 일을 시로 읊을 것'을 부탁했고 발미키는 수락해서 이 모든 과정을 읊었으니 바로 『라마야나』라는 이야기다.

식물성 사유
● ● ●

숲을 지나면 마음이 지극히 안정된다. 더불어 초원을 지나면서도 같은 효과가 발생한다. 많은 사람이 숲을 집안에 끌어들여 나무를 가꾸는 일 역시 숲의 고결함을 근처에 놓으려는 무의식적인 발로다. 범죄율이 높은 미국의 빈민가에 조림사업을 시작하면서 범죄 발생이 현저히 떨어지는 일에 학계는 주목하기 시작했다. 녹림(綠林)이란 말 자체가 이미 마음을 고요하고 평안케 하는 녹색 빛의 만뜨라다. 잔디밭에 앉아 있는 것만으로도 자꾸 가부좌를 만들며 행복해하고, 식물성이라는 단어에 안정감을 품게 되는 나 같은 사람도 있다.

만물의 본성을 따르는 일을 '천지의 바름을 탄다[乘天地之正]'라 표현한다. 태어나서 푸름을 유지하다가 서서히 빛을 잃어가는 과정은 우주의 모든 존재들이 겪는 본성의 변화 과정이다. 그렇게 변화하는 길에서 편안하게 노니는 일이 하늘과 땅에 적합한 삶이 된다.

몬순철 강가리아 부근에서는 식물성 사유가 가능하다. 맑은 날이면 녹색은 정말 녹색의 장점을 아낌없이 보여주어 백색 설산만큼이나 풍요로운 정신을 제공한다.

나무들은 씨를 대지에 내리고 이들은 뿌리를 내리고, 대궁을 들어 올리면서 꽃을 피워낸 후, 다시 열매와 씨를 만들어 숲이라는 세상 안으로 녹색을 퍼뜨린다. 숲이라는 하나의 공간 안에서 자리를 옮기며 번식하고 환생한다.

조선시대의 문신이자 서화가였던 강희안(1418~1465)은 국내 최초로 전문 원예서를 쓴다. 손수 화초를 키우면서 알게 된 꽃과 나무의 특성, 품종, 재배법을 모았으니 『양화소록(養花小錄)』이다.

그는 '지각도 운동능력도 없는 풀 한 포기의 미물이라도 그 풀의 본성을 잘 살피고 그 방법대로 키운다면 자연스레 꽃을 피운다'는 양생법(養生法)을 이야기하고 있다.

더불어 꽃을 세상의 은유로 생각했다. 꽃의 특성을 잘 살려 최대로 아름답고 건강하게 피워내는 일은, 선비가 훌륭한 군주를 만나 제대로 피어나며 적절히 활용하는 구도와 일치시켰다.

『양화소록』 중에 〈꽃을 키우는 마음〉 한 대목.

내가 천지에 가득 찬 만물을 보니 수없이 많으면서도 서로 연관되어 있으며, 오묘하고도 오묘하게 모두 제 나름대로 이치가 있습니다. 이치를 궁구하지 않으면 앎에 이르지 못합니다. 그러므로 풀 한 포기 나무 한 그루의 미물이라도 각각 그 이치를 탐구하여 그 근원으로 들어가면 그 지식이 두루 미치지 않음이 없고 마음은 꿰뚫지 못하는 것이 없으니 나의 마음은 자연스럽게 사물과 분리되지 않고 만물의 겉모습에 구애받지 않게 됩니다. 그러니 어찌 뜻을 잃어버림이 있겠습니까. 더구나 사물을 살필 때는 자신부터 돌아보고〔觀物省身〕지식이 완전해진 다음에야 뜻이 충실해진다〔知至義誠〕고 옛 사람들도 이미 말했습니다.

무엇 하나만 열심히 파보면 도(道)를 본다. 노벨상 수상자 바바라 매클

린톡은 옥수수 하나만 가지고 몰아(沒我)의 경지로 들어가는 신비주의자가 된다. 만 개의 질문은 하나의 질문이 되고, 하나의 질문은 과녁을 향해 날아간다.

그녀는 말했다.

"지극한 마음으로 바라보고 있노라면 그들(옥수수)이 나의 일부가 되지요. 그러면 나 자신은 잊어버려요. 그래요, 그게 중요해요. 나 자신을 완전히 잊어버리는 거예요. 거기에는 내가 더 이상 없어요."

사실 히말라야 봉우리를 바라보고 앉아 있어도 같은 일이 생긴다. 구름의 생멸(生滅), 햇살의 농담(濃淡) 등등을 보면 저 멀리 바다에서 증발해서 뭉게구름을 일구고 대장벽 히말라야에 달려와 부딪히며 반응하는 끈들이 보이며, 이 순간순간 나는 없다. 그러다가 하얀 산에서 눈을 떼어 발밑의 꽃 한 송이를 바라보면, 만물의 법칙이 궁구되며 역시 더 이상 나는 없으니 '궁하면 산에 와서 영성을 길러라〔窮阻還山養生靈〕'는 말이 생겨났으리라.

동양의 고전을 읽다 보면, 최근 10여 년 동안 꾸준히 입에 오르내리는 헨리 데이비드 소로의 자연에 관한 낭만주의적 시선, 자연에 대한 재평가의 글들은 감동하기에는 함량이 너무 낮아 보인다. 동양의 많은 은자들과 스승들이 자연과 숲을 관조하고 의미를 밝힌 문장과 비교해 보자. 오늘도 많은 작가들이 자신의 글 혹은 매체에 자랑스럽게 등장시키는 소로에 대한 평가가 도리어 신기할 정도다. 그는 자신이 살던 땅의 원래 주인인 북미원주민의 1/10도 안 되는 수준이다.

이쪽 길은 유달리 식물성이다. 이 길로 접어들며, 산들바람, 시냇물, 녹색형제들, 가끔 몸을 드러냈다가 숨어버리는 이름 모를 작은 고산 동식물들을 만나면, 식물에 기초를 둔 세상인 탓에 편안하고 평안하다.

바쁠 이유가 없다. 걸어가는 사람들 중에 제일 늦은 걸음으로 길을 따라가면 된다.

산은 한낮에는 내 놀이터이지만, 밤이 되면 흐느적거리는 정령들이 나와 어린아이를 괴롭히는 무대이기도 했다. 아버지 담배와 성냥을 숨겨와 몇 번이고 쿨럭이며 빨아볼 수 있는, 내가 몸을 숨길 수 있는 손바닥만한 숲속 공간도 있었다. 다른 사람이라면 도저히 찾아내기 어려운 그곳에 이르기 위해서 준비된 서너 군데의 으슥한 미로. 어린 토목기사는 풀을 발로 밟아 다지며 은밀하게 길을 냈다(사실 지금 생각하면 토목기사라는 직업은 못할 짓이다). 쪼그리고 낮잠을 자다가 달도 없는 검은 밤에 무서움에 벌벌 떨며 몇 번이고 넘어지며 되돌아오기도 하고.

히말라야의 산길을 밟고 다니는 이즈음에도 아직 어린 시절의 산을 이렇게 오르고 길을 바꾸어 저렇게 올라가는 꿈을 종종 꾼다. 그까짓 미로 따위가 무어라고, 때로는 그 작은 비밀 아지트에 이르는 길을 찾지 못해 무진 애를 쓰는 꿈까지 꾸었으니.

아버지, 외삼촌, 여우, 늑대, 귀뚜라미, 여치, 산딸기, 잠자리, 매미, 실뱀, 시냇물, 방아깨비, 벌, 나비, 내 조그마한 숲속 공터…….

이런 숲길에서는 과거와 한 시간대에 만나 도란도란 이야기 나누는 시간이 된다. 이 숲과 그 숲이 만난다. 모두 행복한 추억이다.

히말라야 호수 안에는 히말라야가 고스란히 담겨진다. 가까이 다가서면 설산들은 완벽하게 반영되어 있다. 이것은 우리 가슴마다 신성이 영롱하게 자리 잡은 일과 다르지 않다. 월인천호(月印千湖)다. 호수에는 설산뿐 아니라 한 발 더 나가 우주까지 앉아 있다.

    환경정책은 자신의 어린 시절 향수와 유관하리라. 자연과 밀접하게 살아온 사람은 쉽게 옛날을 회상하며 친자연적인 성향이 되지만, 문명사회에서 살아온 사람들에게는 자연에 대한 관념이 약하다. 아파트에서 자라나 컴퓨터 앞에 하루 종일 앉아 있고, TV를 보고, 컴퓨터 게임을 하며, 저녁이면 학원으로 내몰리는 아이들에게 자연이란 기억에서 요원하다. 이런 아이들에게 자연이란 주말농장, 부모 따라 나선 벚꽃놀이, 여름의 해변, 가을의 단풍 정도가 아닐까.

사회의 구조적 모순은 이런 아이들이 중상류층이라는 점이다. 부의 세습으로 학교에서 좋은 성적을 거두고 시골 아이들보다 좋은 대학을 진학한다. 결국 정책을 입안하는 자리에 오르고, 당연히 자연은 경시되어 우선 순위에서 밀리고 개발이 쉽게 결정된다. 한 지방을 지키는 일은 그 지방 출신이 맡는 일이 좋아 보인다는 생각을 한다.

철들고 제법 나이를 먹을 때까지 어떤 산은 사유재산(私有財産)이라는 사실을 몰랐다. 산은 그냥 산이었다. 그렇지만 특정한 산이 어떤 사람의 소유이며 재산권을 행사해서 팔고 살 수 있다는 사실을 구체적으로 알았을 때 그리 크게 놀라지도 않았다. 본래 소유(所有)와는 큰 관계가 없는 집안의 아이였으니. 이제는 세상의 그 어느 산도 사람이 주인이 아니라는 사실을 안다.

강가리아에서 꽃의 계곡까지는 쉬며 놀며 그럭저럭 두어 시간 거리다. 5킬로미터쯤 된다. 어느 누구든지, 무슨 일을 하든, 한낮쯤에 목적지까지 들어갈 수 있다는 거리는 산에서 정말 좋은 거리가 된다. 걸음은 최대한 느릿하게 이어지고 수시로 두리번거려가며 주변에 풀 한 포기 놓치지 않는다. 때로는 길가에 앉아 등산화를 벗어놓고 한없이 게으름을 즐긴다.

쉬어가면서 길들이 휘감기는 모습이 어디선가 본 듯해서 자꾸 묵은 옛 생각이 떠오른다.

꽃들의 계곡에서
●●●

꽃들의 계곡. 이 이야기를 들으면 가슴이 환해지며 사방이 야생화로 뒤덮인 벌판에 서 있는 상상이 곧바로 달려온다. 때로는 그런 벌판에 벌렁 누워 꽃향기 속에 청명한 하늘을 올려다보는 생각이 들다가 '아차! 꽃들이 다칠 수도 있잖아!' 상상을 취소한다.

꽃들의 계곡.

이 꽃들의 계곡에서 모두 벗었다. 이상스러운 일이었다. 꽃들의 계곡을 처음 올라가면서 우선 배낭이 싫어 배낭을 내려놓았고, 조금 더 올라가니 모자가 싫어 모자를 벗었고, 옷이 거추장스러워 옷을 차례로 벗었다.

이렇게 무엇에 씌운 듯이 하나씩 던져내며 몸에 아무것도 걸치지 않기까지는 100미터는 족히 되었으리라. 바위 위에 서서 보니 내가 던져 버린 옷가지들이 부피감을 가지고 띄엄띄엄 한 줄로 늘어져 있었다. 불과 100여 미터 사이에 나는 여행자에서 히말라야 낭가(Nanga) 산야신이 되어 있었다.

한 번 벗고 나니 그 다음은 쉬웠다. 히말라야의 적당한 바위 위에서 모두 벗는 일은 관례가 되었다. 그간 배낭을 메고 다니느라 땀에 찌들며 발효된 누더기들은 히말라야 향기 안에서 세탁되었다. 아직도 야생화 무리 진 능선에 서면 이상스럽다, 왠지 벗어야 한다는 생각이 든다.

꽃의 계곡은 꽃이 피어야만 이름값을 한다. 이 계곡은 영국인 등반가이자 사진작가인 프랭크 스마이드(1900~1949)에 의해 서구 사회에 소개되었다. 프랭크 스마이드는 1931년 동료 에릭 십튼, R. L. 홀스워드와 함께 가르

구양수(歐陽修)는 노래했다. 눈물 글썽이며 꽃에게 물어봐도 꽃은 말이 없고 어지러이 흩날리는 꽃잎 속에 가을은 천 번이 지나갔구나[淚眼問花花不語 亂紅飛過秋千去]. 자연은 아름답다. 인간사와 관계없이 피고 지며, 일어나 스러진다. 그러나 산길에서 만나는 이런 무상(無常)은 이상스럽게 반대편에 자리 잡은 영원(永遠)과 곧바로 연결이 된다.

왈 히말라야 2위봉, 해발 7천756미터의 카메트에 올랐다. 이 등반이 등반인들의 역사에서 나름대로 평가받는 이유는 당시 인간이 오른 가장 높은 고도에 도달한 일과 현지인 가이드, 즉 세르파 레와가 처음으로 함께 등정한 일에서 기인한다.

이들은 성공적인 등정 후에 왔던 길을 피해서 5천125미터의 분다르(Bhyundhar) 빠스를 넘어 이 계곡에 발을 들여놓았다.

그는 *The Six Alpines*에 이때의 감동을 이렇게 서술했다. 그는 평생 이곳의 아름다움을 잊지 못한 것처럼 보인다.

다음날 우리는 싱싱한 풀이 많은 초지로 내려갔다. 꽃들로 둘러싸여서 우리 캠프가 잘 보이지 않을 지경이었다. 눈처럼 흰 물결의 아네모네, 백합 모양의 황금빛 노모카리스, 메리골드, 금매화, 참제비 고깔, 제비꽃, 에리트릭키움, 푸른 빛 콜리달리, 야생 장미와 꽃이 핀 관목과 진달래 속(屬)의 식물이 있었다. 그 중에는 영국에서 흔히 볼 수 있는 꽃들이 많았다. 분다르 계곡은 우리가 보았던 계곡들 중에 가장 아름다운 계곡이었다. 우리는 이 계곡에서 이틀 간 막영을 했고 후에 '꽃들의 계곡'이라고 기억하게 되었다.

나는 음산한 겨울날이면 종종 마음속으로 떠나는 장소가 있다. 눈으로 뒤덮인 산봉우리, 줄지어 늘어선 하얀 자작나무, 그 사이로 맑은 물이 흐르는 시내, 그리고 꽃이 만발한 초원을 배회한다. 그러면 다시금 꽃들을 스치며 지나가는 바람의 느릿한 움직임을 볼 수 있고, 별이 가득한 밤하늘 아래 모닥불 피워놓은 자리까지 찾아오는 빙하에서 만들어진 시냇물 소리를 들을 수 있다.

꽃이 피지 않을 무렵에 이들이 들어왔다면 꽃들의 계곡이라는 이름은 없었으리라. 몬순이 한창인 6월에서 8월 사이에 야생화들이 무리지어 피어나고 8월 말이면 야생화들이 최고조에 달한다. 이때가 아니라면 그냥 계곡이다. 이건 마치 잔칫집에 음식을 준비하는 시간에 가거나, 파장 후에 가면 만나고 싶은 사람도 못 만나고 먹을 음식조차 없는 일과 같다. 고도는 해발 3

천352미터에서 3천658미터 사이며, 길이는 10킬로미터, 폭은 2킬로미터로 부채꼴 모습이다. 중앙에는 푸스파바티(Pushpavati) 천(川)이 노래하면서 흐른다.

과거에는 계곡 출입에 제한이 없거나 적었으나 꽃이 피기도 전에 가축들이 모두 여린 싹을 먹어치우며 오물을 배설하고, 꽃을 보러온 야영객들의 쓰레기 투기로 인해 (인도인들의 아무 생각 없는 내버림을 생각해 보라) 국립공원으로 지정되어 입장료는 물론 야영, 취사와 가축의 방목을 금하고 있다.

이 아름다운 계곡은 꽃들의 계곡이라는 서양인들의 명명 이전에 이미 『라마야나』에 나난카난(Nanankanan)이라는 정식 명칭으로 등장한다.

이름이 지어진 사연은
• • •

『라마야나』에 의하면 락쉬마나는 랑카에서 벌이는 최후의 결전 중에 3번의 심각한 위기를 맞이한다.

첫번째. 라마와 그의 동생 락쉬마나는 하누만이 이끄는 원숭이 부대와 함께 바다를 건너 랑카에 진입한다. 이들 상대는 라마나가 이끄는 대부대. 라마나에게는 인드라지트라는 용맹한 아들이 있었다. 원래 이름은 메가나타(Meghanatha)였다. 그는 천신과 락사들이 전투를 벌일 때, 라마나 부왕과 함께 악마 편에 들어 참전한다. 그는 신들을 두려워하지 않고 용맹하게 전투에 임해 인드라를 생포하는 전과를 거두어 그 후로는 인드라를 포획했다는 의미로 인드라지트라는 이름을 얻게 된다.

치열한 전투가 시작되고 일진일퇴의 피바다가 벌어지자 인드라지트가 나선다. 그는 자신의 모습을 허공에 숨긴 채 셀 수 없는 화살을 지상에 내리 꽂아 순식간에 라마와 락쉬마나를 고슴도치처럼 만들어 버린다. 그리고 나가파사라는 아스트라를 사용해서 꽁꽁 묶어 버렸다. '나가'는 뱀이고 '파사'는 끈이다. 형제는 붉은 꽃이 핀 쌍둥이 나무가 땅에 넘어지는 듯, 피에 물들며 땅에 스러졌다. 라마의 군대는 순식간에 사기를 잃었다.

인드라지트는 아버지 앞에 가서 자랑스럽게 전과보고를 올렸다.

"라마와 락쉬마나를 나가파사로 묶어 놓았으니 이제 그들은 끝장입니다. 어느 누구도 나가파사를 풀 수는 없으니 그들은 지금쯤 죽었을 것입니다. 그들이 죽었으니 전쟁은 이제 끝난 셈입니다. 원숭이들은 이제 숨도 쉬지 못하고 웅크리고들 있습니다. 이들이 도망치도록 그냥 놓아둘 것인지 모조리 잡아 죽일지가 우리들의 선택입니다. 제법 큰소리를 피우면서 소란을 피우더니 이리도 간단하게 끝났으니……. 마치 천둥번개만 요란한 채 비는 내리지 않고 지나가는 소나기구름만큼이나 싱겁게 되어버렸습니다."

그러나 라마와 락쉬마나는 죽지 않았다. 라마는 조금씩 눈을 뜨고 움직이기 시작했다. 그러다가 동생 락쉬마나가 죽어 있는 모습을 보고 비통해한다. 그는 옆에 있는 수그리바 장군에게 회군을 명령하고 다시 기절한다.

의사 수쉐나는 한 가지 해결책을 말한다.

"우유의 바다가 있는 드로나와 차드라라는 산에 가서, 거기에 자라고 있는 산지바 카라니와 비샬리야 카라니라는 두 종류의 약초를 가져오면 그들을 되살릴 수 있다오."

그들은 곧바로 약초를 가지러 가기로 했다. 일행 중에 바람의 신의 아들이자 동작이 제일 빠른 하누만이 이 일을 맡기로 했다.

이때 마침 커다란 독수리가 날아왔다. 그 독수리가 날아오자마자 두 형제를 꽉 묶었던 나가파사는 뱀으로 모양을 바꾸더니 재빨리 도망치고 말았다. 이어 독수리가 두 형제를 날개로 쓰다듬자 회복되기 시작했다.

독수리는 자신의 정체를 밝혔다.

"라마, 나는 가루투만, 즉 가루다올시다. 나는 그대의 변함없는 친구이자 단신의 분신이기도 합니다. 나는 당신이 나가파사라는 고약한 아스트라에 걸린 것을 알고 이렇게 정신없이 달려왔습니다. 나가파사는 카르두의 아들인 뱀들이 화살이 되어 상대를 묶어버리는 아스트라이기에 나 외의 어느 천신도 나가파사를 풀 수 없습니다. 그 뱀들은 옛날부터 나의 원수지간으로 나만 두려워하기 때문입니다."

독수리가 뱀을 잡아먹는 것을 생각하면 당연한 이야기가 된다.

이것이 첫번째 위기였다.

다시 전투는 계속된다. 가루다에 의해 라마와 락쉬마나가 소생하자 전세는 역전되기 시작했다. 승승장구.

또다시 맹장 인드라지트가 부왕에게 인사를 올리고 전차에 오른다. 인드라지트는 싸움터에 이른 후 불을 피워 꽃, 향, 쌀을 바쳐 의식을 지냈다. 전차, 활, 화살에게도 차례로 예를 올렸다.

그리고 전투에 임해 원숭이들을 한번에 수백씩 죽이기 시작하니 곧바로 전장에는 피의 강이 흐르기 시작했다. 화살을 날리는 그의 손이 얼마나 빠른지 아무도 그의 손을 보지 못했다. 결국 라마와 락쉬마나가 전면에 나섰으나 이번 역시 인드라지트의 화살 앞에 쓰러졌다. 다행히 해가 져서 오늘의 전투는 끝난다.

이때 횃불을 켜고 구조활동을 벌이던 하누만은 심한 부상을 입은 쟘바반을 만난다.

쟘바반은 하누만에게 부탁한다.

"하누만, 이리 가까이 와서 잘 들으시오. 당신만이 라마, 락쉬마나 그리고 우리 모두를 구할 수 있소. 우리의 대왕과 왕자를 살려야 하오. 바다를 건너 히마반(히말라야)에 가서 황금색 봉우리 리샤바를 찾으시오. 그 옆에 또 다른 봉우리 카일라사가 있을 것이오. 두 봉우리 사이에는 산지바니, 일명 오샤디 파르바트라는 제3의 봉우리가 있을 터인데, 거기에는 오샤디라는 만병통치의 약초가 있다오. 이 약초들은 어둠 속에서도 빛을 뿜어 주위를 밝힐 것이오. 약초로는, 므리타산자비, 비샬리아 카라니, 사바르니아 카라니, 산타나 카라니의 네 종류가 있으니 그 약초를 빨리 구해온다면 부상자는 물론 사망자까지도 모두 생명을 구할 수 있을 것이오."

하누만은 쟘바반의 마지막 이야기가 끝나기도 전에 몸을 부풀려 뛰어올랐다. 그리고 아버지 바람의 신 바유만큼 빠른 속도로 히마반(히말라야)에 도착했다. 그는 제3의 봉우리를 찾아냈으나 약초들은 두려워 모두 숨어버렸다.

화가 머리끝까지 이른 하누만은 그 봉우리를 통째로 뽑아내어 전쟁터로 가지고 왔다. 그러자 그 봉우리에서 약초의 향기가 뿜어져 나오며 라마, 락쉬마나는 물론 부상병, 심지어는 죽은 자까지 벌떡 일어났다.

이제 하누만은 그 봉우리를 다시 히마반(히말라야)으로 가지고 가 제자리에 놓았다.

이렇게 해서 두 번째 위기를 넘긴다.

세 번째 위기는 천신만고 끝에 락쉬마나가 인드라지트를 죽인 후에 일어난다. 아들을 잃은 라바나는 그 슬픔을 분노로 바꾸고, 분노를 맹렬한 전의(戰意)로 바꿔서는 외친다.

"이제 내가 나서겠다. 나를 따르라. 내 당장 라마를 죽여 슬픔에 젖은 여인네들의 눈물을 닦아주리라. 살아남은 자 모두 나를 따르라."

최후의 전투를 위한 마지막 대군이 궁전 대문을 나섰다. 라바나는 여덟 마리의 말이 끄는 전차에 올라 곧장 전쟁터 중앙으로 돌진했다. 땅이 흔들리고, 구름이 피비를 내리고, 사방이 어두워졌다. 서로 밀고 밀리는 공방이 계속되었다.

락쉬마나는 이 깨지지 않는 균형에 짜증이 나자 선두로 나섰다. 라바나는 먹잇감을 발견한 독수리처럼 무차별로 다가왔다. 비비샤나가 다가오는 라바나의 전차의 말들을 죽이자, 분노한 라바나는 비비샤나에게 창을 던졌다. 락쉬마나는 이를 맞추어서 중간에 떨어뜨렸다.

라바나는 신의 이름을 부르며 다시 비비샤나를 향해 창을 던졌다. 이 창은 신들 중에 최고의 대장장이인 마야가 제작한 것으로 어느 누구도 피할 수 없는 필살 병기였다. 락쉬마나는 몸을 던져 비비샤나를 구해냈다. 라마가 손

쓸 사이도 없이 창은 락쉬마나의 가슴 깊이 파고들어 피를 내뿜으며 고꾸라졌다.

분노한 라마의 맹렬한 반격에 라바나는 뒤로 후퇴해야 했다. 라마는 쓰러진 락쉬마나를 껴안고 하누만과 수그리바를 부른다.

그리고 복수를 다짐한다.

"하누만 그리고 수그리바여, 락쉬마나를 살려야 합니다. 나는 이 악의 화신 같은 라바나를 죽여야겠습니다. 이 악마가 드디어 나의 동생을 해쳤으니 같은 하늘 아래에서 살 수 없습니다. 칼집 하나에 두 자루 칼이 들어갈 수 없듯이 라마와 라바나는 이 세상을 함께 할 수 없게 되었습니다."

이번에도 역시 하누만이 하늘을 향해 날아올라 히말라야로 향했다. 그러나 전에 의사 수쉐나가 이야기한 비샬리아 카라니가 무엇인지 알 수 없어 산지바니 봉우리를 통째로 뽑아왔다.

수쉐나는 자신이 약초를 찾아 약으로 만들어 락쉬마나의 코에 대니 향기를 마신 락쉬마나가 깨어났다. 그리고 몸이 서서히 정상으로 돌아왔다. 모두들 눈물을 흘렸다.

힌두교에서의 모든 일들이 그렇듯이 신화 역시 내용이 조금씩 다르고 신화가 일어난 장소도 다발적이다. 하누만이 봉우리를 들어온 것이 아니라 락쉬마나가 부상을 입자 그를 업고 히말라야로 날아왔다는 이야기도 있다. 힌두식으로 말하자면 모든 이야기는 다 옳다. 햄꾼드의 시크교도의 사원 옆에 있는 락쉬마나의 사원은 바로 그가 그런 식으로 부상을 당한 채 업혀와 회복을 기다린 자리라는 이야기며 그것을 기념하기 위해 지어진 사당이다.

이 중에 적어도 하나는 꽃의 계곡이다. 『라마야나』와 관련되어 성지가 될 경우 일대는 돈방석에 앉게 된다. 최근에 이러한 의도를 품고 산지바니(Sanjeevani) 봉우리가 자신의 마을이라는 주장이 늘고 있다.

하여튼 하누만은 약초를 구하기 위해 히말라야 곳곳을 돌아다녔기에 그가 방문했던 히말라야 지역은 어김없이 하누만의 이름이 남게 되었다. 야무노뜨리 주변의 하누만챠티(Hanuman Chatti), 강고뜨리 부근의 하누만 티바(Hanuman Tibba), 난다데비 부근의 하누만 봉(Hanuman peak), 바드리나트 부근의 하누만챠티(Hanuman Chatti)―야무노뜨리 근처와 이름이 같다―그리고 마지막으로 꽃의 계곡, 나난카난(Nanankanan), 즉 서양인에 의해 꽃들의 계곡이라고 알려진 모두가 부상(負傷)을 치료하기 위한 하누만의 활약과 약초와 유관한 장소다.

고대로부터 나난카난(Nanankanan)으로 알려진 꽃의 계곡에 들어서면 이 신화가 만들어진 배후가 명확하다. 몸의 병은 물론 마음의 병조차 모두 날아가버리는 풍경을 만난다. 탄성이 터진다.

아, 나는 완벽한 야생화였다.
• • •

꽃들은 단순하게 나난카난 계곡을 메운 장식물이 아니다. 단순한 대상이 아니라 생명이고 자족하는 존재다. 은연중에 손가락 하나로 머리를 슬며시 툭 건드려본다. 사실 꽃이 요구한 행위다. 밀렸다가 되돌아오면서 작게 부르르 떠는 모습에 잠시 멀미한다.

붉은 꽃, 하얀 꽃 저절로 천진이다〔紅紅白白自天眞〕. 누가 더 뛰어나다는 변별력이 모조리 사라진다. 허리를 펴고 화려하게 무리를 이루면서 펼쳐지는 꽃밭을 바라본다. 생명의 과정, 개개의 생명, 생명 사이의 조화. 계곡을 채우는 기운생동(氣韻生動)의 기품 있는 풍경.

존재. 존재. 네가 서 있다. 또 네가 서 있다. 그리고 네가 서 있다. 너희가 서 있다. 모두가 환히 불 밝히며 화려하게 대법당(大法堂)에 승가를 이루어 무리지어 서 있다.

이상하게 계곡이 고요하다. 이렇게 무수하게 많은 것들이 일사분란하게 적막(寂寞)을 만들어내는 눈부신 기술 탓이다. 작고 가벼운 것들이 모여 대상자로부터 은근하게 관조(觀照)를 이끌어내는 기술 역시 놀랍다. 한 세상 가득 채우고 메우면서도 이 세상과 인연을 끊어 홀연히 유리되는 고독(孤獨), 고립(孤立)의 기술도 보통이 아니다. 가혹했던 히말라야 고지대의 가을 겨울을 지내고, 엄청난 역경의 몬순을 이겨내고 비탈에 자리 잡아 불굴의 의지로 화려하게 일어난 존재들.

소년 시절 산에서 피어나는 꽃들은 겨우 내 장난감이며 장식품이자 소꿉장난의 먹거리였다. 때로는 꽃잎 하나 입에 물고 산길을 걷기도 했었다. 그러나 이제는 이렇듯 무상보시하는 꽃들에게는 도리어 스스럼없이 허리가 굽혀진다. 예전의 꽃들과는 판이한 의미를 품는다.

일배 이배 그리고 삼배.

꽃들이 삼배에 화답하듯이 바람결에 따라 슬며시 파동을 쳤다. 존재의 움직임이었다. 또 어지러워 발끝에 힘을 단단히 주고 서야 했다.

야생화들이 스스로 생명력을 불어 넣으니 계곡이 싱싱하고 밝다. 아름답다는 말은 아예 생략된 이곳 금당(金堂)은 이미 이 세상이 아닌 무언의 천상의 조건을 갖추고 있다. 이런 순간, 속에 든 만 권 지식이 무슨 소용〔腹中萬卷揮無用〕있으랴.

바람이라도 슬쩍 불면 빛의 물결들이 돌아눕듯이 뒤척인다. 꽃 한 송이가 계곡을 모두 밝히려 애쓰지 않는다. 어떤 묘사로도 담아낼 수 없는 장면이다. 보리밭을 지나가는 바람이 만들어주는 선(禪)스러움과는 많이 다른 모습이라 다시 또 울렁거려 멀미한다.

자연에 대해 만나는 느낌은 지극히 개인적이다. 사부대중이 함께 나누는 일이 아니다. 이것은 마치 돈오와 같아 옆자리에 있는 사람에게 동시감응이 일어나는 일이 아니다. 풍경이 주어지는 경우, 같은 길을 가는 경우, 서로 반응이 같지 않기에 붓다가 영산회상에서 들어 올린 연꽃 한 송이에 대한 반응도 모두 다르다. 한 지주가 누렇게 벼가 익은 가을 벌판에 서서 아름답다고 생각하는 일과 붓다가 수리봉 위에서 '아난다야, 누렇게 익은 저 벼들이 아름답지 않느냐?' 는 다르다. 꽃을 보며 아, 화들짝 놀라는 순간, 그 감정을 다른 사람에게 전해줄 방법이 없으니, 붓다 조사도 어찌하지 못한다.

오래 전에 이 계곡에 들어왔을 때 유달리 눈에 띄는 꽃 하나 앞에 멈추어 섰다.

이때 안에서부터 질문 하나가 올라왔다.

"꽃을 보는 순간 나에게 무슨 일이 생기는 것일까?"

"내게 무슨 일이 일어나고 있을까?"

이런 생각을 처음으로 깊게 품어본 자리가 나난카난이었다. 내 마음을 모조리 빼앗겼기 때문이다.

후에 이런 종류의 질문은 계속되었으니 설산을 보면서, 아름다운 계곡을 보면서, 구름을 보면서 사막 사구(砂丘)들을 보면서, 크게 누워 하늘의 별들을 바라보면서.

결과는 일정했다. 돌아보면 그 순간 나는 없어지고 소위 말하던 '나'에게는 온통 야생화뿐이었다. 그러니 야생화에게 물어볼 수밖에.

"네가 내게 무슨 일을 한 거야? 도대체 내게 무슨 일을 저지른 거야?"

아! 감동하는 순간, 완벽하게 야생화가 투영되었고 내가 완벽하게 야생화였다. 상호침투 부합하다가 일치되면서 순식간에 하나가 되어 넋을 빼앗기거나 집중해서 바라보는 모든 초목화조(草木花鳥)가 마찬가지였다. 연꽃을 들어 올리던 붓다에게 이미 연꽃이 되어 앉아 있는 마하카사파가 보였으리라.

신비가 아닌가. 내가 꽃들에게 걸어가는 일은 꽃들이 내게로 오는 일이었다. 내가 신에게 순일하게 몰두하면, 내게는 신이 그대로 비추어지면서 내가 봉안된 신이었다.

나는 너.

어지럽고 울렁거렸다. 이런 증상만 없으면 나는 완벽한 야생화였다.

스와미 라마는 헝겊으로 만든 담요라는 의미의 구다리(Gudari) 바바라는 성자를 따라 이 꽃의 계곡에 들어왔다. 구다리 바바는 남들이 버린 천 쪼가리를 이어 만든 담요를 들고 천하를 주유했다. 당시 여든 살이었던 이 노장은 히말라야에 꽃이 피는 곳이라면 어디든지 찾아가 한 철을 수행하는 분으로 유명했다.

두 사람은 나난카난을 향하여 함께 걸으면서 이런 대화를 나누었다.

"누구든지 꽃이 한창 만발하는 계절에 그 계곡에 들어서게 되면 기억이 모두 상실되고 만다. 너처럼 고집불통인 애들은 이곳에 와서 바로잡아야 해. 머리로만 따지고 논쟁을 좋아하는 사람들도 다 여기 데리고 와서 고쳐주어야 한다구."

"그렇지만 저는 구루의 말씀을 잘 따르고 있지 않습니까?"

"오, 그래. 너는 주의를 기울여 듣지는 않고 말대꾸만 잘하지. 너는 머리로만 안 지식을 가지고 아주 으스대지 않느냐. 나는 읽지도 못하고 쓰지도 못한다. 너는 이런 나보다는 교육을 많이 받았지. 그렇지만 나는 마음을 지배할 수 있지."

떠나오기 얼마 전에 읽은 글이라 가슴에 생생했다.

구다리 바바의 꾸짖음처럼 이 계곡에 들어서면 머리로만 따지고 논쟁을 좋아하는 내가 얼마나 고쳐질 수 있을까 궁금했다.

"세상을 바꾸려고 애쓰며 흘러가는 그대. 어찌 스스로 꽃을 피우지 않고 그리 선동하는가."

"자신과 같지 않은 꽃이랑 피우지 말라고, 자기와 같은 시기가 아니면 피우지 말라고, 그렇게 피우는 건 꽃이 아니라고, 머리로 내린 결론만으로

'미불(米芾)은 돌을 보고 절을 올렸고, 반곡(潘谷)은 이정규(李廷珪)가 만든 먹을 보고 절을 올렸다'고 전한다. 여기까지 올 수 있었던 나는 하얀 봉우리는 물론 설산에 의탁하고 있는 모든 것들이라면 스스럼없이 절을 올린다. 더구나 산에서 피어난 꽃에 올리는 절이라니!

왜 그리도 목청을 높이는가."

나난카난에서 나는 살아오면서 모호하게 비틀어진 나를 힐난해 보았다. 같지 않으면 적으로 바라보던 시절이었다. 그러나 이런 의도적인 꾸짖음도 잠시, 내가 모두 사라지는 풍경 속에서 내가 풍경이 되어 잠잠히 앉아 있어야 했다.

최근에 아로마 요법이라고 해서 식물에서 추출한 물질로 사람을 치료하는 자연요법이 각광을 받고 있다. 꽃의 계곡에서는 자연스럽게 대기를 흠향하고, 꽃가루 흘러가는 시냇물로 입을 헹구어내고, 수건에 물을 묻혀 몸을 닦아내면서 최고의 아로마 치료가 진행된다. 일부러 기침을 해서 허파 꽈리에 있는 도시의 때를 몰아내고 계곡의 향기로움을 폐포 안에 가득하게 채운다.
이것은 하루 이틀이 아니라 평생 약효가 지속되는 아로마 요법으로, 누군가 꽃의 계곡을 이야기하면 나도 모르게 깊게 심호흡을 하며 가슴 안에 기억된 향기를 꺼낸다. 부상당한 락쉬마나의 치료도 그런 식이었으리라.
어지러움증과 야릇한 멀미의 원인은 적당한 고소증과 야생화 향기가 불러온 것이었다.
다시 스와미 라마의 이야기.

꽃들이란 꽃은 모두 활짝 피어 제각기 아름다움을 다투고 있었다. 그곳에서 몇 시간 보내다 보니 온몸이 나른해지면서 마음이 누그러졌다. 나는 서서히 기억이 빠져 나가는 것을 알아차렸다. 대여섯 시간 지나자 구다리 바바가 부르는 소리는 아련하게 들렸다.

"이봐, 애야! 네 이름이 뭐지?"

우리는 감각이 너무나 희미해져 이름조차 기억할 수 없었다. 다만 내가 존재하고 있다는 사실과, 다른 사람과 함께 있다는 사실만 어렴풋하게 의식할 수 있을 뿐이었다. 꽃에서 발산되는 향기가 너무 강해서 취해 버렸던 것이다. 이성도 마비되고 감각도 마비되어, 우리가 존재한다는 것과 주위 사물에 대한 희미한 느낌만 어렴풋이 느껴질 뿐이었다. 우리의 이야기는 뜻도 통하지 않는 말뿐이었다.

사실 평생을 통해 대학졸업식 이외 단 한 번도 흔쾌히 꽃다발을 받아본 적이 없다. 사람들은 장미꽃을 자르다가 가위를 멈칫했던 순간이 한 번도 없었을까. 비록 자르기 위해 키운다지만 그 순간 꽃은 이미 죽음으로 접어든다. 축하받을 일이 꼭 그런 방식이어야 하나.

그런데 평생 받을 보화의 꽃다발을 여기서 모조리 받았다. 그것도 존귀하게 살아 있는 꽃으로, 산 전체 총화로. 어머니 자연으로부터.

입구에서 다시 삼배를 하고 일어나니 어지러웠다. 중국의 어느 화공은 '산은 봄에는 경사난 듯하고, 여름에는 경쟁하듯 하며, 가을에는 병이 난 듯하고, 겨울에는 고정된 듯하다〔山於春如慶 於夏如競 於秋如病 於冬如定〕'했다. 이곳은 낱말로 말할 수 없는 언외(言外)의 경사난 꽃다발이다.

산 전체를 꽃다발로 받고 싶은 사람이 있다면, 늦은 8월, 이 언덕을 오르면 되리라.

(자연은 우리의 모든 것,)
난다데비

깔리는 생명이란 고통에 가득 차 있고 결국 죽음으로 종지부를 찍어야 한다고 섬뜩한 모습을 보여준다. 그러나 그 배경에는 환희가 있고, 죽음의 공포를 극복한 배후에는 어머니와 같은 지복이 있음을 말하고 있으니 자애로운 모습의 현현이 난다데비다.

칩코를 알고 가자
• • •

앞 세대가 저지른 일들은 앞 세대 스스로 책임을 져야 하지만 불행하게도 뒤 세대가 뒤집어쓴다. 우리나라 오지에 신비가 숨어 있는 비경이 있다면 몇 해 지나지 않아 지방자치단체에서 도로를 낸다. 지역 주민들이 가게를 차려 울긋불긋해지고 신비는 줄행랑친다. 너무 흔한 일이다. 얼굴만 성형(成形)하는 것이 아니라 금수강산이라 부르던 국토가 성형 광풍에 싸여 있다. 성형수술은 그나마 피부를 덮고 실밥을 조심스럽게 풀어 흔적을 없애는데 대지의 속살은 그대로 드러나 방치된 지역이 하나둘이 아니다. 이로 인한 피해는 다음 세대가 떠맡는다. 태풍, 산사태, 홍수와 같은 현상을 가져온 다르마는 이렇게 과거로부터 역동적인 일련의 사건이다.

난다데비도 그런 식이다. 여행객, 순례자, 등반대 등등이 벌여놓은 지독한 환경파괴로 인해 조시마트를 출발점으로 삼아 시계 방향으로 전진하는

산에서 느껴지는 움직임은 곧바로 고요함과 연관된다.
동중정(動中靜)이다. 다양하고 복잡한 형체의 산세는 그러나
곧바로 하나의 통일이 감지된다. 다즉일(多卽一)이 된다.
이제 한 번에 가슴에 안긴다.

고전적 아름다운 길로는 난다데비를 만날 수는 없다. 망가지는 꼴을 더 이상 참을 수 없었던 인도 정부가 1982년 11월 난다데비 봉을 중심으로 800평방킬로미터를 국립공원으로 지정한 후, 조시마트 쪽의 길을 닫아버렸다. 이제 뒤 세대는 특별한 허가를 얻지 않고는 이 길을 끝까지 들어설 수 없다. 그나마 잘한 일이다.

이런 경우 그 길을 가지 않는 일이 좋다. 휴식년을 통해 쉬고 있는 국내 산길의 경우도 마찬가지다. 특별한 허가를 받아가며 수단과 방법을 가리지 않고 기어이 등산을 하는 경우 나 하나의 경험에는 어느 정도 도움이 될 수 있겠다. 그러나 중병(重病)에서 회복이 느려질 산을 생각한다면, 스스로 빨리 본래의 모습을 되찾아 문을 열어줄 때까지 참는 일이 옳지 않을까.

이런 의미에서 칩코(Chipko) 운동이 난다데비 성역에서 발생했다는 사실은 무척 상징적이다.

칩코라는 말은 '껴안는다' 는 힌두어다. 말의 뜻은 무척 다정다감하지만 1973년 4월에 이 지역 여성들이 '나무를 베려면 나까지 베어라' 면서 나무에 몸을 묶으면서 일어난 벌목 반대 운동의 정식 명칭이다.

정부와 벌목회사들은 이들을 설득하기 위해 무진 애를 썼다.

"나무를 베는 일은 돈이 되는 일입니다. 이 마을의 최대 수입원이 될 겁니다."

그러나 가우라 데비(Gaura Devi) 할머니를 중심으로 뭉친 마을 여성들은 완강했다.

"산림은 우리 주민들에게 맑고 풍부한 물, 비옥한 토양, 그리고 맑은 공기를 줍니다. 나무는 베어서 돈벌이하라고 있는 것이 아닙니다."

생각해 보자. 도대체 산에 나무가 왜 있는지를.

단 한 번이라도 숲속을 걸으며 진지하게 나무들과 이야기를 나누어 보았다면, 나무가 베어지기 위해, 베어져 돈이 되기 위해 존재해왔던 것이 아니라는 사실을 안다. 숲이 펼치는 계(界)를 바라보면 톱을 들고 숲으로 들어가기는커녕 길이 아닌 곳에는 발을 들여놓기조차 죄송하다. 로마의 키케로 같은 사람은 심지어 '큰 나무가 빽빽한 숲에 들어가면 신의 존재를 느끼게 된다'고까지 말했고 힌두들은 '나무는 신이 자주 주무시는 곳'이라는 이야기를 한다.

이 운동이 시작된 지 2년쯤 지난 1975년, 반다나 쉬바(Vandana Shiva)라는 여성 핵물리학자가 참여한다. 우리나라에 이미 『살아남기』, 『자연과 지식의 약탈자들』, 『에코페미니즘』, 『물전쟁』, 『누가 세계를 약탈하는가』 등의 번역본을 통해 환경운동, 반(反)세계화 운동에 관심 있는 독자들을 많이 확보하고 있는 여성운동가다. 타임지가 '지구를 지키는 가장 위대한 영웅'으로, 가디언지는 '세계에서 가장 뛰어나며 급진적인 과학자'로 평가하고 있다.

그녀는 당시를 회상한다.

"칩코는 1975년부터 관여한 제 인생의 첫 운동이죠. 그 운동을 하며 지역의 여성들한테서 참으로 많은 것을 배웠어요. 그들은 학교 근처에 가보지 못해 글도 쓸 줄 몰랐지만, '생명의 그물'에 대해 훤했고, 사람들이 그 그물을 끊는다면 우리도 더 이상 생존할 수 없다고 이야기했어요. 자연은 생명이며, 시장 너머에서 기능한다는 걸 깨달았죠."

저기 저 히말라야 골짜기에 사는 무지랭이 촌부들도 논리적이지는 않지만 인드라의 그물을 알고 있다. 인드라망이라 부르는지, 뭐라 부르는지 정식으로 부르는 이름은 모르더라도 우리가 서로 얽혀 서로에게 영향을 주고받으며 살고 있음을 체험적으로 알고 있다. 그들은 '인간이 무엇을 만지면 그것은 물론 그 옆의 사물들도 변하고 또한 인간 자신도 변화된다'는 사실을 알고 있었기에 목숨 걸고 나무들을 껴안았다.

반다나 쉬바가 참여함으로써 천군만마를 얻었다. 인도 전체 그리고 인도 대륙 바깥으로 소식이 전해지면서 결국 벌목이 계획되어 있던 1만 2천 평방킬로미터의 숲을 기어이 지켜낼 수 있었다. 난다데비가 얼마나 기뻐했을까.

정말 아름다운 풍경이 있어서 누군가와 함께 나누고 싶다면, 혹은 이 장면을 누구에게 권하고 싶다면 오로지 발자국만 남기면서 지나가야 하지 않은가. 뒤따르는 사람들에게 같은 풍경을 남기는 예의를 지켜야 하는 일이 산을 사랑하는 사람들의 기본적인 정서다.

한국토지공사에서는 신도시를 만들기 위해 토지를 수용한다. 그리고 지주들에게 보상을 해준다. 이때 땅 위에 무엇인가 있으면 보상을 더 받는다. 수용된다는 소문이 돌기 시작하면 사람들은 나무를 심고, 양계장을 만들고, 갑자기 창고를 짓는다. 반면에 세입자들은 아무것도 하지 않는다.

보상은 예외 없이 땅 위에 무슨 일인가 저지른 사람에게, 그것도 많이 저지른 사람에게 많이 돌아간다. 당연히 아무 일도 하지 않은 세입자 같은 사람에게는 한 푼도 없다.

대지의 입장, 힌두교의 입장에서 보면 세입자들이 기특한 사람이다.

땅 위에는 오로지 발자국만 남기고, 그 발자국조차 바람이 지나가면 쓸어가버리는 삶.

반다나 쉬바가 인용한 간디의 말을 진지하게 되새겨보자

"지구의 자원은 모든 사람의 필요를 위해서는 충분하지만 소수의 탐욕을 위해서는 부족하다."

벌목업자들은 정말 어쩌려고 그렇게 계속 베어내기만 하는 걸까. 많은 생물종들이 숲에 기대어 살고 있다는 사실과 숲이 우리의 생명줄이라는 진실에 대해 진정으로 무지한 걸까. 베어진 나무에서 나이테를 세다 보면 전기톱으로 살해된 내 나이보다 오래된 나무의 종말이 서글프다. 어루만져주지 않을 수 없다.

그녀는 한 발 더 나가 선진국의 거대기업의 윤리를 걱정한다.

"가난한 나라에서 무료로 채취해온 인류의 공동적인 유산이, 가격표가 달린 상품으로 되돌아오고 있다."

지금도 짐꾼들에게 알루미늄 박스를 지도록 하고 히말라야 숲속을 뒤지는 DNA 사냥꾼들이 있다. 몇 해 전 네팔 캉첸중가 트래킹에서 그들은 어수룩해 보이는 내게 식물학자라고 떳떳하게 말했지만 불행하게도 그들이 사용하는 의학용어를 고스란히 알아들을 수 있었다. 제약회사에 고용된 과학자들이었다. 다국적기업은 화학적 잠재력이 풍부한 식물들에서 몇 가지 성분을 뽑아낸 후, 자원으로 바꾸어 엄청난 가격을 매겨 되판다.

칩코 운동은 나에게 엉뚱한 결심을 하나 선물해 주었다.

"하루에 한 번, 혹은 일주일에 한 번 나무를 칩코해 보자."

실제로 나무를 껴안을 수 없는 경우, 마음으로나마 나무를 다정하게 칩코한다. 더구나 히말라야 산길에서는 그럴 듯한 나무를 보면 어김없이 따뜻하게 칩코한다. 마음으로 칩코하면 존경심이, 진실로 양팔로 칩코하면 생명감이 내 가슴으로 깊숙하게 전해온다.

"아끼리라, 너희들을."

난다데비, 누구일까

난다데비, 이름을 풀자면 기쁨의 여신이며 한자로 구태여 말하자면 지복(至福)의 여신이다. 현재 가르왈 히말라야의 동쪽에 위치하고 있으며 가르왈 히말라야 전체에서 가장 높은 제1봉으로 해발 7천816미터에 이른다. 본래 고대로부터 인도에서 가장 높은 봉우리로 신성하게 대접을 받아왔으나 인도가 시킴왕국을 합병함으로써 캉첸중가에 밀려 2위봉으로 내려앉았다.

주변에는 북쪽으로 해발 7천756미터의 카메트(Kamet)를 비롯해서 동쪽으로는 그 유명한 6천864미터의 창가방(Changabang)과 7천66미터의 두나기리(Dunagiri)가 있다. 이 모든 봉우리들은 조시마트에서 진행하는 경우 대부분 선명하게 만날 수 있으나 동쪽에서 접근하는 경우 쉽게 만나지 못한다.

바드리나트를 처음 방문하고 돌아가던 날, 고원의 성지와 아쉽게 이별한 버스는 급격한 언덕을 어렵게 내려서기 시작했다. 바드리나트를 떠난 지

얼마나 지났을까. 버스 브레이크 패드가 타는 냄새가 차 안으로 스며들어올 무렵, 창밖을 보던 사람들이 서로 얼굴을 바라보며 웅성거렸다. 창밖 멀리 희끗하게 솟은 하얀 봉우리가 귀향길의 순례자들을 들뜨게 만든 것이다.

앞좌석에 앉은 나이가 많지 않은 남자가 고개를 돌리며 흥분을 감추지 않고 내게 말했다.

"난다데비! 난다데비!"

그는 나와 설산을 번갈아 보면서, 난다데비를 본 사람이라면 당연히 축복을 받은 것과 다름없다는 듯이 기뻐했다. 산 하나만 바라보아도 저렇게 기뻐하다니. 그래서 난다(Nanda)일까.

잘생긴 산이었다. 최고라는 자리는 그런 것이었다. 멀리서도 우러러볼 수 있으며, 먼 곳에 있는 존재들에게 자신의 위용을 쉬 알릴 수 있는 높이. 차가 곧바로 계곡 깊숙이 들어가는 바람에 난다데비는 사라졌으나 그때 모습은 아직 뇌리에 정확하게 박혀 있다.

동(東) 가르왈 히말라야의 산봉우리에 주어진 난다데비라는 이름은 바로 히말라야 산신의 딸이자, 쉬바의 아내인 파르바티를 일컫는다. 가르왈과 쿠마온 지역의 원주민들은 파르바티를 오랫동안 난다데비라고 불러왔다.

쉬바 신과 파르바티, 즉 난다데비는 결혼 후에 가르왈 히말라야에서 주로 살았다. 가르왈 히말라야에는 그들의 발자취가 여기저기 남아 있기에 많은 사원, 강물, 호수에 난다라는 이름이 꼬리표처럼 붙어 있다. 이들이 결혼식을 올린 곳은 시크교도들의 성지 햄꾼드(Hemkund)와 이름이 유사한 해발 4천61미터의 홈꾼드(Homkund)로 조시마트의 동남쪽에 위치한다.

경치를 설명하기를 고집한다면 반드시 경치가 없게 된다[撑開設景者必無景也]. 그럴 바에 입을 닫고 설산과 교감하는 편이 낫다. 여럿이 산길을 걸어가도 혼자처럼 산을 대해야 하는 이유다.

    가르왈의 판와르 왕조와 쿠마온의 찬드 왕조는 난다데비를 왕실의 수호신으로 모셨다. 양측 왕조 모두 공주, 왕의 여동생, 그리고 왕가의 여자들은 '드이아니'라고 부르며 난다데비의 환생처럼 숭배하였다.
    그들이 바라보는 가르왈 최고봉인 이 산이 왜 지복과 기쁨이었을까. 역시 칩코와 같은 맥락이리라.
    무조건 제공하는 어머니.

산으로부터 강물을 흘러와 비옥한 옥토를 일구도록 도와주고 풍부한 나무열매와 땔감 등을 조건 없이 선물하는 어머니.

난다데비로 향하는 사람들은 그 기쁨의 현장을 바라보기 위함이다.

더불어 이 산 주변에는 엄청난 에너지 즉 샥티〔力(힘)〕가 있다고 믿고 있다. 그것도 보통 힘이 아니라 위대하고 거대한 힘, 즉 마하 샥티가 존재한다고 믿는다.

사실 나는 산의 에너지를 믿는 사람이기에 산신 역시 믿고 따른다. 산신이란 다름 아닌 산 기운, 산 에너지의 의인화로 본다. 산의 품안에는 많은 존재들이 자리한다. 녹색 형제들을 기본으로 해서 그 위에 수많은 동물들이 생명을 유지해 나간다. 식물은 동물을 먹여 살리고, 동물은 또 식물들에게 영향을 미치며 이 모두는 자신의 수명을 끝내면 다시 산의 품으로 되돌아가 안식한다.

산은 이런 모든 역동적인 과정을 껴안는다, 혹은 제공한다. 생명체들의 순환에너지가 깃들고 귀의하는 곳이 바로 산이라는 법화(法華)다. 내가 좋아하는 '사나이'라는 말은 알고 보면 '산 아이'다. 산길에 서서 보면 시냇물, 작은 풀, 커다란 나무, 사슴, 곰, 우리 모두는 '산 아이'다. 산 아이들의 모든 중심은 어마어마한 에너지를 품은 어머니 산으로 가르왈 히말라야에서는 당연히 최고 봉우리인 난다데비가 이런 힘을 최강으로 소유한다.

만 가지 덕이 높고 수승하며 성품은 모두 고요한 산왕대신께 귀의합니다.
이 산에서 항상 머물러 계시는 큰 성인인 산왕대신께 귀의합니다.

시방법계에 지극히 신령스럽고 지극히 성스러운 산왕대신께 귀의합니다.

(萬德高勝 性皆閒寂 山王大神

比山局內 恒住大聖 山王大神

十方法界 至靈至聖 山王大神)

샥티라는 개념은 힌두교에서 매우 중요하다. 힌두교에서는 세상에 존재하는 힘은 하나지만 이것이 분화하면서 양음(陽陰), 즉 남성적인 에너지와 여성적인 에너지로 나타난다고 본다.

이것을 이해하게 되면, 인도 카주라호 사원의 벽면을 장식하는 매우 색정적인 남녀의 자세는 과연 무엇을 상징하는 것이며, 딴뜨라에서의 남녀합일의 목적이 무엇인지 알 수 있다. 이원성(二元性)과 양극화(兩極化)가 어떻게 대립을 끊어내고 극복하는지 보여주는 기막힌 은유다. 결합함으로써 분화되기 전의 원초로 간다. 성적으로 결합된 둘〔二〕이 아니라 본래 하나〔一〕로 읽어내야 한다.

"인도 사람들 섹스 되게 좋아했나 봐!"

미투나 상을 보며 이렇게 이야기하는 배낭족 청년들의 이야기를 듣고 넌지시 웃을 수밖에 없었던 시간이 있었다. 더구나 멀리서 여행 왔을 법한 하층계급의 현지인 여자가 사리로 입을 가리고 웃는 모습도 마찬가지. 알아야 진정으로 본다.

샥티라는 개념을 만났을 때, 중국인들의 음양(陰陽) 개념과, 고대에 널리 퍼져 있던 어머니 대지와 아버지 하늘, 그리고 그리스의 제우스와 헤라 등등의 이원론이 힌두에서도 꽃피워 있는 모습을 보았다.

힘을 의미하는 샥티는 여성 명사이며 바로 여성적 에너지를 일컫고, 남성적인 에너지는 푸라크르티(Prakrti)다.

힌두에서 '남성적이다' 는 말은 적극적이고 활동적인 에너지를 나타낸다고 생각하면 오해다. 도리어 남성적 에너지는 모든 것의 바탕이 되는 영원(永遠)이라는 기본적이고 수동적인 힘이고, 여성적인 샥티는 도리어 시간(時間)처럼 변화하고 역동적이며 활동적인 에너지다. 따라서 사람의 목숨을 쉽게 앗아가는 검은 얼굴의 여신 깔리는 바로 샥티의 대명사가 된다.

깔리 여신은 죽음의 어머니. 온갖 다양한 죽음의 근본 지평이다. 저기 어둠에서 기어 나와 햇살 아래에서 뒤틀리며 말라죽는 미물에서부터, 야무나 강가에서 수명을 다한 물소, 역병이 돌아 집단으로 죽어나간 한 마을 사람들은 물론, 어린 시절 출가하여 갠지스를 따라 만행을 거듭하다가 히말라야에서 열반에 드는 수행자에 이르기까지 모두 깔리의 소관이다. 식성이 놀라운 깔리의 입을 피해갈 수 있는 존재는 아무것도 없다.

샥티의 위력
● ● ●

난다데비의 샥티에 관한 여러 이야기들이 전해져 온다.

1678년에서 1698년까지 통치했던 우디오트 찬드(Udyot Chand) 라자는 알모라(Almora)에 난다데비에게 헌정하는 아름다운 신전을 세웠다. 사원은 훗날 가르왈과 쿠마온 지역을 관할하는 무지한 영국인 통치자에 의해 파괴되었다. 그리고 이 지역을 탐험정찰을 나섰다가 그는 눈이 아주 멀어버렸다. 현지 인도인들은 샥티 개념을 이야기하고 사원을 제자리에 다시 똑같은 모습으로 건립해야 한다고 충고했다.

사원이 재건되던 날, 그는 잃었던 시력을 되찾았다!

난다데비는 샥티, 힘〔力〕을 가지고 있고, 그 힘을 무례한 정복자 이국인과 자신을 따르는 신도들에게 슬쩍 내비친 것으로 이야기가 전해지고 있다. 목숨을 빼앗기지 않은 것만으로도 다행이었다.

비록 그가 당한 일이 설맹(雪盲)이었다 해도 암흑 속을 한동안 헤매야 했던 영국인은 두려웠으리라. 그가 아직도 보이지 않는 눈으로 다시 건립된 사원으로 들어가 더듬거리며 향을 들고 뿌자에 참여하는 모습은 상상만 해도 그럴 듯하다.

그제야 그는 보이는 것들이란 보이지 않는 것의 그림자라는 사실을 알았을까. 그리고 그에게 문득 되찾아온 광명.

『삼국유사』 제3권 탑상(塔像)을 보면 「분황사 천수대비(芬皇寺千手大悲) 맹아득안(盲兒得眼)」이 있다.

경덕왕(景德王) 때에 한기리(漢岐里)에 사는 희명(希明)이라는 여자의

곽희(郭熙)는 물을 일러 여러 가지로 표현했다. '깊고 고요하고, 부드럽고 미끄러우며, 드넓고 넘실거리고, 둥그렇게 감고 돌며, 기름지고 윤택하며, 거세게 내뿜어 솟구치며, 부딪혀 올라 쏘아대며, (중략) 멀리까지 흘러가며, 폭포는 하늘에 꽂혀 있으며, 쏟아져 내려 땅속으로 들어가며……' 이것은 한 줄기 물이지만 시간과 장소에 따라 모습을 달리함을 나타내는 이야기와 같다. 우리의 아뢰야식과 육신은 지금 물의 흐름으로 치자면 어떤 모습인가.

아이가, 태어난 지 5년 만에 갑자기 눈이 멀었다. 어느 날 어머니는 이 아이를 안고 분황사(芬皇寺) 좌전(左殿) 북쪽 벽에 그린 천수관음(千手觀音) 앞에 나가서 아이를 시켜 노래를 지어 빌게 했더니 멀었던 눈이 드디어 떠졌다.

그 노래는 이러하다.

무릎을 세우고 두 손바닥 모아
천수관음(千手觀音) 앞에 비옵나이다.
천수 천안 그 중에 하나를 덜어주소서.
두 개 없는 이 몸이오니
하나만이라도 주시옵소서.
아아! 나에게 주시오면, 그 자비(慈悲) 얼마나 클 것인가.

본디 저 하얀 난다데비 봉우리는 천수천안이다. 다양한 샥티는 모든 방향에 작용한다.

"내 눈이 뜨여지기를……."

그야말로 희명(希明)을 갈구하며 두 손바닥 모아 기원하던, 오만함을 버린 한 점령군 모습이 선명하게 떠오른다.

사람들은 오늘까지도 이 난다데비 일대에는 마하샥티, 위대하고 커다란 힘이 있다고 믿는다. 이 샥티를 느끼기 위해서, 샥티에게 세례를 받기 위해 사람들은 순례를 온다.

샥티에 관한 더 큰 예도 있다.

난다데비 라즈자트(Nandadevi Raj Jat), 매 12년마다 반복하는 '난다데비로 향하는 왕가(王家)의 순례' 중의 한 사건도 같은 범주다. 거의 결혼식 피로연 행사와 유사한 형태로 벌어지는 이 순례는 8월에서 9월 사이에 점성술사에 의해 간택된 신월(新月)이 뜨는 신성한 날에 출발한다. 총 18일 내지 22일 걸리는 먼 길이다. 학자들에 의하면 이 행사는 9세기 초부터 시작되었다고 하니 우리 식으로 이야기하자면 통일신라시대부터 시작된 축제의 길이 아직까지 면면하게 이어오면서 꺼지지 않은 셈이다.

이때 뿔이 달린 네 마리의 숫양이 특별히 준비가 되고, 사람들은 깃발, 난다데비 여신의 신상, 그외 잡다한 300여 지방신(地方神)의 작은 신상들, 그리고 신에 바칠 공물을 준비한다. 일행은 머리에 온갖 장식을 하고 발목에 예쁜 방울을 달아준 숫양들을 뒤따른다. 놀라운 사실은 이 네 마리의 숫양들이 마치 가야 할 길을 잘 아는 가이드처럼 험준한 산길을 정확히 앞서 나가면서 순례단을 인도하고, 밤이 되면 스스로 모두 난다데비의 신상 옆에 모여들어 잠을 잔다는 점이다!

목적지는 쉬바와 파르바티의 결혼식이 치러졌던 난다―트리슐 봉에서 1킬로미터 떨어진 호수 홈꾼드. 해발 7천200미터, 6천690미터, 6천8미터의 삼봉으로 구성된 트리슐(Trishul)은 쉬바 신의 삼지창을 상징하니 두 부부는 가까이 있는 셈이다. 마지막 뿌자가 끝나면 숫양들은 난다데비에 방생되어 남은 삶 동안 어머니 산에서 잃었던 야생을 되찾으며 자유롭게 살아간다.

멋지다.

깔리 사원에서처럼 숫양들의 목을 따서 붉은 피를 대지에 뿌리는 일보

난다데비는 파르바티의 또 다른 형태다. 히말라야를 배경으로 사자를 타고 다닌다. 두르가를 비롯하여 여러 가지 다른 이름을 가진다.

다, 길 안내자들을 풀어주는 정신은 난다데비 샥티 안으로 귀환시키는 자애로운 모습이다. 사실 같은 여신이지만 난다데비는 자신에게 대항하지 않는 한, 가능하면 피를 보지 않기를 원하는 자비로운 모습을 가지고 있으니 깔리와는 정반대다.

깔리는 생명이란 고통에 가득 차 있고 결국 죽음으로 종지부를 찍어야 한다고 섬뜩한 모습을 보여준다. 그러나 그 배경에는 환희가 있고, 죽음의 공포를 극복한 배후에는 어머니와 같은 지복이 있음을 말하고 있으니 자애로운 모습의 현현이 난다데비다.

"죽음에 귀의하라, 두려워 물러나지 마라, 극복하면 나를 만난다."

라마크리슈나의 제자인 비베카난다는 바라나시에서 새로운 경험을 한다. 바라나시의 원숭이들은 다른 지역 원숭이보다 몸집이 크고 거칠며 위협적이다.

"어느 날 내가 원숭이들 앞을 지나갈 때 그들은 소리를 지르고 겁을 주며 내 발을 잡아채려 했습니다. 그들이 가까이 다가오자 나는 달리기 시작했습니다. 그러나 내가 빨리 달릴수록 원숭이들도 빨리 쫓아왔고 급기야 나를 물어뜯기 시작했습니다. 벗어날 수 없을 것 같았습니다. 바로 그때, 저만치

서 내게 소리치는 낯선 사내를 보았습니다. '녀석들을 똑바로 쳐다봐!' 나는 고개를 돌려 원숭이들을 쳐다보았습니다. 그들은 움찔 뒤로 물러나더니 마침내 달아났습니다. 그것은 내게 평생 잊을 수 없는 교훈이 되었습니다. 고통을 직시하고 그것에 용감히 맞서라는."

깔리의 무시무시한 모습은 이렇게 죽음을 이야기하고, 그것을 직시하여 똑바로 파악하며 백척간두진일보(百尺竿頭進一步)로 극복한 사람은 깔리가 어느새 난다데비로 변해 있음을 보는 셈이다.

난다데비 여신상은 마치 피로연에 등장한 신부처럼 화려한 장식을 두르게 되고 그 아름다운 여신상은 이곳 홈꾼드에 남겨두게 된다.

이 순례에 대해 오랫동안 한 가지 전설이 포크송, 즉 민속음악을 통해 내려왔다.

칸나우즈(Kannauj) 자스다발(Jasdhaval) 왕의 왕비 발라바(Vallabha)는 가르왈 왕국의 출신이었다. 매우 교만했던 그녀에게 난다데비의 저주가 떨어짐으로써 왕국은 기근, 한발, 기아와 온갖 자연재해가 덮쳤다. 사태를 파악한 왕국의 사제는 저주를 풀기 위해서 칸나우즈를 떠나 가르왈 히말라야의 성산 난다데비로의 순례가 필요하다는 사실을 왕가에 권유했다.

왕 자스다발, 왕비 발라바, 당시 십대였던 왕자 자딜(Jadeel), 공주 자딜라(Jaddeela)는 순례를 떠나기로 결정하고 대규모 순례단을 꾸렸다. 문제는 아직 신의 뜻을 헤아리지 못하고 제 정신을 차리지 못한 왕가가 순례단 안에 많은 무희들과 노랫꾼들을 포함시킨 점이었다. 순례가 아니라 야유회 모습이었다.

중앙 아프리카의 이투리 피그미족을 보자. 이들에게도 가끔 자연에 의한 시련이 정기적으로 찾아온다. 피그미 종족들이 이런 한발이나, 사냥감이 사라지는 등의 어려운 일이 찾아오면 자신을 지켜주는 숲 혹은 산이 잠든 것으로 생각한다. 부족장은 이때부터 땅 밑에 묻어 두었던 신성한 뿔피리를 꺼내 목에 피가 터져 나올 정도로 며칠이고 밤낮으로 불어댄다. 우연히 잠든 숲 혹은 산의 신을 깨우고자 노력한다.

이런 노력은 세계 곳곳에서 마찬가지였다. 왕은 자신의 모든 지위를 버리고 변발로 땅바닥에 내려서 제사를 지내고 거처를 초가집으로 옮기며, 죄인을 석방하기도 했다.

그런데 외유(外遊)에 나선 행색의 이들 왕가는 영 딴판이었다. 불행은 불경을 통해 이미 예비되고 있었다. 이들은 가르왈에 도착하여 정식으로 출발하기 전에 물건과 음식을 보충했다. 음식물 중에는 전통적으로 순례 중에는 금지되는 음식들이 대거 포함되었고, 정신상태 역시 준비되지 않아 방탕한 모습들이었다. 더구나 맨발로 순례를 해야 함에도 불구하고 일행들은 모두 신발을 벗지 않았다.

이들 행적은 보지 않아도 뻔하지 않은가. 멈추는 자리마다 밤새 춤판이 벌어지고 술과 고기들이 요리되었으리라.

바람소리, 물소리, 새소리만이 주인인 자리에 교성과 악기소리, 희희낙락하는 소리로 채워지고, 향기로운 숲의 내음 대신 음식을 조리하는 냄새로 바뀌었으리라.

어머니 샥티 안에 인간이 만든 불순한 샥티가 스며들었다.

이렇게 순례를 진행하던 일행은 왕비가 산기를 느끼는 바람에 해발 5천 29미터의 호수 루프꾼드(Rupkund, Roopkund)를 막 지난 한 계곡에서 멈추어야 했다. 이들은 이 자리에서 밤을 맞고 왕비의 출산을 기다리기로 했다.

여신은 이들의 불경에 드디어 격노했다(후세 사람들이 여신이 격노했다고 말했다). 출산으로 보여주는 여자의 피는 깔리라면 모를까, 아니 깔리조차 여자의 피를 좋아하지 않는다. 난다데비 여신에게는 달가운 것이 아니었다. 밤새 무지막지한 폭설을 내리더니 그것도 모자라 치명적인 눈사태를 일으켜 이들 모두를 한번에 쓸어가 4킬로미터나 떨어진 루프꾼드 안에 처박아 버렸다. 전설과 민속음악에 따르면 그때 죽은 무희들은 얼어붙은 채 아직까지 군무(群舞)의 자세로 둥글게 모여 앉아 있다고 한다.

850여 년 동안 신화로만 여겨졌던 이 이야기는 최근에 루프꾼드에서 300여 구의 시체들과 장식물이 발견되면서 진실로 드러났다. 여러 가지 정황과 과학적 탐사로 미루어 1150년경에 실제로 벌어진 일로 역사학자들이 인정했다. 왕가의 이름도 구체적으로 밝혀졌다. 전승이나 신화란, 그리고 옛날 이야기는 허구만이 아니라는 이야기다.

바로 난다데비 샥티의 위력을 보여준 셈이다. 샥티에 순응하지 않는 자들에게 보여준 여신의 응징이었다.

샥티에 관해서는 하나의 응용문제가 있다. 세상은 온통 환상(幻想)이라는 마야의 개념을 더해 샥티 마야라는 개념이 있다. 샥티가 무엇인가 일으키는 활동적인 여성적 에너지임을 감안할 때, 바로 우리 주변에 일어나는 크고 작은 사건에 울고 웃으며, 그것에 사로잡혀 생명의 에너지를 필요 없이 낭비하며 일을 꾸미는 행위를 샥티 마야로 이야기한다. 내가 시도하는 많은 일들 중의 대부분은 샥티 마야가 깊숙이 관여되어 있다.

쉽게 풀자면 영화에서 나온 허구의 시어머니가 미워서 세상의 시어머니들에게 적대감을 품거나, 드라마의 슬픈 이별 때문에 자신도 며칠 동안 우울해하고, 『젊은 베르테르의 슬픔』을 읽고 자신도 따라 자살하는 경우에 개입되는 에너지다. 이 덧없는 투사(投射)는 무지에서 출발하기에 속절없는 샥티 마야의 현상에서 '깨어나라'고 혹은 '깨달으라'고 말하는 것이다.

가르왈 히말라야의 조시마트로부터 난다데비를 향해 들어가지 못하기에 대신 저 멀리 쿠마온 지역으로 우회해야 한다. 기쁨과 지복을 바라보는 일도 일이지만 샥티 마야는 멀리하고 몸과 마음을 활짝 열어, 밀려올 순수한 마하 샥티의 일부라도 받아들이는 일이 여정의 목표 중에 하나가 된다.

옛 왕가처럼 방탕해서는 돌아오지 못할 수도 있다.

난다데비에 이르는 긴 여정

난다데비를 가기 위해 거쳐가야 하는 쿠마온(Kumaon)은 산스크리트어의 거북이를 의미하는 코룸(koorm)에서 기인한다. 코룸은 비슈누의 두 번째 화신(化身)인 쿠르마(kurma)다. 신과 악마들이 합동해서 불사약을 만들 때, 우유의 바다에 만다라산을 박고 바수키를 밧줄처럼 감아서 넣고 회전시켰다. 이때 비슈누는 거북이 모습으로 바꾸어 바다 밑으로 들어가 산이 밑으로 가라앉지 않도록 떠받쳤다.

무거운 산을 묵묵히 지탱하는 거북이 비슈누. 세상을 유지하는 힘이란 사실 파괴하기보다 어려운 일이다. 선대에 만들어 놓은 어떤 업적이나 회사를 한 순간에 날려 보내는 일은 정말 쉽다. 그러나 그것을 잘 유지해서 다음 세대에 넘기는 일은 마치 그냥 내버려두면 자꾸 꺼져만 가는 불꽃을 꾸준히 보살피는 일처럼 적지 않은 공이 필요하다. 그것이 바로 비슈누의 힘이다.

당시의 만다라산을 받치고 있었던 비슈누의 두 번째 화신은 현재 참파우트 주변의 한 언덕에 거북이 모습으로 여전히 남겨져 있다고 여겨지고, 그 언덕은 신화에 따라 당연히 고대로부터 코룸으로 불리고 이 일대는 코르만찰이 되었다. 시간이 흐르면서 쿠무로 바뀌었고, 16세기 이 지역의 지배자 찬드 왕조의 통치자에 의해 정식으로 명칭이 쿠마온으로 선포되었다.

일부에서는 쿠마온 히말라야를 가르왈 히말라야와 분리하여 이야기하기도 하지만 엄밀히 이야기하면 가르왈 히말라야의 동쪽이며 쿠마온을 넘어서면 이제 네팔 히말라야의 아피(Api) 산군이 된다.

조시마트에서 난다데비로 향하지 못하는 대신 문시아르를 기점으로 삼는 트래킹이 준비되어 있다.

이곳을 가기 위해서는 일단 카스고담(Kathgodam) 역에서 자동차로 북서쪽을 향해 출발한다. 대관령에 버금가는 고개를 이리저리 흔들리며 올라서면 해발 1천938미터에 푸른 물이 출렁이는 커다란 호수 나이니탈(Nainital)을 만난다. 탈(Tal)은 꾼드(kund)와 마찬가지로 호수를 말한다. 해마다 9월이 되면 전통 민속춤과 노래로 며칠 낮밤으로 이어져 나가는 축제에

'히말라야가 아름답고 높다' 라고 이야기했을 때, 추하고 낮은 산과 비교해서 일컫는 말은 아니다. 이것은 상대와 시비를 넘어서서 절대의 개념으로 사용된다. 큰 스승들의 어법도 이와 같기에 새겨들어야 한다. 히말라야는 그런 큰 스승들의 어법으로 대화를 원한다.

참여하기 위해 수천 명의 순례객이 이 호수를 찾아 모여든다.

호수 옆의 나지막한 언덕 위에는 난다(Nanda) 데비와 비슷하게 발음되는 나이나(Naina) 데비 사원이 있다. 1880년, 산사태로 쓸려가 버리고 현재는 그 후에 다시 지은 사원이 자리 잡고 있다. 나이니(Naini), 나이나(Naina)는 모두 난다와 같은 의미다. 따라서 나이니탈은 바로 난다탈이다. 가르왈 히말라야를 여행하다 보면 나이나 데비 사원을 수십 개 만날 수 있으며 모두 난다데비, 즉 파르바티에게 봉헌된 신전이다. 나이니(naini)는 눈[眼]을 의미하는 나인(nain)에서 유래되었다는 이야기도 있다.

나이니탈이라는 이름이 붙여진 것은 당연히 파르바티와 관련이 있기 때문이다. 쉬바는 파르바티의 전생(前生), 즉 첫번째 부인인 샤티가 죽은 후 그녀의 시신을 들고 천하를 주유했다. 그때 신체의 부분들이 여기저기 떨어졌는데 샤티의 왼쪽 눈[眼]이 떨어진 지점이 바로 나이니탈이다.

이 호수는 인도 전역에 흩어져 있는 64개의 샥티 패츠(Shakti Peeths), 즉 에너지의 중심 중에 하나로 여겨진다. 샥티 패츠는 샤티의 신체의 일부가 떨어진 곳이다. 에메랄드 빛이 출렁이는 모습을 보면 마음이 가라앉으니 난다데비의 참한 에너지 패턴의 반영이다.

『스칸다 푸라나』에 의하면 나이니탈이라는 이름 전에는 트리르시사로바(Tri-Rishi-Sarovar), 세 성자의 호수로 알려져 있다. 세 사람의 성인, 즉 아트리(Atri), 푸라스탸(Pulastya), 그리고 프라하(Pulaha)가 고행의 순례를 하다가 이 언덕에 도착하면서 이야기가 시작된다. 갈증에 심하게 시달리던 세 성자들은 아무리 둘러보아도 물을 찾을 수 없어 신통력으로 구덩이를 팠다.

그러자 멀리 설역고원의 카일라스 앞에 자리 잡은 마나사로바 호수에서 스며든 물이 그 구덩이를 타고 펑펑 솟아올라 호수가 되었다고 한다. 그 후에 사람들은 티베트의 마나사로바 호수는 큰 호수, 이곳을 작은 호수라 부르기 시작했다.

이 호수를 지나 펼쳐지는 쿠마온과 알모라 지역을 하루 종일 통과해야 겨우 차우코리(Chaukori)에 도착한다. 이어 하늘모서리를 향해 쭉쭉 뻗어난 히말라야 소나무 숲을 지나고 해발 2천700미터의 카라무니(Kalamuni) 고개 마루를 넘어서면 난다데비의 문턱을 지키고 있는 다섯 봉우리, 판츠출리(panchchuli)가 날을 세운 톱니바퀴처럼 위용을 자랑하며 맞이한다. 가장 높은 봉우리는 II봉으로 해발 6천904미터이고 낮은 것은 옆의 III봉으로 6천312미터다. 높지는 않되 봉우리가 이루는 예리한 각도 탓으로 산악인들의 애를 먹이는 것으로 알려져 있다.

신화에 의하면 판다바의 다섯 형제들은 천상으로 들어가는 기나긴 순례 중에 이 봉우리들 위에서 식사를 했다고 한다. 현재 뛰어난 등반가들조차 난이도로 인해 힘들어하는 처지인데 판다바의 형제들에게 히말라야의 봉우리들은 뒷산 정도였을까. 어머니 샥티를 절묘하게 이용했을까.

이제 문시아리부터 판츠출리를 오른쪽에 두고, 즉 서쪽에서 북쪽으로 뻗어가는 고리 계곡을 따라 걸어 오르게 된다. 최근 난다데비를 오르기 위한 대부분의 원정대들이 앞 세대의 원죄로 인해 몇 배로 힘을 들여가며 오르는 길이다.

어머니 여신의 힘, 난다데비

자연의 현상에는 인간의 몫과 초인간, 초자연적인 요소가 있다.
『베다』는 말한다.
"이와 같이 알고 있는 자는 초자연적인 힘을 자신 안에 동화시키고, 또 연구하고 배운 것을 익힘으로써 그 초월적인 힘의 신비로운 효력과 본질을 이해하게 된다."

누가 일으키는 일일까
• • •

밤새 눈이 퍼붓는다. 눈이 사각거리며 쌓이는 소리가 들린다. 내일 아침 세상이 눈부시게 아름다워져 좋겠다는 초저녁 생각은 차차 걱정으로 변해가기 시작한다. 어머니 난다데비의 심상치 않은 샤크티다.

적당한 걱정은 신을 찾게 만든다. 힌두교에서는 100% 걱정거리가 없어지는 것을 원하지 않는다.

이런 의미로 『마하바라타』에 쿤티는 크리슈나에게 부탁한다.

"저와 제 아이들에게 항상 약간의 걱정거리와 근심거리를 가지도록 해 주십시오. 우리는 이런 근심을 통해 당신을 기억할 수 있으며 당신을 경배할 수 있기 때문입니다. 우리는 당신의 친절을 넘치게 받아 살고 있습니다. 만일 우리에게 아무런 걱정거리가 없다면 우리는 쉽게 당신을 잊을 것이며, 우리 사이에는 커다란 간격이 생겨날 것입니다."

만물이 서로 다른 것은 삶이고, 만물이 서로 같은 것은 죽음이다〔萬物所異者生也, 所同者死也〕. 살아서는 그토록 다양한 모습으로 생명활동을 하지만 죽고 나서의 모습은 동일하다. 어머니의 샥티는 생(生)에서 다채로움을 허용하고 죽음(死)을 통해 대통일로 이제 끌어안는다. 죽음이 무척 가까운 산행길, 바로 어머니의 힘의 모습 중에 하나를 보는 길이다.

날씨 걱정에 신의 자비를 암송하는 만뜨라를 외우지 않을 수 없다. 걱정거리는 신과의 거리를 좁힌다.

히말라야의 기상이변은 전혀 새로운 이야기 거리는 아니며 어제 오늘의 이야기도 아니다. 다만 해를 거듭하면서 빈도가 잦아지고, 범위가 히말라야 전역에 폭넓게 확산되고 있다는 점이다. 더구나 전혀 눈이 내릴 계절이 아님에도 갑자기 퍼붓는 경우가 빈발한다. 따라서 해마다 곳곳에서 설산을 오가던 현지인과 관광객들의 비보가 전해지고 있다. 그야말로 재수가 없거나 신들의 은총이 없다면 바로 내 자신의 소식이 될 수 있는 상황이다.

홍수, 가뭄, 산불, 산성비, 황사, 오존층의 구멍, 해수면 상승, 사막화 등등의 기상이변의 원인은 지구온난화와 엘니뇨가 언제나 주범으로 용의선상에 오른다. 그리고 배후로는 이산화탄소, 메탄, 프레온가스, 이산화질소, 그리고 오존과 같은 인간이 배출한 물질들이 자리 잡고 있다. 결국 인간에 의해 기상이변이 생기고 생태계에 광범위한 위해를 가한다는 이야기가 된다.

설산을 걸어다니기 시작하면서 폭우, 폭설, 산사태, 그리고 눈사태를 제법 만났고 점점 강도와 빈도가 높아지는 일을 피부로 느낄 수 있었다. 몬순 철에 생명을 위협당한 경험도 있었다. 간발의 차이로 다행히 치명적이지 않은 부상으로 사건의 종지부를 찍었고 그때의 상흔은 훈장처럼 남겨졌으며.

걸어다녀도 되는 가까운 거리를 차를 타고 다녔기 때문이고, 필요 없이 종이를 많이 낭비한 탓이고, 쓸데없이 에어컨을 사용했고, 등등의 '북경의 나비 날갯짓'이 연쇄반응을 일으켜, 결국은 내게로 되먹임 되며 '뉴욕에 태풍'으로 증폭된 되먹임 현상이었다.

그런데 가끔 이런 생각을 한다.

"인간이 저지른 일 때문에 기상이변이 일어난다는데, 기상이변은 반드시 인간 탓만 있을까?"

지금 어머니 지구는 틀림없이 아프다. 열이 오르고 콜록이면서 뒤척인다.

가령 이런 환자가 병원에 찾아왔다고 치자. 의사는 많은 가능성을 놓고 생각한다. 머리에 단지 감기 하나만 들어 있는 의사라면 누가 뭐라고 이야기해도 감기라는 진단을 내리고 감기 치료에 들어간다. 그러나 이런 증상을 일으키는 원인에는 수많은 질병이 있으니, 결핵도 있을 수 있고, 폐렴도 그렇고, 심지어는 폐암의 경우에도 초기에는 이런 증상이다.

문제는 무조건 감기로 몰아붙이며 다른 가능성을 없애버리는 점이다. 특히 공부하지 않는 일부 환경운동가들은 원인을 모두 인간의 작품으로 내몬다.

덴마크인 비외른 롬보르의 『회의적 환경주의자』라는 책은 통계수치를 통해 색다른 시선을 제시한다.

"지구 온난화는 전체적인가? 국소적인가?"

"홍수는 지구 온난화와 연관이 있는가?"

"빙하는 최근에만 이렇게 줄어드는가?"

"그리고 지구상 전체 빙하의 양은 정말 줄어들었는가?"

"온난화에 있어서 인간에 의한 온실효과 이외에 태양의 역할, 지구의 많은 부분을 차지하고 있는 바다의 역할은 어떤가? 즉, 다른 요소는 전혀 없는가?"

그리고 이 모든 질문에 덧붙여지는 하나.

"인간이 오염물질을 배출하기 전에는 이런 일들이 전혀 없었는가?"

이 책은 출판되자 국내 일부에 의해서 곧바로 나쁜 책으로 지목되었다. '이 질병의 진단이 과연 감기뿐일까?' 되묻는 사람의 사고를 '나쁜 생각'으로 몰아붙인 셈이다.

그러나 나쁜 것은 없으며 더구나 악마도 없다고 생각하는 힌두교 사고방식이라면 다르다.

"두 생각 모두 옳다. 그른 것은 없다."

사실은 둘 다 옳다. 모든 가능성은 열려 있기에 둘 사이에 균형 잡힌 시선이 필요하다. 감기를 감기로 보는 일이 중요하고, 감기가 아닌 암일 경우에 때를 놓치지 않는 일 역시 그 못지않게 중요하다. 우리가 환경에만 집착해서 문제의 책임을 인간에게만 돌리는 동안, 보다 커다란 타격이 준비되고 있음을 간과할 우려가 있다. 암이 커지면 회복 불가능이기에 그런 의미에서 한때 그린피스 회원으로 일하다가 몸을 빼낸 비외른 롬보르의 『회의적 환경주의자』라는 책은 필독의 가치가 있다. 어머니 질병에 대한 감별진단의 안목을 키워준다.

의학에서는 FUO(Fever of Unknown Origin), 즉 원인불명열(原因不明熱)이라는 진단명이 있어 의사들을 곤혹스럽게 만든다. 체온이 38.3℃ 이상으로 3주 이상 지속되는 상태로, 병원에 3회 이상 방문하거나 일주일 이상 입원해서 열의 원인이 발견되지 않는 상태를 말한다. 의사 능력 바깥의 일이다. 기상이변은 인간이 저지른 일의 결과이기도 하며 인간의 능력으로 알아낼 수 없는 바깥에 원인이 동반되어 있기도 하다.

"이렇게 인간이 원인을 밝힐 수 없는 상태는 무엇일까?"

"기상이변이 일어나는데 원인을 알 수 없는 상태는 왜일까?"

어려울 것 없다.

우리가 모르는 일들은 (그렇다고 원인을 밝히는 공부를 쉬라는 의미는 아니다) 힌두교도들의 사고방식을 빌려 신의 뜻에게 떠맡기면 된다. 그리고 이렇게 자주 기상이변이 찾아오는 알 수 없는 이유들은 인간의 방종에 따른 종말, 즉 칼리 유가에 속하고 있다는 그들의 생각을 빌려와서 인간의 능력으로 잇지 못하는 고리를 연결하며 고개를 끄덕이면 된다.

결국 눈의 무게를 이기지 못한 텐트가 주저앉으면서 한밤중에 서둘러 대피하게 된다. 어두운 밤에 피할 수 있는 장소가 있다는 사실은 도리어 위안이 된다.

이런 경험들, 텐트 하나 들고 떠났다가 아무 사건 없이 산놀이를 끝내고 돌아오는 일보다, 가끔 겪어내는 시련들은 시간이 지나면서 모두 아름다운 경험으로 화학반응을 일으킨다.

'피할 수 없으면 즐겨라'가 아니라 '피한다는 생각조차 일으키지 않고 내내 즐겨라'가 산꾼들의 신조다. 또한 '오는 대로 그대로 받아들여라'는 까르마의 흔적을 지우려는 구도자들의 내규다. 받아들이면 대상에 관한 긴장은 줄어들며 그렇게 내게 일어난 현상은 우주의 힘의 일부임을 안다.

어두운 텐트 안에서 입에 손전등을 물고 슬리핑백을 다시 꾸리고, 짐들

소녀들의 미소가 꾸밈없다. 때로는 사람이 풍경만큼 많은 것을 담고 있다. 웃음이 터지는 순간, 자신[自己]과 남[他己]이 하나 되는 인경일여(人境一如)가 온다.

을 다시 배낭 안에 넣으면서 멀지 않은 돌집으로 대피준비를 한다. 이렇게 폭설을 당하고 있는 것은 인간의 몫은 물론이고, 신의 몫이 더해졌으니 당연히 난다데비 샥티의 힘이 관여되었다.

　며칠 전 마팡(Mapang)을 지날 무렵 많은 나비들이 커다란 눈송이처럼 휘날리며 날아다녔다. 계곡 곳곳에 피어난 엉겅퀴 과(科) 식물에 달디 단 꿀이 듬뿍 있었을까. 어디서 그렇게 많이 모여들었는지 하얀 나비들 덕분에 계곡은 하얀 떨림으로 채워져 있었다.

짐을 꾸려 텐트를 빠져 나오는 순간, 하늘에서 내리는 눈이 마치 커다란 나비들처럼 보였다.

"많기도 해라……. 예쁘기도 해라."

치명적인 아름다움이었다.

대홍수는 일어나고
● ● ●

고대의 많은 경전들은 과거에 일어난 우주 대이변을 이야기했다. 지상의 대부분이 초토화되고 극소수의 인간만이 살아남아, 인류절멸 이후에 더욱 신에게 순종하며 삶을 꾸려나가는 골격으로 말씀들을 진행시켰다.

홍수, 지진, 화재, 산사태 등등의 기상이변이 이런 멸망과 그 후의 재탄생에 기여했다. 이어서 향후 언젠가 파국이 찾아온다는 세상종말론이 뒤따라 붙어왔다. 언젠가 과거처럼 대재앙이 인간을 기어이 방문한다는 예언이다.

"지평선은 불타오르고, 하늘에는 7 혹은 12개의 태양이 등장해서 바다를 바짝 마르게 하고 땅을 태우리라."

"삼바르타카〔宇宙大火災(우주대화재)〕의 불이 전 우주를 파멸시켜 버릴 것이다. 그러면 비가 12년 동안 홍수와 같이 내려 땅은 침몰하고 인간은 파멸되리라."

인도에서의 4유가 개념 역시 이런 창조, 퇴폐에 이은 파괴와 재창조 순환의 논리를 품고 있다. 예전에도 이런 일들이 반복해서 일어났고, 앞으로도 예외 없이 일어나리라는 이야기가 된다. 전조는 모두 기상이변이다.

과거 지상을 갈아엎은 기상이변 중에서 홍수에 관한 신화는 전 세계적으로 골고루 퍼져 있다. 힌두교에서 말하는 대홍수, 마하잘 프라라이(Mahajal Pralay)는 『창세기』에도 고스란히 나타나고, 당시의 노아에 해당하는 인물은 힌두교에서는 마누(Manu)다.

때로 사람들은 마누가 먼저냐? 노아가 먼저냐? 묻는다. 별다른 의미가 없지만 우주를 존속하는 작은 네 단위, 크리타 유가(172만 8000년), 트레타 유가(129만 6000년), 드라파라 유가(86만 4000년), 칼리 유가(43만 2000년)로 나누고, 이 4유가의 총 합(合)은 다시 하나의 마하유가라 하여 신들의 세계 1유가에 해당한다는 어마어마한 힌두 숫자개념으로 볼 때, 마누가 지나칠 정도로 앞서 있다고 볼 수 있다.

그러나 기상학자들에 의하면 인류가 농경을 시작한 기원전 2천년경에 지구의 기후는 매우 불안했고, 여러 차례에 걸쳐 곳곳에서 커다란 폭우와 홍수가 있었다고 한다. 이런 경험은 지구 여러 지역에서 홍수 신화를 잉태하는 바탕이 되었으리라. 거의 멸족할 뻔한 홍수의 경험은 이제 인간의 타락, 신의 징벌, 선택된 사람의 준비, 홍수와 지상의 남은 존재들의 절멸, 새로운 출발이라는 모티브를 가지고 신화를 만들었으리라.

이렇게 엄청나게 눈이 내리는 난다데비는 대홍수와 직접 연관이 있는 성소다. 저지대에서는 폭우지만 고지대에서는 폭설이다. 인도 홍수신화에서 난다데비를 빼고는 이야기가 되지 않는다.

난다데비로 오가는 길은 쉽지 않다. 계곡이 무척 깊고 험하다.
절벽 끝에 간신히 붙어 있는 길을 따라가야 목적지에 간신히 이른다.
급류 역시 조심스럽게 건너야 한다. 죽음이란 도대체 어디 있는가.
길에서 한 발 옆으로 내딛으면 곧바로 아마를 따라 이승을 떠나야 하니
인간의 길처럼 산에서의 길, 참으로 위태롭다.

마누는 바드리나트 지역에서 손을 하늘로 향하고, 마치 학처럼 한쪽 다리만으로 꼿꼿하게 서서 10만년 동안 타파스를 했다. 그리고 이것도 모자란다고 생각해서 이번에는 머리를 땅으로 향한 물구나무 자세로 100만 년 동안 타파스를 했다. 하여튼 상상을 초월할 정도로 굉장히 오랫동안 그리고 열심히 고행을 했다는 이야기다.

그러던 어느 날 손을 씻으려는데 작은 물고기 한 마리가 다가와서 이야기했다.

"성자시여, 나는 아주 작은 보잘것 없는 물고기입니다. 큰 고기들이 무서우니 그들에게서 나를 지켜주소서. 힘 있는 물고기가 힘없는 물고기를 먹는다는 것은 우리들 세계의 법칙이오니 이 무서움 속에서 날 구해주소서. 이 고통의 바다에서 허우적거리는 나를 지켜주신다면 은혜는 필히 갚겠습니다."

자비심이 솟은 마누는 물고기를 들어 올려 달처럼 새하얀 항아리에 그를 넣어주었다. 마누는 마치 아들처럼 물고기를 보살폈으니 때가 되면 먹이를 주고 물을 갈아주었다. 물고기는 어느 사이에 항아리가 모자랄 정도로 크게 자랐다.

물고기가 마누에게 말했다.

"성자시여, 내게 다른 장소를 구해 주소서."

항아리에서 물고기를 건져 낸 마누는 그를 큰 우물로 데려가 놓아 주었다. 물고기는 그곳에서 한동안 지냈으나, 역시 이제 그곳에도 맞지 않을 만큼 크게 자라났다.

물고기는 다시 마누에게 말했다.

"성자시여, 나를 강가로 인도해 주소서. 이곳에서 벗어나게 해 주소서."

물고기의 말에 마누는 강가에 가서 놓아 주었다. 그런데 시간이 흐르자 이제 강도 모자랐다.

"성자시여, 내 몸은 이제 너무나 크게 자라서 강가에서도 마음대로 움직일 수가 없게 되었습니다. 나를 바다로 데려가 주소서."

마누는 그를 바다에 놓아 주었다.

바다에 놓아준 물고기가 말했다.

"성자시여, 당신은 모든 면에서 나를 잘 보살펴 주셨습니다. 이제 당신이 무엇인가를 해야 할 때가 되었으니 제 말을 잘 들으십시오. 생명이 있거나 없는 이 땅의 만물은 모두 큰 파멸을 맞게 됩니다. 온 세상을 완전히 쓸어낼 때가 도래했습니다. 당신을 위해 다시 한 번 말씀드립니다. 살아 있거나 살아 있지 않은 것들, 움직이거나 움직이지 않은 것들, 이 세상 모든 것들에게 파멸의 시간이 다가왔습니다."

물고기는 마누에게 세상의 종말이 왔음을 이야기했다.

"당신은 이제 크고 튼튼한 배를 만들어야 합니다. 배에 튼튼한 끈을 매어 일곱 성자와 함께 타십시오. 그 배에는 예전에 제가 일러주었던 모든 씨를 넣고 종류에 따라 잘 보관하십시오. 성자여, 그 배에 오른 뒤에 나를 기다리시면 됩니다. 저는 뿔이 달린 모습으로 나타날 예정입니다. 지금까지 한 말을 하나도 어김없이 다 시행하도록 하시고 제 말에 한 치라도 의혹을 갖지 마십시오."

마누는 그렇게 하겠다고 약속했다.

하여튼 이 물고기는 매우 빠른 속도로 자라난 셈이다. 아무리 작은 미물일지라도 손바닥에 안기던 녀석이 고래보다 커다랗게 급격히 자라난다면 뭔가 보통 존재가 아니라는 느낌이 오지 않겠는가.

후에 마누는 물고기가 주문한 대로 실행했다. 배를 타고 큰 파도가 마구 이는 바다에 나간 마누 앞에 뿔 달린 물고기가 나타났다. 마누는 뿔에 닻줄을 걸고 물고기가 끄는 대로 대지를 모두 삼켜버린 바다를 헤쳐 나갔다. 거센 바람으로 일어나는 거친 파도가 뱃전을 때렸다.

결국 그들은 히말라야의 한 봉우리에 줄을 잡아맬 수 있었다.

어디에 잡아맬 수 있었을까.

당연히 고대 인도인들은 가르왈 히말라야에서 최고 높이를 가진 봉우리인 난다데비를 그 자리로 설정했다. 마누는 난다데비에 자신의 배를 탄탄하게 묶었다.

대부분의 신화는 여기까지는 엇비슷하다. 마누에 의해 구해지고 보호받은 물고기는 빠른 성장을 하고, 홍수를 예언하며, 홍수가 일어나자 배를 히말라야 높은 봉우리에 정박시켰다는 틀은 세부적인 대화와 사건이 진행되는 기간만 다를 뿐 거의 똑같은 판박이다.

그런데 이 물고기는 어떤 존재일까?

"나는 조물주 브라흐마. 나보다 뛰어난 것은 아무것도 없다. 나는 물고기의 모습으로 그대들을 위험에서 구했다."

물고기가 브라흐마라는 이야기다.

그러나 『마하바라타』를 제외한 여타의 『푸라나』들과 신화를 다룬 문학에서는 거의 모두 비슈누의 화신인 명예로운 물고기 마트시야(Matsya)로 이야기한다. 비슈누가 현 인류의 시조를 구해 주었다는 이야기며, 이제 대부분의 사람들은 물고기는 비슈누 화신이었음을 의심하지 않는다. 초기의 브라흐마의 세력이 비슈누에게 이동했음을 암시한다.

『마하바라타』는 이 이야기를 듣기만 해도 모든 죄가 소멸된다고 말하고 있다. 힌두교에서는 어떤 한 가지를 통해 모든 죄가 사해지는 행위들이 있고 그 중 하나다. 규칙적으로 마누의 이야기를 처음부터 듣는 사람은 행복해질 것이며 모든 일을 이루고 하늘 세계를 얻게 된다는 부언이 달려 있다.

물고기는 사라지기 전에 마누에게 말한다.

"이 세상 살아 있고 살아 있지 않은 만물과 신과 아수라와 인간들은 이제 마누가 다시 만들게 되리라. 혹독한 고행을 통해 창조의 힘을 얻게 되리라. 또한 내 힘을 빌어 실수 없이 모든 일을 시행할 것이니라."

이야기를 마친 물고기는 깊은 물 속으로 사라졌다. 물고기는 풍요, 지혜, 그리고 구원의 상징으로 자주 사용되었고 또한 다산과 재생의 의미도 있으니, 비슈누의 화신도 마찬가지 역할이었다.

『바가바드 기타』에서 '정의가 쇠약하고 불의가 성할 때마다 나는 스스로 나를 세상에 나타낼 것이다. 선을 보호하고 악을 멸해 의를 새로이 세우고자, 나는 시대마다 세상에 오리라'고 말했다. 비슈누는 그렇게 왔다가 갔다. 그나마 한 가족이라도 지상에 남는 것 역시 비슈누의 배려였다는 이야기가 된다.

대재앙을 겪어내고 살아남은 인간 마누. 물이 서서히 빠지자 난다데비 성산(聖山)에서 내려온다. 라지(Rajis) 족은 아직 자신들의 조상의 거처가 난다데비 정상에 있다고 이야기하곤 한다.

마누가 산에서 내려와 정식으로 정착한 곳은 마누의 이름을 따서 아직까지 마날리라 부르고 있다. 가르왈 히말라야의 서쪽, 해발 2천50미터의 유명한 휴양도시인 마날리(Manali)는 다른 이름으로는 마나바라야(Manavalaya)라고도 부르며 마누의 집이라는 의미를 가지고 있다. 마날리에는 당연히 마누 사원이 모셔져 있고 이곳을 흐르는 강 이름도 마나의 이름이 들어간 마날수(Manalsu) 강이다. 마날리는 노아에게 아르메니아의 아라라트 산 기슭과 같은 곳으로, 이미 어마어마한 고행을 통해 창조의 힘을 가진 마누는 이제 만물을 만들어내기 시작했다.

또한 방주에 함께 승선하여 재앙을 피한 일곱 명의 르시들은 난다데비에서 서쪽 계곡으로 내려왔다. 현재 이곳에 흐르는 강물의 이름은 그런 이유로 르시 강가다. 지금도 날이 흐리고 안개가 가득 끼는 날이면 이 계곡에서 르시들이 나누는 이야기를 들을 수 있다고 한다. 그들을 만나겠다고 계곡으로 들어선 사람 중에 돌아오지 않는 사람이 여럿이라는 신화가 있고, 예민한 사람들은 밤이면 르시 강가 계곡에서 르시들이 두드리는 북소리를 듣는다고 한다.

마누는 많은 자식을 두었다. 이 중에서 둘째 아들 이름은 우탄파드(Uttan Pad)로 그는 훗날 왕이 되어 지역을 다스린다.

좋지 않은 날씨 속에서
• • •

아침에 온 세상은 은빛으로 변했다. 사방은 높낮이로만 차이가 날 뿐 공평하게 한 가지 색으로 두꺼운 옷을 입었다. 순백, 순은의 세상이 지난밤의 급박했던 폭설을 잊게 만든다. 대피하는 동안 그대로 방치했던 텐트들은 이미 무너져 두터운 눈 밑으로 숨었다. 히말라야에서 비단 바라보는 봉우리뿐 아니라 사방이 모두 은색일 때는 어떤 신비에 젖어든다.

아침식사를 마치자 계곡을 채우기 시작한 구름으로 다시 굳어지기 시작한다. 몬순이 올 계절이 아닌데 이렇게 구름이 무성하며 계곡이 어둑해진다. 현지 사람들은 난다데비의 안개는 어머니가 식사를 준비하는 것이고, 구름은 어머니가 옷을 갈아입기 위해 커튼을 친 것이라고 한다. 정말 어머니가 여름옷을 갈아입기 위해 부산한 것일까.

마누가 밧줄을 걸었다는 난다데비를 가까이 보기 위해서 해발 6천630미터의 데오도미아(Deodomia) 봉 아래의 길을 올라야 한다. 서둘러 오르는 언덕이 가파르기 짝이 없다. 잠시 사이 습한 냉기가 계속 뒤편에서 미친 듯이 몰려오며 사방은 먹구름이다. 키 작은 관목들이 빗물에 후드득 소리를 낸다 싶었더니 순식간에 빗줄기가 굵어진다. 가야 할 능선 위로 쉬지 않고 번개가 번쩍 번쩍 떨어져 마치 대홍수 전날과 같은 분위기다. 날씨에게 좋은 하늘을 부탁하기에는 여의치 않다. 심상치 않다. 대세가 이미 기울었다.

선사들은 가을바람을 금풍체로(金風體露) 혹은 체로금풍(體露金風)이라 이야기했다. 가을바람이 불어오면 가식은 모조리 떨어져 나가고 진정한

면목이 드러난다는 이야기다.

> 어떤 스님이 운문화상에게 질문했다.
> "나무가 시들어 메마르고 잎이 떨어졌을 때는 어떻습니까?"
> 운문화상이 대답했다.
> "가을바람에 나무의 본체가 완전히 드러나지〔體露金風〕."

『벽암록』 제27칙의 이 이야기는 당연히 자연 모습을 일컫는 것이 아니라 비유다. 선가에서는 풀, 나뭇잎, 피부 등은 저잣거리에서의 번뇌에 빗대어지니, 동산양개 화상의 '멀고 먼 곳, 풀 하나도 없는 자리〔萬里無寸草〕를 향해 가라'는 의미와 같다.

산을 오르면서 혹은 내려가면서 금풍체로를 가슴에 품는 날들이 있다. 속살과 골격을 아낌없이 내보이는 하얀 설산을 바라보면서, 구름과 혹은 안개와 같은 모든 장식이 떨어져 나가고 진여 자성을 보여주는 명쾌한 순간을 맞이하면서, 법열에 몸을 떠는 경우가 있다.

"내게는 무엇이 금풍인가, 어찌하면 드러나겠는가?"

설산을 보며 참구하는 날들이 있다.

그렇다고 모든 산행 끝에 그런 참된 실상을 만날 수는 없는 일. 아무리 좋은 계절에 힘들여 산 밑까지 도달했다 해도 이렇게 본래무일물(本來無一物)을 상징하는 백색 법신을 만날 수 없는 경우가 있다. 여간 쓸쓸한 일이 아니다. 사방을 꽉 채우는 안개 혹은 비구름 속에서 이제는 다시 멀리 돌아가야

난다데비에 기대어 사는 고산족들. 어머니 산이 주는 풍요로움을 지니고 대대로 살아왔다. 그들의 먹거리는 물론 정신 역시 난다데비의 샥티 안에 어긋남이 없이 모조리 귀속되어 있다.

하는 행장을 꾸려야 하는 날. 마치 한 삶을 살다가 깨달음을 얻지 못한 노승, 이제 내생을 기약하며 이번 삶을 마무리하는〔雲外老僧歸〕기분과 비슷하다.

그러나 법음이 없는 것은 아니다.

『임제록』에서는 묻는다.

"금풍(金風)이 옥피리를 불면 누가 그 소리를 알아듣는가?"

필경 이것이 무슨 의미냐. 나처럼 아직 일체 망념에 휩싸여 있고, 번뇌 안에서 허우적대는 중생에 대한 이야기다. 금풍도 없고 옥피리도 없거나, 금풍이 불어와 옥피리 소리가 울려도 듣지 못하는 중생. 즉 자격이 없다는 이야기가 되니 날씨가 체로를 가로막는다. 갈 길이 멀다는 비유를 산이 말해준다고나 할까. 그 모든 것은 내 탓이고, 날씨 역시 내 탓이다.

오기라고나 할까. 이럴 때 마음에서는 오뚝이처럼 벌떡 일어나는 녀석이 있다.

"기어이 이루리라."

험한 날씨를 무시하고 봉우리를 만나겠다는 것이 아니라 당연히 저편 세계로 가겠다는 마음이다. 자연의 모든 이야기들이 삶과 비유된다고 생각하는 나로서는 설산 봉우리 앞에서의 나쁜 날씨들은 불성상주(佛性常住)의 세상으로 인도하는 채찍이다.

공부를 시작한 지 많은 날이 가고 밤이 지나갔다. 그동안 몸에 얹은 산 그림자의 두께가 만만치 않다. 그 사이 히말라야 빙하에서 출발한 개울물은 이미 바다로 들어선 지 오래다. 능선 위에 야생화는 피고 지고, 독수리들은 이미 한 가족을 이루었고, 무엇보다 그 시절 산에 들어선 구루지들은 이미 깨달음으로 적정의 저편 세상에 거하고 있다. 그런데 이 인간, 아직 좋지 않은 날씨 속에 스틱을 들고 서 있다.

"기어이 이루리라."

하산하면서 뒤돌아보는 마음. 내 자신의 모자란 능력에 섭섭하면서 은근한 독기가 고개를 든다.

난다데비에 얽힌 사연, 전장의 개념으로

번개가 떨어지는 언덕에서는 주변 풍경이 한눈에 들어온다. 낮은 곳은 구름이 없어 풍경들이 손금처럼 훤히 내려다보인다. 해발 3천420미터의 미람(Milam) 마을이 을씨년스럽다. 이 마을에서 개울을 건너 덩(Dung) 마을을 지나 북쪽으로 진행하다가 높은 고개를 몇 개 넘어서면 건장한 사내 가슴처럼 드넓은 티베트 고원이 기다린다.

이곳 트래킹 루트는 냉전이 남긴 흔적이 곳곳에 있다. 한때는 잘 나가던 마을들이 흐르는 시간 안에 폐허로 변했다. 돌지붕은 무너지고 기둥들이 내려앉았다. 그나마 돌담이 남아 있는 것이 신기한 정도다. 티베트와 인도와의 오랜 교역로가 국경 단절로 인해 사라져 한때 수많은 말과 노새들이 거닐었을 법한 길들은 의미를 잃고 이제 겨우 명맥을 유지한다. 냉전에 의한 단절은 혈맥을 끊는 일과 동일하다.

마을 사람들도 살길을 찾아 여름 한 철이면 고랭지 채소와 약품 재료로 쓰는 작물들을 경작한다. 다행히 최근 인도—중국 간의 해빙으로 인해 인도 정부는 이 길을 다시 손보기 시작했다. 그러나 언제 다시 노랫소리와 말방울 소리가 울려 퍼질까. 폐허의 마을들에서, 끊어진 길 위에서 인간의 욕심을 읽지 않을 도리가 있을까.

비단 이것뿐이 아니다. '블루 마운틴' 이라는 작전도 있었다.

1965년 미국의 CIA가 파견한 14명의 산악인이 난다데비 정상을 향해 올랐다. 그러나 그들은 심한 눈보라로 인해 더 이상 전진하지 못하고 자신들이 가지고 온 장비를 바위 사이에 남겨 두었다.

힐러리 경과 함께 초모랑마, 즉 에베레스트를 초등한 텐징 노르가이의 일대기를 서술한 『텐징 노르가이』에 일부 사연이 소개되어 있다.

> 1964년 10월 중국은 시장성의 롭 노르 핵 실험장에서 최초의 원폭실험에 성공했다. 린든 존슨은 소련 상공에 떠 있는 미국 보유의 인공위성 몇 기로 중국의 핵무기 계획을 감시하라고 명령했다. 그에 따라 CIA는 인도와 티베트 국경 산맥에 원자력 시설을 설치하여 롭 노르 핵실험을 감시한다는 성공할 것 같지 않은 계획을 세웠다. 그래서 가장 높고, 중국에 접근하기에 정치적으로 가장 편리한 봉우리로 난다데비를 선택했다. 그들에게 필요한 것은 난다데비 정상에 125파운드의 스파이 기지를 설치할 수 있는 등반대였다.
> 14명의 등산가가 선발되어 훈련을 받았고, 그 중 9명이 최종적으로 네 가지 임무를 지니고 인도에서 작전을 펼쳤다. 미국의 CIA에 해당하는 인도 중앙조사국(CBI)이 후원을 받은 인도 등산가 네 사람이 미국팀과 합류했다. 이들

은 1968년에 난다데비로 원정해서 과업을 완수했다.

여기까지 보면 이들의 작업은 착실하게 수행된 것으로 보인다. 그러나 실상은 그렇지 못하다.

1965년 첫 원정에서 플루토늄 238을 채운 SNAP 원자력 발전기가 난다데비 정상 능선 600미터 아래에 놓였으나, 결국 1966년 눈사태로 매몰되었다. 뒤이은 원정들에서의 회수 노력에도 불구하고 이 발전기는 그곳에 남아 점차 부식되면서 히말라야 이 지역에서 발원하는 강의 하류에 사는 수백만 명의 건강을 위협하게 되었다. 1967년 두 번째 원정에서 도청장치가 난다 코트 근처에 설치되어 눈과 얼음에 파묻힐 때까지 1년 이상 작동했다. 결국 이러한 임무는 상대적으로 안전한 우주에서 중국의 핵에너지 증강을 지켜보기 위한 새 첩보위성이 떠맡게 되었다.

등산계에서는 텐징 노르가이가 이 작업에 참여했느냐, 아니냐는 논란이 있었고, 직접 참여했거나 아니면 자문을 통해서라도 관여했으리라는 결론에 도달한 상태다.

산을 산으로 보지 못하고 하나의 전장(戰場) 혹은 전선(戰線)의 개념으로 본 결과다. 성산 난다데비까지 불똥이 튀었다. 원자력으로 가동되는 발전기는 아직 회수하지 못했다.

난다데비에 얽힌 사연, 환생의 개념으로
● ● ●

1949년 미국인 등반가 윌리 언솔드는 난다데비를 바라보는 순간 넋을 빼앗긴다. 사실 그렇다. 버스에서 보이던 난다데비는 보통 아름다움이 아니라서 이미 사라진 후에도 눈에 오랫동안 잔상이 남아 있을 정도였다. 예민한 사람이라면 의식에서 떨어뜨려내기 어려웠으리라.

그는 가이드에게 산봉우리 이름을 듣더니 자신이 딸을 낳으면 아름다운 봉우리 이름을 따라 난다데비라 이름 지으리라고 생각한다. 윌리 언솔드는 난다데비가 여신의 이름이라는 사실을 알았으리라. 그리고 산에서 여성스러움 역시 읽어낸 것은 아닐까.

그는 다음 해, 한국전이 터진 1950년에 원하던 대로 딸을 얻고 이름을 난다데비로 지으니 정식으로 난다데비 언솔드(Nandadevi Unsoeld)가 된다.

가령 LA에 가서 감명 받은 사람이 새로 태어난 아이에게 LA를 표기하는 나성이라는 이름을 주었다고 치자. 그 아이는 커가면서 나성에 대해 궁금증을 키울 것이며 결국은 나성을 보러 떠나지 않겠는가. 기회가 있을 때마다 부모를 조르는 일은 당연하고.

난다데비 언솔드는 그런 식이었다. 아버지 윌리는 예쁘게 자라나는 딸을 위해 미국이 자랑하는 여러 등반가들과 함께 난다데비 원정대를 꾸렸다. 등반대장은 1936년에 난다데비를 초등한 애드 카터였고 정식 명칭은 '1976년 인도—미국 난다데비 원정대'. 인도인과 미국인 14명으로 구성되어 있었으며 난다데비 초등 40주년을 기념하는 의미가 있었다.

원정이 시작되면서 악천후와 등반 대기상태가 지속되더니 대원 사이의 의견충돌과 편 가르기가 생겨났다. 사실 한 사람의 인격을 보기 위해서는 고립된 지역으로 함께 여행을 떠나보면 안다. 모든 밑천이 그대로 낱낱이 드러나게 마련이라, 과연 삶을 마감할 때까지의 길동무인지 술청에서의 한 철 친구인지 구별할 수 있다. 이런 와중에 난다데비 언솔드는 설사, 감기 그리고 탈장 증세로 힘들어 했으나 활달함을 잃지 않도록 노력했다.

날이 좋아지면서 등반은 계속되고 사랑이 싹텄다. 아버지 윌리가 축하하는 가운데 법대 재학 중인 앤디 하바드와 고소 캠프에서 약혼식까지 치른다. 고소에서 탈장 증세가 나타나거나 기침이 점차 악화된다면 고도를 올려서는 안 된다. 그러나 본인은 물론 아버지도 이런 증상을 무시했다. 주변 사람의 만류도 받아들여지지 않았으니 죽음의 그늘이 드리워진다. 고산, 신의 영역에서 순리를 거스르는 일은 죽음으로 이어지는 일을 너무나 많이 보았다. 그것을 모를 리 없는 고산 산악인들이 이 규칙을 무시했다는 사실은 죽음의 주술에 들어간 탓이 아니랴.

9월 3일 딸 난다데비 언솔드는 어렵게 해발 7천300미터의 제4 캠프에 도착한다. 그러나 제대로 된 몸이었을까. 저산소증 안에서 완전히 탈진상태에 들어간다. 약혼자 앤디가 온 정성을 기울여 간호하지만 사실 이 고도에서 간호가 무슨 필요가 있을까, 하산만이 구원이다. 아버지 윌리가 올라온 9월 7일 무렵에는 이제 그녀의 상태는 돌이킬 수 없이 악화되어 있었다. 그녀는 혼수상태에서 난다데비 봉우리의 아름다움을 탄식하고…….

하룻밤을 지내고 이들은 황급히 고도를 낮추기로 한다. 그러나 난다데

히말라야의 빛나는 모습은 누구의 솜길인가. 하얗게 일어선 산, 형형색색의 식물, 언덕을 오가는 야생동물, 양양하게 흐르는 시냇물은 누구의 작품인가. 그러나 말하지 마라, 입을 열면 진실에서 천리(千里) 밖으로 멀어진다.

비 여신의 샥티는 돌풍을 불게 하여 하산을 가로막으니 이제 발이 묶였다.

여신은 자신이 가진 놀라운 샥티의 힘 때문에 때로는 숭앙과 공경을 받고, 때로는 두려움의 대상으로 탈바꿈하기도 했다. 여신이 자비롭다는 이야기를 할 때 늘 자비롭다는 이야기가 아니다. 말하자면 순금(純金)이 아니다. 자비로운 면이 많다는 것이다. 사람의 삶도 그러해서 좋은 사람이라는 평가는 늘 좋다는 것이 아니라 좋은 면이 많은 사람을 말한다. 힌두 신들을 보면 모두 그런 식이다. 난다데비 힘은 난다데비 언솔드가 인간 세상으로 내려가는 길을 막았다.

인간의 운명은 이렇게 연약하다. 더구나 신의 땅인 높은 고도에서는 부서지기 쉬운 얼음조각보다 못하다. 난다데비 언솔드는 결국 난다데비의 7천 300미터 높이에서 죽었다. 지퍼를 완전히 올린 자신의 슬리핑백 안에 영혼이 떠난 몸을 의탁했다. 아버지 윌리는 자신의 딸을 난다데비 북서쪽 계곡으로 밀어 떨어트렸다. 그 심정은 오죽했으랴.

난다데비에서 와서 난다데비의 품으로 되돌아갔다.

당나귀에 발혀가며
●●●

난다데비로 오가는 길에서 만나는 생각은 늘 두 가지다. 하나는 홍수신화이며 다른 하나는 난다데비라는 이름을 가지고 살다, 난다데비에서 짧은 삶을 마친 한 젊은 여성 산악인 이야기다.

두 이야기 모두 죽음과 재생이 모티브다.

홍수 이후에 다시 새로운 세상이 오고, 죽음 이후에 다시 여신의 지위로 돌아갔다는 이야기며, 밑바탕에는 이것이 있음으로 저것이 생기는 연기(緣起)가 깔려 있다.

하산하는 길은 몇 구간에서 끔찍하다. 산사태로 왔던 길은 사라지고 강 위에 다리처럼 놓여 있어 쉽게 건널 수 있었던 설교(雪橋)들은 이미 주저앉았다. 길이라고 부르고 싶지 않은 험한 언덕길로 지그재그 우회하고, 무너질까 걱정스러운 다리들을 연이어 건넌다. 얼음물 같은 매섭고 차가운 비가 내리는가 하면 산사태를 곧바로 일으킬 수 있는 진흙이 흘러내리는 협로를 통과한다. 발을 잘못 디뎌 자칫 미끄러지기라도 한다면 곧바로 끝장인 설사면도 계속 기다린다. 모든 것이 찰나지간(刹那之間)의 자리다.

좋은 날씨를 위해 만뜨라를 외우며 하산한다.

"옴 스리 사비트리 수리야 나라야나 나마하."

죽음을 찾아왔다가 도리어 살겠다는 각오를 불러일으키는 마음을 만나니 그 와중에 마음자리를 다시 본다. 십여 년 이상 당나귀를 타고 희롱해 왔다고 생각했는데 오늘 자세히 보니 당나귀에게 크게 받히고 있었다[十十年來弄馬騎 今日却被驢子撲]. 히말라야를 다녀도 알음알이가 항상 뒤따라 다녀 밝은 눈을 열지 못한 탓이다.

자연의 현상에는 인간의 몫과 초인간, 초자연적인 요소가 있다.

『베다』는 말한다.

"이와 같이 알고 있는 자는 초자연적인 힘을 자신 안에 동화시키고, 또

연구하고 배운 것을 익힘으로써 그 초월적인 힘의 신비로운 효력과 본질을 이해하게 된다."

『베다』는 이제 내가 이루어야 하는 일을 말한다. 그러나 가까이서 만나지 못한 어머니 난다데비를 마음으로나마 따뜻하게 칩코한다. 어머니 봉우리에 마음으로 생사의 닻줄을 건다. 언젠가 금풍이 불어 밧줄을 무심으로 푸는 날이 올까.

저지대로 내려오면서 날은 좋아지고 야생화들이 다투어 피어올랐다. 나비들이 다시 하얀 떨림으로 맞이했다. 자주 뒤돌아보아도 어머니 봉우리는 이미 보이지 않고 계곡들만이 풀들을 이고 바람에 흔들렸다.

후기

물수제비를 뜨고 나서

 자연이란 선과 면을 통해 끊임없이 꾸준하게 이어나가지만, 인간이란 이런저런 이유를 대서 여기저기 툭 툭 끊어내야 직성이 풀린다. 대간을 이루는 하나의 흐름을 인간 편의에 따라 분할해서 경계를 설정하는 일이 그런 부류다. 칼리 강을 인도—네팔 국경으로 나누고 사람들은 이곳을 중심으로 동쪽을 네팔 히말라야, 서쪽을 가르왈 히말라야로 분류하는 일 역시 크게 다르지 않다.

 이렇게 분류된 가르왈 히말라야를 얼추 15년 전쯤에 처음 발을 들여놓고 몇 년 동안 히말라야 길이 열리는 여름철에 이 산길 위에 있었다. 그리고 2003년에는 열흘 정도 가르왈 히말라야 난다데비의 동쪽 계곡을 걸었다. 2004년에는 다시 나머지 가르왈 히말라야 성지를 중심으로 한 달 정도 머물렀으니 야무나 강의 근원에서, 강고뜨리 빙하 지역의 백색 봉우리들, 그리고 바드리나트 북쪽의 아라카난다, 사라스와티 천(川) 주변까지였다.

2004년에는 특히 감회가 새로웠다. 가르왈 히말라야와 재회 사이에는 10년 이상을 훌쩍 뛰어넘은 세월의 강이 흐르고 있었고 풍경은 더 이상 낯설지 않은 탓이었다. 너무나 생소하고 낯설어 오로지 혼자라는 생각 속에 배낭을 메고 걷던 풍경들은 이제 도리어 자성(磁性)을 띠고 맹렬하게 잡아당기는 바람에 세포들은 혈육의 세상 안에 들어선 듯 시방세계를 향해 부풀어 충만했다.

　힌두교에서 산을 보는 일은 자연의 한 부분을 응시한다기 보다는 사실 신(神)을 바라보는 일이다. 산에서 일어나는 모든 자연 현상은 신의 현현하는 의지며 행위다. 모든 풍경은 신의 말씀이었다.

　가르왈 히말라야에서 이 모든 이야기들을 이해했다. 그간의 보잘것 없는 힌두교 공부가 이 현상에 한몫 했다. 신화의 언어를 통해 상징의 문법(文法)을 익힌 덕분에 모두 재발견되고 재해석되어 봉우리들과 강들은 물론 돌 하나조차 신성을 낱낱이 논했다. 그제야 가르왈 히말라야가 근원적인 힘이 가득 찬 판테온〔萬神殿(만신전)〕이라는 사실을 알 수 있었다.

　안다는 사실은 경계를 허무는 일, 바로 나와 타자 사이의 경계를 모호하게 만드는 일이었다. 남이 아닌 가족들과 함께 있을 때, 서로가 존재 유무를 느끼지 못하는 것처럼 나와 외부 풍경이 더 이상 또렷하게 구별되지 않는 애매함을 경험하기도 했다. 중간 야영지에 도달하여 막영을 하게 되는 날, 이 현상은 각별했다. 즉 이제 어디로 가야 한다는 목적이라는 개념이 없어지는 순간, 그 시간부터는 순탄하게 설산과 같은 리듬을 탔으니 어묵동정이 모두 우유에 우유가 부어지는 합일의 명상이었다. 다시 배낭을 지고 다른 곳을 떠

장자는 대(大) 혹은 지(至)를 붙여서 이상향을 노래했다.
대산(大山) 지산(至山) 대의(大義) 지의(至義) 대락(大樂)
지락(至樂) 대미(大美) 지미(至美)가 모두 같은 범주다.
히말라야에서는 눈에 닿는 모든 것들에게
대(大) 혹은 지(至)를 붙여 이름을 주어 보자.
얼마나 잘 어울리는지 깜짝 놀랄 정도다.

날라치면, 깨어난 세상이 도리어 미궁이었다.

내내 행복한 시간들이었다.

옛 생각으로부터
● ● ●

어린 시절 강변이 내려다보이는 산언저리에 살았다. 적산가옥이었던 집은 산속에 묻혀 있어 주소가 '산 86-1'이었다. 이름을 가지지 못해 뒷산이라는 일반 명칭을 가진 나지막한 산은 배추밭을 지나면 그래도 제법 으슥한 숲과 그 사이를 오르내리는 오솔길, 이어 계절마다 모습을 바꾸는 야생초로 장식된 구릉을 가졌다.

여름이면 산에서 달려 내려와 맑은 강물로 뛰어들었다. 양수처럼 끈적거리던 촉감과 보드라운 수온.

산수(山水)는 이렇게 멀지 않은 자리에 함께 어울려 있었다. 이 산을 시작으로 관악산, 지리산을 지나 히말라야에 이르렀고 한강을 지나 야무나 강과 갠지스 빙하까지 도달한 셈이다.

강변에 나가면 늘 하는 소일거리가 있었다. 우선 빤질거리는 작은 돌로 힘차게 물수제비를 뜨는 일이었다.

물수제비를 잘 뜨기 위해서는 우선 돌이 매끈거려야 하고, 물과 만나는 삭도가 중요하며, 이어 던지는 속도 또한 너무 빨라도 안 되고 늦어서도 안 된다. 던지면서 돌을 회전시켜야 통통 튕기며 멀리 나간다. 회전시키지 않는다면 맥없이 금방 가라앉아 버리기에 산에서 주워온 못생긴 돌로는 새 기록을 세우기엔 어림 반 푼어치도 없었다. 가령 내기를 할라치면 강변에 널린 햇빛에 바짝 마른 매끈한 돌이어야 했고 돌에 콧기름을 발라 던지는 일이 으뜸 비결이었다.

산에서 물수제비 뜨러 강으로 가는 길목에 방앗간이 있었다. 어느 날, 강으로 내려가다가 죽은 사람을 싣고 오는 손수레를 보았다. 두 발이 쑥 나온 채로 가마니에 덮여 오던 사람은 돈을 벌겠다고 집을 나갔던 방앗간집 둘째아들이었다.

부모에게 이런 일이 얼마나 가슴 아픈 상처인가. 평생 지워지지 않는 일이 아닌가.

죽은 아들이 어무이! 아부지! 하고 싶은 말은 없었을까.

살아남은 부모가 이제 이승에서 저승으로 가는 아들에게, 그래, 부디 잘 가라, 내 새끼야! 이별 이야기라도 전해 주어야 하지 않을까.

굿판이 벌어진다. 슬픈 어른들과는 달리 꼬맹이들에게는 애도보다 구경거리가 많은 축제였다.

굿판이 닫힐 무렵 무당은 이제 주변 사람들에게 무엇인가 나누어주며 공수를 한 마디씩 던지기 시작했다. 어른들 사이에 섞인 아이들이 저요! 저요! 손을 내밀었으나 잔병치레가 잦아 나이에 비해 유난히 왜소했던 나로서는 그 사이를 뚫고 앞으로 나갈 수 없었다. 포기하고 도리어 담벼락까지 뒷걸음쳐야 했다.

어느 순간인지 기억하지는 못한다. 그런데 신기하게 무당과 나 사이에 조그마한 공간이 생겼을 때, 무당 시선이 마치 찾아오듯이 비집고 날아와 내 눈과 딱 마주쳤다. 무엇에 끌렸을까, 무당은 내게로 천천히 다가왔다. 상현달 눈썹이 고왔다.

만신은 한 손으로 내 목을 껴안고 허리를 굽히면서 내 귓가에 대고 낮게 말했다.

"네 안에는 신이 가득하구나. 아가야……"

솜털이 일어섰다. 처음 맡아보는 향기였다. 어머니가 가끔 찍어 바르던 코티 분(粉)은 아니었다. 이 이야기, 묘한 향기와 목덜미를 감아 귓가에 속삭이던 촉감은 그날 이후 가슴 안에 고스란히 남겨졌다.

살아오면서 내 자신의 정체성에 오해를 불러일으키게 만들었던 한 마디.

"네 안에는 신이 가득하구나. 아가야……"

이제는 만신의 묘한 공수에 대한 패스워드는 완전히 풀려진 상태다. 한동안 스스로 오해했듯이 내가 박수무당으로 살아야 한다든지, 내림굿만이 내 안에 만신을 모실 수 있음이 아니었다. 바로 3억 3천이나 된다는, 줄이자면 3천3백이나 된다는 힌두 신들, 그들이 내 안에서 만신(萬神)으로 가득한 것이다.

매캐한 향냄새, 신전 내부의 어둠을 밝히는 기름 램프의 그을음 내음. 서너 평이나 될까, 그 좁은 곳에 족히 수십 명이 들어차 만뜨라를 광적으로 외쳐대는 마하데브 신전 안에서 나는 내 안에 만신들이 울컥 움직이는 모습을 보았다! 오래 전 무당이 내 눈에서 보았던 모습이었으리라. 쉬바를 위시한 힌두 제신들이 이방인이라는 경계 없이 등장해서 인간의 시선으로는 끝을 알 수 없는 가없는 시간 저편의 모습을 보여주며 역동적으로 움직였다.

엎드려 절하며 나는 내 자신을 바라보며 말해야 했다.

"네 안에는 신이 가득하구나. 아가야……."

가르왈 히말라야의 자성(磁性)에 의해 나는 자화(磁化)되었다. 언덕을 넘을 때마다 어김없이 만나는 사당, 가는 곳마다 무속도 버금가는 많은 힌두 제신들의 다양한 그림과 아이콘, 길옆에서 으르렁거리는 폭포와 때로는 지나치게 조용한 지류들, 넓고 푸른 호수, 정결한 눈 봉우리, 그리고 아주 오래 전부터 성자들이 결가부좌를 틀어 가시밭길로 이어지는 빛으로 가득 찬 브라흐만으로 떠났던 토굴들.

뜬금없는 물수제비 이야기는 바로 가르왈 히말라야에 적용된다. 만신들로부터 받은 자화에 의해 자성의 바다에 물수제비 한 번 떴다.

거대한 신화의 대양에서 몇 개의 돌을 던져 겨우 포말을 일으키고 물무늬 몇 개 만들었다. 세상에 많은 강들이 있고 그 중에서도 손꼽는 강이 있다면 인도신화의 강이 아닐까. 거의 바다와 다름없어 폭을 가늠할 수 없는 수면 위에 손아귀에 돌 몇 개 움켜진 철부지가 물수제비를 날렸다. 사실 가르왈 히말라야 이야기를 전개하면서 너무나 많이 줄기를 잘라내야 했다. 엄청나게 방대한 내용들을 그대로 가감 없이 글로 옮기고, 더구나 힌두 신화의 주제에 의한 다양한 변주를 모두 소개하려면 책 한 질로도 어림없었다.

애초 물수제비로는 심연과는 무관하게 표면 위에 겨우 파문을 남길 수 있을 따름이다. 더구나 글재주까지 변변치 못한 사람이니 마치 산에서 주워

온 못생긴 돌로 간신히 몇 번 표면을 건드린 느낌인지라 인도 구루지들은 물론 제신들에게 송구스러울 따름이다. 이제 강변 출신 누군가 콧기름을 잔뜩 발라 다시 힘차게 날릴 일이다.

다르마를 따라서
• • •

처음에 히말라야를 찾았을 때 그곳 세상이 이상했다. 아무 일도 하지 않고 종일 명상하는 사람들은 물론이고, 가업을 접고 순례를 떠나온 일가족, 성지 순례를 위해 직장을 휴직하고 사두 복장으로 나선 중년 남자들이 신기했다. 거기다가 해가 지면 사람의 목소리는 모두 사라지고 더 이상 아무것도 할 수 없이 바람소리만 들어야 하는 고원지대.

그런데 지금은 도리어 내가 속한 세상이 기묘한 주술에 걸린 세계처럼 보인다. 오늘 받은 월급이 나를 보상한다고 생각하며, 월급의 많고 적음이 자신을 반영한다고 믿는 세상. 경제 혹은 정치가 지상에서의 최고의 척도라 굳게 믿는 사람들. 만기가 되는 통장 수와 자신의 나이가 같아야 된다며 삶을 맹목(盲目)으로 질주하는 동료들. 밤은 불빛으로 채워지며 대낮을 몹시 흉내내고.

가르왈 히말라야에 발을 들여놓고 계속 히말라야를 다니다가 차차 알아낸 점은, 우리에게는 본디 가진 것이라고는 없다는 점이다. 그렇게 아끼는 내 몸조차 의지와는 상관없이 늙어가며 낡아지며 병에 걸리는 처지다. 내 것이라면 그럴 수 있는가. 내 것은 없으니 '버린다는 말'은 어울리지 않는다. 더구나 가족을 버린다든지, 일거리를 버린다든지, 재산을 버린다든지, 이런 말은 애당초 존재하는 것이 아니다. 그것은 본래 내 것이 아니기 때문이다. 제일 중요한 것은 그것을 마치 내 것으로 착각하고 있는 소유욕을 버리라는 이야기다. 가능한 한 빨리. 그렇지 않는다면 혹은 거부한다면, 이것이 삶의 철저한 오독(誤讀)이 아닌가.

이런 시선을 자연스럽게 얻은 출발점은 가르왈 히말라야이며 15년 전 시간의 상류로 거슬러 올라간 지점이다.

성주(城主)라는 의미의 가르왈.

"도대체 성주는 누구인가?"

"신전의 주인은 누구인가?"

"나란 있기는 있는 것인가?"

가르왈 히말라야에서 시작한 행로에서 얻어낸 사유는 새로운 길로 안내했으니 옛 것들은 시간이 모시고 갔다.

그러나 내가 집을 나와 설산에 발을 들여놓은 무렵, 두타 용맹정진하던 구루지들은 이미 세상 사람이 아니다. 육신을 이 자리에 놓고 신의 세계로 떠났고, 설혹 목숨줄은 이 자리에 있다 해도 어느덧 깨달음의 세계에 진입해 있을 것이다. 그렇지만 나는 세속의 굴레 바퀴에서 여태 빠져 나오지 못했으니 한 사람에게 주어지는 시간이 이렇게 다를까, 탄식하지 않을 수 있겠는가.

더구나 히말라야에 관한 책을 준비하면서 때로는 막막갑갑하다.

목주스님이 한 승려에게 물었다.

"지금 어디서 오는 것이냐?"

그 승려 '할(喝)' 하였다.

목주스님이 말했다.

"노승이 그대에게 일할(一喝)을 당했다."

그러자 그 승려 또 '할(喝)' 하였다.

목주스님이 말했다.

"세 번 네 번 '할(喝)' 한 다음에는 무엇을 할 테냐?"

목주스님, 그를 한 대 치면서 말했다.

"이 바보 같은 놈!"

아직 묶여 있는 인연으로 몇 권의 히말라야 책을 써야 하는 나는 목주스님에게 얻어맞는 승려와 같다. 남들은 이미 강을 넘어 모크샤의 땅에 들어가 침묵의 세계에 주석하고 있음에도 말끝마다 '할(喝)' 처럼 히말라야를 들먹거려야 하는 고충.

"'할(喝)' '할(喝)' '할(喝)'의 무게는 도대체 몇 근이냐?"

생각 잘못 놀리면 목주파, 설산파, 모두에게 파문 당한다.

그러나 이 일이 영원한 내 다르마가 아니라 당분간의 다르마, 즉 그곳에서 배운 이야기를 강변에서 물수제비 뜨는 일이 내 다르마라는 생각으로 위안삼는다.

황금낱말로 이어진 루돌프 슈타이너의 이야기에서는 남은 삶에서의 길에 대한 충고를 받는다.

이 세상과 인연을 끊지 않는다. 어떤 경우에도 그는 하루하루의 일을 소홀히 하지 않는다. 왜냐하면 자신의 행위, 겪어야만 할 체험의 어떤 조그마한 부분이라도, 광대무변한 우주적 현상들과 관련되어 있다는 것을 통찰하고 있기 때문이다. 명상의 순간에 그 우주적 관련성을 인식하고, 더욱 새롭고 충실한 힘으로 일상의 일에 임한다. 그의 노동, 그의 고뇌는 장엄한 영적 우주의 관계성 속에서 이루어지는 것이다.

힌두교 제신들이 나를 영매로 삼아, 나를 도구로 삼아, 문자로 나타나도록 한 과정이 이제 일단락되었다. 물수제비를 뜨고 나면 늘 그렇듯이 아쉽고 부끄럽다. 앞으로도 서너 번 어설픈 할을 외치며 히말라야에 관한 물수제비를 뜨겠지만, 진정으로 기다리는 것은 돌을 모두 던진 후 이제 강물 안으로 깊게 자맥질하는 순간이다.

더불어 '우리의 천국으로 가보시게' 내게 권유했던 노인의 이야기는 붓다의 '와서 보라'와 같은 의미임을 전한다.

"옴 싸르베브요 뿌스빠안잘림(모든 분들에게 손을 모아 꽃을 올립니다)."

참고 서적

- 구루 나마나, SS 코헨, 탐구사, 2001
- 근원에 머물기, 앤 마렌, 도로시 메디슨, 한문화, 2000
- 꿈, 단정쟈춰, 호미 2003
- 나라고 할 만한 것이 없다는 사실이 있다, 월뽈라 라훌라, 경서원, 1995
- 대반열반경, 민족사, 2000
- 도덕경, 노자, 현암사, 1995
- 동양과 서양의 만남, 그레이스 E. 케언즈, 평단문화사, 1987
- 라마다 마하르시 저작전집, 아서 오즈번, 탐구사, 2001
- 라마야나, 발미키, 민족사, 1993
- 마누법전, 한길사, 1999
- 마조록·백장록, 장경각, 1989
- 마하바라타, 비야사, 민족사, 1993
- 만남, 칼 세이건, 예문 출판사,
- 만트라의 힘과 수행의 신비, 판딧 라즈마니 티구네이트, 대원출판, 2000
- 말의 힘, 이규호, 도서출판 좋은날, 2000
- 멈춤, 데이빗 J. 쿤디츠, 예문, 2003
- 메가두따, 깔리다사, 지식산업사, 2002
- 미린다 팡하, 동국대역경원, 1993

- 바가바드 기타, 시공사, 2000
- 베단따철학, 김선근, 불광출판부, 1990
- 봐라, 꽃이다, 김영옥, 호미, 2002
- 본생경(1), 민족사, 1995
- 벽암록, 현암사, 1999
- 비노바 바베, 칼린디, 실천문학사, 2000
- 생명의 느낌, 이블린 폭스 켈러, 양문, 2001
- 세계의 영웅신화, 조셉 캠벨, 대원사, 1991
- 시간으로부터의 해방, 이베타 게라심추쿠 外, 자인, 2000
- 식물성의 사유, 박영택, 마음산책, 2003
- 신곡, 단테, 청목, 2000
- 신묘장구대다라니 강해, 임근동, 솔바람, 2002
- 신비사상, 월터 T. 스테이스, 동쪽나라, 1995
- 신비주의자와 선의 대가들, 토마스 머튼, 고려원미디원, 1994
- 신장상, 김정희, 대원사, 2002
- 신화, 루스밴, 서울대학교 출판부, 1987
- 신화로 만나는 인도, 노영자, PUFS, 2000
- 신화와 현실, 미르세아 엘리아드, 성균관대학교 출판부, 1998
- 신화의 힘, 조셉 캠벨 & 빌 모이어스, 고려원, 1993
- 시크교, 서민수, 시공사, 2001
- 심산의 마운틴 오딧세이, 심산, 풀빛, 2002
- 양화소록, 강희안, 눌와, 1999
- 역동의 히말라야, 남선우, 사람과 산, 1998
- 원시유가도가철학, 방남미, 서광사, 1999

- 원효의 대승기신론 소별기, 일지사, 1991
- 우리는 지금 인도로 간다, 정창권, 민서출판사, 1991
- 우파니샤드 I II, 한길사, 1996
- 위대한 전환, 제리 맨더 에드워드 골드스미스 편저, 동아일보사, 2001
- 인도 만다라 대륙, 사이 다케오, 들녘, 2001
- 인도 문화의 이해, 이은구, 세창출판사, 1999
- 인도, 신과의 만남, 스티븐 P. 아펜젤러 하일러, 다빈치, 2002
- 인도신화, 스와미 치트아난다 사라스바티, 북하우스, 2002
- 인도신화, 라다크르시나이야, 장락, 1995
- 인도의 사상과 문화, 문을식, 여래, 2001
- 인도의 선 중국의 선, 아베 쵸이치 外, 민족사, 1991
- 인도의 신화와 예술, 하인리히 침머, 대원사, 2000
- 인도의 철학, 조셉 켐벨, 대원사, 1992
- 인도 신화의 계보, 류경희, 살림, 2003
- 인도 음악의 멋과 신비, 전인평, 아시아음악학회, 2003
- 인도인의 길, 존 M. 콜러, 세계사, 1995
- 인도철학, R. 뿔리간둘라, 민족사, 1991
- 인도철학의 자아사상, 카나쿠라 엔쇼, 여래, 1994
- 자연철학의 이념, F.W.J.셸링, 서광사, 1999
- 존 뮤어의 마운틴 에세이, 리처드 F. 플랙, 눌와, 2004
- 종교다원주의와 세계종교, H. 카워드, 서광사, 1990
- 종교와 예술, 게라두스 반 데르 레우후, 열화당, 1996
- 피탄잘리, 마르치아 엘리아드, 대원사, 1988
- 판차탄트라, 태일출판사 1996

- 통윤의 유마경 풀이, 통윤, 서광사, 1999
- 텐징 노르가이, 에드 더글라스, 시공사, 2003
- 초감각적 세계 인식, 루돌프 슈타이너, 물병자리, 1999
- 하늘로 오르는 길, 손재식, 그물코, 2003
- 학파로 보는 인도사상, 예문서원, 1999
- 한권으로 정리한 이야기 인도신화, 김형준, 청아, 1999
- 히말라야의 성자들, 스와미 라마, 정신세계사, 1989
- 힌두의 신화와 철학, 스와미 하르시아난다, 소나무, 1991
- 힌두이즘, 로버트 찰스 제너, 여래, 1996

〈종이거울 자주보기〉 운동을 시작하며

유·리·거·울·은·내·몸·을·비·춰·주·고
종·이·거·울·은·내·마·음·을·비·춰·준·다

〈종이거울 자주보기〉는 우리 국민 모두가 한 달에 책 한 권 이상 읽기를 목표로 정한 새로운 범국민 독서운동입니다.

국민 각자의 책읽기를 통해 우리 나라가 정신적으로도 선진국이 되고 모범국가가 되어 인류 사회의 평화와 발전에 기여하기를 바라는 마음으로 이 운동을 펼쳐 가고자 합니다.

인간의 성숙 없이는 그 어떠한 인류행복이나 평화도 기대할 수 없고 이루어지지도 않는다는 엄연한 사실을 깨닫고, 오직 개개인의 자각을 통한 성숙만이 인류의 희망이고 행복을 이루는 길이라는 것을 믿기 때문입니다.

이에, 우선 우리 전 국민의 책읽기로 국민 각자의 자각과 성숙을 이루고자 〈종이거울 자주보기〉 운동을 시작합니다.

이 글을 대하는 분들께서는 저희들의 이 뜻이 안으로는 자신을 위하고 크게는 나라와 인류를 위하는 일임을 생각하시어, 흔쾌히 동참 동행해 주시기를 간절히 바랍니다.

감사합니다.

2003년 5월 1일

공동대표 | 조홍식 · 이시우 · 황명숙

지도위원

觀照性國, 那迦性陀, 佛迎慈光, 松麓至元, 彌山賢光, 修弗法盡, 覺默, 一眞, 本覺

방상복(신부) 서명원(신부) 양운기(수사) 강대철(조각가) 김광삼(현대불교신문발행인)

김광식(부천대교수) 김규칠(언론인) 김기철(도예가) 김석환(하나전기대표)

김성배(미,연방정부공무원) 김세용(도예가) 김영진(변호사) 김영태(동국대명예교수)

김응화(한양대교수) 김재영(동방대교수) 김호석(화가) 김호성(동국대교수)

민희식(한양대명예교수) 박광서(서강대교수) 박범훈(작곡가) 박성근(낙농업)

박성배(미, 뉴욕주립대교수) 박세일(前국회의원) 박영재(서강대교수)

박재동(애니메이션감독) 밝훈(前중앙대연구교수) 배광식(서울대교수)

서분례(서일농원대표) 서혜경(전주대교수) 성재모(강원대교수) 소광섭(서울대교수)

손진책(연출가) 송영식(변호사) 신규탁(연세대교수) 신희섭(KIST학습기억현상연구단장)

안상수(홍익대교수) 안숙선(판소리명창) 안장헌(사진작가) 오채현(조각가)

우희종(서울대교수) 윤용숙(前여성문제연구회장) 이각범(한국정보통신대교수)

이규경(화가) 이상원(실크로드여행사대표) 이순국(신호회장) 이시우(前서울대교수)

이윤호(동국대교수) 이인자(경기대교수) 이일훈(건축가) 이재운(소설가)

이중표(전남대교수) 이철교(동국대출판부) 이택주(한택식물원장) 이호신(화가)

임현담(히말라야순례자) 전재근(서울대교 수) 정계섭(덕성여대교수) 정웅표(서예가)

조홍식(성균관대명예교수) 최원수(대불대교수) 최종욱(의사) 홍사성(언론인)

황보상(의사) 황용식(서울불교대학원대학교수) 황우석(서울대교수)

가나다순

〈종이거울자주보기〉 운동 본부
전화 031-676-8700 /전송 031-676-8704
E-mail cigw0923@hanmail.net

〈종이거울 자주보기〉 운동 회원이 되려면

1. 먼저 〈종이거울 자주보기〉 운동 가입신청서를 제출합니다.
2. 매월 회비 10,000원을 냅니다.(1년 또는 몇 달 분을 한꺼번에 내셔도 됩니다.)
   국민은행 245-01-0039-101(예금주;김인현)
3. 때때로 특별회비를 냅니다. 자신이나 집안의 경사 및 기념일을 맞아 희사금을 내시면, 그 돈으로 책을 구하기 어려운 특별한 분들에게 책을 증정하여 〈종이거울 자주보기〉 운동을 폭 넓게 펼쳐 갑니다.

〈종이거울 자주보기〉 운동 회원이 되면

1. 회원은 매월 책 한 권 이상 읽습니다.
2. 매월 책값(회비)에 관계없이 좋은 책, 한 권씩을 댁으로 보냅니다.
   (회원은 그 달에 읽을 책을 집에서 받게 됩니다.)
3. 저자의 출판기념 강연회와 사인회에 초대합니다.
4. 지인이나 친지, 또는 특정한 곳에 동종의 책을 10권 이상 구입하여 보낼 경우 특전을 받습니다.(평소 선물할 일이 있으면 가급적 책으로 하고, 이웃이나 친지들에게도 책 선물을 적극 권합니다.)
5. '도서출판 종이거울' 및 유관기관이 주최·주관하는 문화행사에 초대합니다.
6. 책을 구하기 어려운 곳에 자주, 기쁜 마음으로 책을 증정합니다.
7. 〈종이거울 자주보기〉 운동의 홍보위원을 자담합니다.
8. 집의 벽 한 면은 책으로 장엄합니다.